入門 例題で学ぶ
経済数学
［下］

E.ドウリング 著

大住栄治／川島康男 訳

彩流社

Schaum's Outline Series

Theory and Problems of

MATHEMATICS FOR ECONOMISTS

by

Edward T. Dowling

Japanese translation rights arranged with McGraw-Hill, Inc.,
through Japan Uni Agency Inc., Tokyo.

目　次

［上巻目次］

第 9 章　経済学で使われる特別の行列，および行列式とその使用例

9.1　ヤコビアン

8.1 節では 1 次従属かどうかを単に行列式によって判定することを示した．これに対して，**ヤコビ行列式（ヤコビアン）**は線形であれ，非線形であれ関数的に従属かどうかの判定に使える．ヤコビ行列式 $|J|$ は，ある順序に並んだ方程式体系の 1 階の偏微分の要素からなっている．

$$
\begin{aligned}
y_1 &= f_1(x_1,\ x_2,\ x_3)\\
y_2 &= f_2(x_1,\ x_2,\ x_3)\\
y_3 &= f_3(x_1,\ x_2,\ x_3)
\end{aligned}
$$

とすると，

$$
|J| = \left|\frac{\partial y_1,\ \partial y_2,\ \partial y_3}{\partial x_1,\ \partial x_2, \partial x_3}\right| = \begin{vmatrix} \dfrac{\partial y_1}{\partial x_1} & \dfrac{\partial y_1}{\partial x_2} & \dfrac{\partial y_1}{\partial x_3} \\ \dfrac{\partial y_2}{\partial x_1} & \dfrac{\partial y_2}{\partial x_2} & \dfrac{\partial y_2}{\partial x_3} \\ \dfrac{\partial y_3}{\partial x_1} & \dfrac{\partial y_3}{\partial x_2} & \dfrac{\partial y_3}{\partial x_3} \end{vmatrix}
$$

とする．もし $|J| = 0$ なら，方程式は関数的に従属であり，$|J| \neq 0$ なら，それらは関数的に独立している．

例題 1

$$
\begin{aligned}
y_1 &= 5x^{1} + 3x_2\\
y_2 &= 25x_1^2 + 30x_1x_2 + 9x_2^2
\end{aligned}
$$

としたとき，ヤコビアンを上の式が関数的に従属かどうかの判定に使える．

まず，1 階微分をとり，

$$\frac{\partial y_1}{\partial x_1} = 5 \qquad \frac{\partial y_1}{\partial x_2} = 3 \qquad \frac{\partial y_2}{\partial x_1} = 50x_1 + 30x_2 \qquad \frac{\partial y_2}{\partial x_2} = 30x_1 + 18x_2$$

を得る．そこでヤコビアンを作ると，

$$|J| = \begin{vmatrix} 5 & 3 \\ 50x_1 + 30x_2 & 30x_1 + 18x_2 \end{vmatrix}$$

となり，

$$|J| = 5(30x_1 + 18x_2) - 3(50x_1 + 18x_2) = 0$$

を得る．$|J| = 0$ だから，方程式体系は関数的に従属である．このときは単純で，$y_2 = 25x_1^2 + 30x_1x_2 + 9x_2^2 = (5x_1 + 3x_2)^2 = y_1^2$ となっている．

9.2　ヘッセ行列式

1 階の条件 $z_x = z_y$ を満たすとき，多価関数 $z = f(x, y)$ が極値をとるためには 2 つの条件がさらに必要となる．つまり，

(1)　最小には，　$z_{xx},\ z_{yy} > 0$

　　最大には，　$z_{xx},\ z_{yy} < 0$

(2)　　　　　　$z_{xx}\, z_{yy} > (z_{xy})^2$

この 2 階の条件が満たされるかどうかの便利な判定は**ヘッセ行列式**でなされる．ヘッセ行列式 $|H|$ は 2 階の偏微分を主対角線上に，それ以外は 2 階の交差偏微分を要素とする偏微分からなる行列式である．つまり，

$$|H| = \begin{vmatrix} z_{xx} & z_{xy} \\ z_{yx} & z_{yy} \end{vmatrix}$$

であり，ただし，$z_{xy} = z_{yx}$ である．

最初の首座小行列式 $|H| = z_{xx}$ が正で，**第 2 の首座小行列式**

$$|H|_2 = \begin{vmatrix} z_{xx} & z_{xy} \\ z_{xy} & z_{yy} \end{vmatrix} = z_{xx}\, z_{yy} - (z_{xy})^2 > 0$$

が正であれば，最小の 2 階の条件が満たされる．$|H_1| > 0$ で $|H_2| > 0$ なら，ヘッセ行列式は**正値定符号**とよばれる．正値定符号のヘッセ行列式は最小の

ための 2 階の条件を満たしている．第 1 の首座小行列式 $|H_1| = z_{xx} < 0$ で，2 階の首座小行列式

$$|H_2| = \begin{vmatrix} z_{xx} & z_{xy} \\ z_{xy} & z_{yy} \end{vmatrix} > 0$$

なら，ヘッセ行列式は**負値定符号**といわれる．負値定符号のヘッセ行列式は最大のための 2 階の条件を満たす．

例題 2　第 5 章の例題 14 で，

$$z = 6x^2 - 9x - 3xy - 7y + 5y^2$$

は，$\bar{x} = 1$，$\bar{y} = 1$ で極値をとった．2 階の微分は $z_{xx} = 12$，$z_{yy} = 10$ と $z_{xy} = -3$ である．2 階の条件の判定にヘッセ行列式を使うと，

$$|H| = \begin{vmatrix} z_{xx} & z_{xy} \\ z_{yx} & z_{yy} \end{vmatrix} = \begin{bmatrix} 12 & -3 \\ -3 & 10 \end{bmatrix}$$

となる．首座小行列式をとると，$|H_1| = 12 > 0$ と，

$$|H_2| = \begin{vmatrix} 12 & -3 \\ -3 & 10 \end{vmatrix} = 12(10) - (-3)(-3) = 111 > 0$$

となる．$|H_1| > 0$ と $|H_2| > 0$ より，ヘッセ行列式は正値定符号で，z は最小値をとる．

例題 3　行列式は，2 次形式が正値定符号かどうかを判定するのにも使われる．2 次形式の行列式は**判別式** $|D|$ とよばれる．たとえば，

$$z = 2x^2 + 5xy + 8y^2$$

のような簡単な 2 次式が与えられるとしよう．判別式を得るため，主対角線上に 2 乗の項の係数をおき，それ以外には，2 乗となってない変数の係数を 2 で割った値をおく．すると，

$$|D| = \begin{vmatrix} 2 & 2.5 \\ 2.5 & 8 \end{vmatrix}$$

を得る．そこで，ヘッセ行列式のテストのように首座小行列式を求める．すると，

$$|D_1| = 2 > 0 \qquad |D_2| = \begin{vmatrix} 2 & 2.5 \\ 2.5 & 8 \end{vmatrix} = 16 - 6.25 = 9.75 > 0$$

となる．そこで，z は正値定符号であり，そのためどんな非負の x，y に対しても z はゼロよりも大きくなる．

9.3　3 次のヘッセ行列式

$y = f(x_1, x_2, x_3)$ とすると，3 次のヘッセ行列式は，

$$|H| = \begin{vmatrix} y_{11} & y_{12} & y_{13} \\ y_{21} & y_{22} & y_{23} \\ y_{31} & y_{32} & y_{33} \end{vmatrix}$$

となり，各項は y の 2 次の偏微分である．つまり，

$$y_{11} = \frac{\partial^2 y}{\partial x_1^2} \qquad y_{12} = \frac{\partial^2 y}{\partial x_1 \partial x_2} \qquad y_{23} = \frac{\partial^2 y}{\partial x_2 \partial x_3}$$

等である．

最大か最小かの条件は，1 次，2 次，3 次の首座小行列式の符号による．もし，

$$|H_1| = y_{11} > 0, \qquad |H_2| = \begin{vmatrix} y_{11} & y_{12} \\ y_{21} & y_{22} \end{vmatrix} > 0 \qquad |H_3| = |H| > 0$$

ならば（ただし，$|H_3|$ は **3 次の首座小行列式**），$|H|$ は正値全符号で，最小のための 2 階の条件を満たす．もし，

$$|H_1| = y_{11} < 0, \qquad |H_2| = \begin{vmatrix} y_{11} & y_{12} \\ y_{21} & y_{22} \end{vmatrix} > 0, \quad \text{かつ} \quad |H_3| = |H| < 0$$

なら，$|H|$ は負値定符号で，最大のための 2 階の条件を満たす．要するに，首座小行列式がすべて正なら，$|H|$ は正値定符号で，最小のための 2 階の条件は満たされる．逆に，もし首座小行列式が，負，正と符号を変えるなら $|H|$ は負値定符号で，最大のための 2 階の条件を満たす．

例題 4　　$y = -5x_1^2 + 10x_1 + x_1x_3 - 2x_2^2 + 4x_2 + 2x_2x_3 - 4x_3^2$

は，以下のように 2 階の条件をテストするためヘッセ行列式を使い，極値が得られる．

まず 1 階の条件は，

$$\frac{\partial y}{x_1} = y_1 = -10x_1 + 10 + x_3 = 0$$

$$\frac{\partial y}{x_2} = y_2 = -4x_2 + 2x_3 + 4 = 0$$

$$\frac{\partial y}{x_3} = y_3 = x_1 + 2x_2 - 8x_{=}0$$

であり，行列では以下のように示される．つまり，

$$\begin{bmatrix} -10 & 0 & 1 \\ 0 & -4 & 2 \\ 1 & 2 & -8 \end{bmatrix} \begin{bmatrix} x_1 \\ x_2 \\ x_3 \end{bmatrix} = \begin{bmatrix} 10 \\ -4 \\ 0 \end{bmatrix} \tag{9.1}$$

となる．クラーメルの公式（8.9 節を見よ）を用いて，いろいろな行列式を求める．すると，$|A| = -10(28) + 1(4) = -276 \neq 0$ となる．$|A|$ はヤコビアンだから，かつ 0 にならないので，3 つの方程式は関数的に独立である．

$$|A_1| = -10(28) + 1(-8) = -288 \quad |A_2| = -10(32) - (-10)(-2) - 2 + 1(4) = -336$$
$$|A_3| = -10(8) - 10(4) = -120$$

となる．そこで，

$$\bar{x}_1 = \frac{|A_1|}{|A|} = \frac{-288}{-276} \cong 1.04 \qquad \bar{x}_2 = \frac{|A_2|}{|A|} = \frac{-336}{-276} \cong 1.22$$
$$\bar{x}_3 = \frac{|A_3|}{|A|} = \frac{-120}{-276} \cong 0.43$$

となる．2 階の条件を見るために 2 次の偏微分をとると，

$$\begin{array}{lll} y_{11} = -10 & y_{12} = 0 & y_{13} = 1 \\ y_{21} = 0 & y_{22} = -4 & y_{23} = 2 \\ y_{31} = 1 & y_{32} = 2 & y_{33} = -8 \end{array}$$

となり，

$$|H| = \begin{vmatrix} -10 & 0 & 1 \\ 0 & -4 & 2 \\ 1 & 2 & -8 \end{vmatrix}$$

を得る．1 階の偏微分は 1 次式だから，(9.1) の係数行列と $|H|$ は同じ要素をもつ．ヘッセ行列式のテストを適用し，第 1，2，3 次の首座小行列式の符号を確かめて，

$$|H_1| = -10 < 0 \quad |H_2| = \begin{vmatrix} -10 & 0 \\ 0 & -4 \end{vmatrix} = 40 > 0 \quad |H_3| = |H| = |A| = -276 < 0$$

を得る．首座小行列式は符号を変えるので，ヘッセ行列式は負値定符号で，関数は $\bar{x}_1 = 1.04$，$\bar{x}_2 = 1.22$，そして $\bar{x}_3 = 0.43$ で最小値をとる．

9.4　条件付き最大のときの縁（ヘリ）付きヘッセ行列式

$g(x, y)$ という制約のもとで関数 $f(x, y)$ を最大化するため，5.8 節では新しい関数 $F(x, y, \lambda) = f(x, y)+\lambda g(x, y)$ を作り，1 階の条件を $F_x = F_y = F_\lambda = 0$ とした．2 階の条件は**ヘリ付きヘッセ行列式** $|\bar{H}|$ として，

$$|\bar{H}| = \begin{vmatrix} F_{xx} & F_{xy} & g_x \\ F_{yx} & F_{yy} & g_y \\ g_x & g_y & 0 \end{vmatrix} \quad \text{ないし} \quad \begin{vmatrix} 0 & g_x & g_y \\ g_x & F_{xx} & F_{xy} \\ g_y & F_{yx} & F_{yy} \end{vmatrix}$$

として示すことができる．もとのヘッセ行列式は，

$$\begin{vmatrix} F_{xx} & F_{xy} \\ F_{yx} & F_{yy} \end{vmatrix}$$

であり，$|\bar{H}|$ は主対角要素を 0 として制約条件の 1 次微分をヘリにつけている．**ヘリ付き首座小行列式**の次元は，ヘリをつけられたもとの首座小行列式の次元で決まる．たとえば，上の例でヘリをつけられたもとの首座小行列式は (2×2) だから，上の $|\bar{H}|$ の 2 次のヘリ付き首座小行列式の $|H_2|$ を示す．

n 変数の関数 $f(x_1, x_2, \cdots, x_n)$ に $g(x_1, x_2, \cdots, x_n)$ という条件がつくと，

$$|\bar{H}| = \begin{vmatrix} F_{11} & F_{12} & \cdots & F_{1n} & g_1 \\ F_{21} & F_{22} & \cdots & F_{2n} & g_2 \\ \cdots & \cdots & \cdots & \cdots & \cdots \\ F_{n1} & F_{n2} & \cdots & F_{nn} & g_n \\ g_1 & g_2 & \cdots & g_n & 0 \end{vmatrix} \quad \text{ないし} \quad \begin{vmatrix} 0 & g_1 & g_2 & \cdots & g_n \\ g_1 & F_{11} & F_{12} & \cdots & F_{1n} \\ g_2 & F_{21} & F_{22} & \cdots & F_{2n} \\ \cdots & \cdots & \cdots & \cdots & \cdots \\ g_n & F_{n1} & F_{n2} & \cdots & F_{nn} \end{vmatrix}$$

となり，$(n\times n)$ の首座小行列式にヘリがつけられるので，$|H| = |\bar{H}n|$ となる．

もし，$|\bar{H}_2|, |\bar{H}_3|, \cdots, |\bar{H}_n| < 0$ なら，ヘリ付きヘッセ行列式は正値定符号で最小をとる十分条件を満たす．しかし，テストはまず $|\bar{H}_2|$ から始まるのであり，$|\bar{H}_1|$ からではない．

もし $|\bar{H}_2| > 0$，$|\bar{H}_3| < 0$，$|\bar{H}_4| > 0$ 等々なら，ヘリ付きヘッセ行列式は負値定符号となり，最大のための十分条件を満たす．これらは十分条件であり，必要条件ではないから，これら条件が満たされないときのケースは，この本の範囲を越えてしまう．

例題 5　第 5 章の例題 16 を見よう．目的関数の 2 階の条件の検討にヘリ付きヘッセ行列式は使われ，下の例のように Z が最大か最小かを決めるのに

使われる．$Z_{xx} = 8$，$Z_{yy} = 12$，$Z_{xy} = 3$ で，制約条件から $g_x = 1$，$g_y = 1$ だから，

$$|\bar{H}| = \begin{vmatrix} 8 & 3 & 1 \\ 3 & 12 & 1 \\ 1 & 1 & 0 \end{vmatrix}$$

となる．2 次首座小行列式から始めると，

$$|\bar{H}|_2 = 8(-1) - 3(-1) + 1(3 - 12) = -14$$

となる．$|\bar{H}_2| < 0$ だから，$|\bar{H}|$ は正値定符号で，Z は最小値をもつことになる．

例題 6　一般的コッブ・ダグラス関数が最大化されたかどうかをテストするために，へり付きヘッセが使われる．$Q_{KK} = -0.24K^{-1.6}L^{0.5}$，$Q_{LL} = -0.25K^{0.4}L^{-1.5}$，$Q_{KL} = Q_{LK} = 0.2K^{-0.6}L^{-0.5}$ で，制約条件から，$g_K = 3$，$g_L = 4$ を得るから，

$$|\bar{H}| = \begin{vmatrix} -0.24K^{-1.6}L^{0.5} & 0.2K^{-0.6}L^{-0.5} & 3 \\ 0.2K^{-0.6}L^{-0.5} & -0.25K^{0.4}L^{-1.5} & 4 \\ 3 & 4 & 0 \end{vmatrix}$$

となる．$|\bar{H}_2|$ から始め，第 3 行に沿って展開すると，

$$\begin{aligned} |\bar{H}_2| &= 3(0.8K^{-0.6}L^{-0.5} + 0.75K^{0.4}L^{-1.5}) - 4(-0.96K^{-1.6}L^{0.5} - 0.6K^{-0.6}L^{-0.5}) \\ &= 2.25K^{0.4}L^{-1.5} + 4.8K^{-0.6}L^{-0.5} + 3.84K^{-1.6}L^{0.5} \\ &= \frac{2.25K^{0.4}}{L^{1.5}} + \frac{4.8}{K^{0.6}L^{0.5}} + \frac{3.84L^{0.5}}{K^{1.6}} > 0 \end{aligned}$$

となる．$|\bar{H}_2| > 0$ だから，$|\bar{H}|$ は負値定符号で，Q は最大値をもつ．

9.5　マーシャルの需要関数の導出

マーシャルの需要関数は，消費者の購入する財の量をその価格と所得の関数として示したものである．それは予算制約のもとでの効用最大化によって得られる．$u = Q_1Q_2$ とすると，$P_1Q_1 + P_2Q_2 = B$ の条件のもとで，ラグランジュ関数は，

$$U = Q_1Q_2 + \lambda(P_1Q_1 + P_2Q_2 - B)$$

となる．ただし，B は所得である．かくて，

$$U_1 = Q_2 + \lambda P_1 = 0 \tag{9.2}$$
$$U_2 = Q_1 + \lambda P_2 = 0 \tag{9.3}$$
$$U_\lambda = P_1 Q_1 + P_2 Q_2 - B = 0 \tag{9.4}$$

を得る．(9.2) と (9.3) とを連立させると，

$$\frac{-Q_2}{P_1} = \lambda = \frac{-Q_1}{P_2}$$

となり，

$$\bar{Q}_2 = \frac{Q_1 P_1}{P_2} \qquad \bar{Q}_1 = \frac{Q_2 P_2}{P_1}$$

を得る．(9.4) に $Q_2 = Q_1 P_1 / P_2$ を代入すると，

$$P_1 Q_1 + \frac{P_2(Q_1 P_1)}{P_2} = B \qquad \bar{Q}_1 = \frac{B}{2P_1}$$

を得る．同じく，$Q_1 = Q_2 P_2 / P_1$ を (9.4) に代入し，

$$\bar{Q}_2 = \frac{B}{2P_2}$$

を得る．これらが Q_1 と Q_2 のマーシャル需要関数で，所得と価格を所与として消費者の満足を最大化している．

$U_{11} = 0$，$U_{22} = 0$．$U_{12} = U_{21} = 1$，$g_1 = P_1$ と $g_2 = P_2$ として，2 階の条件を見ると，

$$|\bar{H}| = \begin{vmatrix} 0 & 1 & P_1 \\ 1 & 0 & P_2 \\ P_1 & P_2 & 0 \end{vmatrix}$$

であり，

$$|\bar{H}_2| = -1(-P_1 P_2) + P_1(P_2) = 2P_1 P_2 > 0$$

を得る．$|\bar{H}_2| > 0$ より $|\bar{H}|$ は負値定符号で，U は最大化されている．

例題 7　$B = 250$ とし，$P_1 = 5$，10，25 のときの Q_1 の需要関数は，前の議論をもとに，以下のように導かれる．

$$p_1 = 5 \text{ のとき，} \qquad \bar{Q}_1 = \frac{250}{2(5)} = 25 \text{ となり，}$$

$$p_1 = 10 \text{ のとき，}\quad \bar{Q}_1 = \frac{250}{2(10)} = 12.5 \text{ となり，}$$

$$p_1 = 25 \text{ のとき，}\quad \bar{Q}_1 = \frac{250}{2(25)} = 5 \text{ となる．}$$

（この単純なモデルで，各財の需要関係は所得と価格にみな同じような形で依存しているから，需要関数はみな同じである．もっと現実的な関数については，演習問題 9.37 を見よ．）

9.6　投入–産出分析

現代の経済では，ある財の生産に**中間財**として他の多くの財を要する（鉄は石炭，鉄鉱石，電力等を要する）が，第 i 財の総需要 x は中間財需要と（消費者，投資家，政府や輸出業者による）**最終需要** b の合計である．a_{ij} が生産物 j 1 ドル分を生産する第 i 投入価値を示す**技術係数**なら，第 i 財の総需要は，

$$x_i = a_{i1}x_1 + a_{i2}x_2 \cdots + a_{in}x_n + b_i$$

とされる．ここに $i = 1, 2, \cdots, n$ で，行列の形式では，これは，

$$X = AX + B \tag{9.5}$$

で，

$$X = \begin{bmatrix} x_1 \\ x_2 \\ \vdots \\ x_n \end{bmatrix} \qquad A = \begin{bmatrix} a_{11} & a_{12} & \cdots & a_{1n} \\ a_{21} & a_{22} & \cdots & a_{2n} \\ \cdots & \cdots & \cdots & \cdots \\ a_{n1} & a_{n2} & \cdots & a_{nn} \end{bmatrix} \qquad B = \begin{bmatrix} b_1 \\ b_2 \\ \vdots \\ b_n \end{bmatrix}$$

である．なお A は**技術係数行列**といわれる．最終需要を生産するだけの（中間および最終財の）全生産量水準を求めるために，技術係数行列と最終需要列ベクトルで X を求めることができる．なお A と B は所与．(9.5) より，

$$X - AX = B$$

$$(I - A)X = B$$

$$X = (I - A)^{-1}B \tag{9.6}$$

となる．たとえば，3 部門の経済では，

$$\begin{bmatrix} x_1 \\ x_2 \\ x_3 \end{bmatrix} = \begin{bmatrix} 1 - a_{11} & -a_{12} & -a_{13} \\ -a_{21} & 1 - a_{22} & -a_{23} \\ -a_{31} & -a_{32} & 1 - a_{33} \end{bmatrix}^{-1} \begin{bmatrix} b_1 \\ b_2 \\ b_3 \end{bmatrix}$$

となるが，この $(I-A)$ 行列は**レオンチェフ行列**といわれる．完全な投入–産出表では，労働と資本は投入物とされ，付加価値を生産する．また j 列に沿って合計すると，1 になるだろう．それは生産物 1 単位ないし 1 ドルを作る投入費用である．演習問題 9.29 を見よ．

例題 8　技術投入係数 A と需要ベクトル B が以下のとき，1，2，3 次企業の総生産量を求めよ．

$$A=\begin{bmatrix}0.3 & 0.4 & 0.1\\ 0.5 & 0.2 & 0.6\\ 0.1 & 0.3 & 0.1\end{bmatrix}\qquad B=\begin{bmatrix}20\\ 10\\ 30\end{bmatrix}$$

(9.6) より，$X=(I-A)^{-1}B$．ただし，

$$(I-A)=\begin{bmatrix}1 & 0 & 0\\ 0 & 1 & 0\\ 0 & 0 & 1\end{bmatrix}-\begin{bmatrix}0.3 & 0.4 & 0.1\\ 0.5 & 0.2 & 0.6\\ 0.1 & 0.3 & 0.1\end{bmatrix}=\begin{bmatrix}0.7 & -0.4 & -0.1\\ -0.5 & 0.8 & -0.6\\ -0.1 & -0.3 & 0.9\end{bmatrix}$$

である．逆行列を求めると，

$$(I-A)^{-1}=\frac{1}{0.151}\begin{bmatrix}0.54 & 0.39 & 0.32\\ 0.51 & 0.62 & 0.47\\ 0.23 & 0.25 & 0.36\end{bmatrix}$$

となる．(9.6) に代入すると，

$$X=\frac{1}{0.151}\begin{bmatrix}0.54 & 0.39 & 0.32\\ 0.51 & 0.62 & 0.47\\ 0.23 & 0.25 & 0.36\end{bmatrix}\begin{bmatrix}20\\ 10\\ 30\end{bmatrix}=\frac{1}{0.151}\begin{bmatrix}24.3\\ 30.5\\ 17.9\end{bmatrix}=\begin{bmatrix}160.93\\ 201.99\\ 118.54\end{bmatrix}=\begin{bmatrix}x_1\\ x_2\\ x_3\end{bmatrix}$$

を得る．

9.7　固有根と固有ベクトル

ヘッセ行列式と 2 次形式の正・負の符号の決定は，首座小行列式を使ってテストされてきた．同じことは行列の固有根でもテストできる．ある正方行列 A が与えられたとき，次式を満たす $V\neq 0$ のベクトルとスカラー c が求まるならば，

$$AV=cV \tag{9.7}$$

は**固有根**とよばれ，V は**固有ベクトル**とよばれる．(9.7) は，$AV = cV$ とされ，

$$AV - cIV = 0$$
$$(A = cI)V = 0 \tag{9.8}$$

と書くこともできる．ただし，$(A - cI)$ は A の**固有行列**とよばれる．仮定により，$V \neq 0$ であるから行列 $(A - cI)$ は特異で（演習問題 7.28 を見よ），その行列式は 0 になる．たとえば $A = (3 \times 3)$ 行列なら

$$|A - cI| = \begin{vmatrix} a_{11} - c & a_{12} & a_{13} \\ a_{21} & a_{22} - c & a_{23} \\ a_{31} & a_{32} & a_{33} - c \end{vmatrix} = 0$$

となる，

(9.8) で $|A - cI| = 0$ なら，V は無数の解がある．一意解を得るため，V の要素 v_i を $\sum v_i^2 = 1$ となるように例題 10 のように**基準化**する．

(1) すべての固有根が正なら，A は正値定符号である．
(2) すべての c が負なら，A は負値定符号である．
(3) すべての c が非負で，少なくとも 1 つが $c = 0$ なら，A は正値半定符号である．
(4) すべての c が非正で，少なくとも 1 つが $c = 0$ なら，A は負値半定符号である．
(5) ある c が正で，他は負なら，何ともいえない．

例題 9

$$A = \begin{bmatrix} -6 & 3 \\ 3 & -6 \end{bmatrix}$$

とする．A の固有根を求めるため，固有行列の行列式を 0 にする．すると，と，

$$|A - cI| = \begin{vmatrix} -6 - c & 3 \\ 3 & -6 - c \end{vmatrix} = 0 \tag{9.9}$$
$$(-6 - c)(-6 - c) - (3)(3) = 0$$
$$c^2 + 12c + 27 = 0 \qquad (c + 9)(c + 3) = 0$$
$$c_1 = -9 \qquad c_2 = -3$$

となる．両固有根は負であるから，A は負値定符号である．

例題 10　例題 9 の続きで，$c_1 = -9$ から固有ベクトルを求める．(9.9) に $c = -9$ を代入して，

$$\begin{bmatrix} -6-(-9) & 3 \\ 3 & -6-(-9) \end{bmatrix} \begin{bmatrix} v_1 \\ v_2 \end{bmatrix} = 0$$

となる．さらに，

$$\begin{bmatrix} 3 & 3 \\ 3 & 3 \end{bmatrix} \begin{bmatrix} v_1 \\ v_2 \end{bmatrix} = 0 \tag{9.10}$$

を得る．係数行列は 1 次従属であるから，(9.10) は無数の解をもつ．この行列の積から 2 つの同じ方程式が出てくる．

$$3v_1 + 3v_2 = 0$$

を得る．v_2 を v_1 使って求めると，

$$v_2 = -v_1 \tag{9.11}$$

となる．これを基準化すると，

$$v_1^2 + v_2^2 = 1 \tag{9.12}$$

となるので，$v_2 = -v_1$ を (9.12) に代入すると，

$$v_1^2 + (-v_1)^2 = 1$$

を得る．したがって，$2v_1^2 = 1$，$v_1^2 = \dfrac{1}{2}$ となる．正の根をとると $v_1 = \sqrt{\dfrac{1}{2}} = \sqrt{0.5}$ となり，(9.11) より $v_2 = -v_1$ を得る．したがって，$v_2 = -\sqrt{0.5}$ となり，第 1 の固有ベクトルは，

$$V_1 = \begin{bmatrix} \sqrt{0.5} \\ -\sqrt{0.5} \end{bmatrix}$$

となる．第 2 の固有根 $c_2 = -3$ のときは，

$$\begin{bmatrix} -6-(-3) & 3 \\ 3 & -6-(-3) \end{bmatrix} \begin{bmatrix} v_1 \\ v_2 \end{bmatrix} = \begin{bmatrix} -3 & 3 \\ 3 & -3 \end{bmatrix} \begin{bmatrix} v_1 \\ v_2 \end{bmatrix} = 0$$

となる．(2×2) 行列と列ベクトルを掛けると，

$$-3v_1 + 3v_2 = 0$$
$$3v_1 - 3v_2 = 0$$

となる．$v_1 = v_2$ より，基準化して，

$$v_1^2 + v_2^2 = 1$$
$$(v_2)^2 + v_2^2 = 1$$
$$2v_2^2 = 1$$
$$v_2 = \sqrt{0.5} \qquad v_1 = \sqrt{0.5}$$

を得る．したがって，

$$V_2 = \begin{bmatrix} \sqrt{0.5} \\ \sqrt{0.5} \end{bmatrix}$$

を得る．

9.8　変換行列

固有ベクトル V_1，V_2 を得ると，行列積 $T'AT$ において主対角線上に固有根が並ぶようにする**変換行列** $T = \begin{bmatrix} V_1 & V_2 \end{bmatrix}$ を得ることができる．(3×3) 行列に対して，

$$T'AT = \begin{bmatrix} c_1 & 0 & 0 \\ 0 & c_2 & 0 \\ 0 & 0 & c_3 \end{bmatrix}$$

となる．

例題 11　例題 9，10 を使うと，変換行列 T は，

$$T = \begin{bmatrix} V_1 & V_2 \end{bmatrix} = \begin{bmatrix} \sqrt{0.5} & \sqrt{0.5} \\ -\sqrt{0.5} & \sqrt{0.5} \end{bmatrix} \quad と \quad T' = \begin{bmatrix} \sqrt{0.5} & -\sqrt{0.5} \\ \sqrt{0.5} & \sqrt{0.5} \end{bmatrix}$$

となる．そこで，

$$T'AT = \begin{bmatrix} \sqrt{0.5} & -\sqrt{0.5} \\ \sqrt{0.5} & \sqrt{0.5} \end{bmatrix} \begin{bmatrix} -6 & 3 \\ 3 & -6 \end{bmatrix} \begin{bmatrix} \sqrt{0.5} & \sqrt{0.5} \\ -\sqrt{0.5} & \sqrt{0.5} \end{bmatrix}$$

となる．ここで，

$$T'A = \begin{bmatrix} -9\sqrt{0.5} & \sqrt{0.5} \\ -3\sqrt{0.5} & -3\sqrt{0.5} \end{bmatrix}$$

であるから

$$T'AT = \begin{bmatrix} -18(0.5) & 0 \\ 0 & -6(0.5) \end{bmatrix} = \begin{bmatrix} -9 & 0 \\ 0 & -3 \end{bmatrix} = \begin{bmatrix} c_1 & 0 \\ 0 & c_2 \end{bmatrix}$$

を得る．

演習問題

ヤコビアン

9.1　つぎの方程式体系の関数的独立性をテストするため，ヤコビアンを使ってみよ．

$$y_1 = 6x_1 + 4x_2^2$$
$$y_2 = 7x_1 + 9x_2^2$$

とする．

ヤコビアン $|J|$ を求めるため 1 階の偏微分をとると，

$$\frac{\partial y_1}{\partial x_1} = 6 \qquad \frac{\partial y_1}{\partial x_2} = 8x_2 \qquad \frac{\partial y_2}{\partial x_1} = 7 \qquad \frac{\partial y_2}{\partial x_2} 18x_2$$

となる．したがって，

$$|J| = \begin{bmatrix} 6 & 4 \\ 7 & 9 \end{bmatrix} = 6(9) - 7(4) = 26$$

となる．$|J| \neq 0$ だから，関数的独立性がある．1 次方程式体系ではヤコビアン $|J|$ は係数行列 A の行列式 $|A|$ と等しい．また各要素も等しい．行列の非特異性の行列式によるテストはヤコビアンと 1 次方程式体系の応用と同じである．8.1 節を見よ．

9.2　演習問題 9.1 と同じく，

$$y_1 = x_1^2 - 3x_2 + 5$$
$$y_2 = x_1^4 - 6x_1^2x_2 + 9x_2^2$$

とする．すると，

$$\frac{\partial y_1}{\partial x_1} = 2x_1 \qquad \frac{\partial y_1}{\partial x_2} = -3 \qquad \frac{\partial y_2}{\partial x_1} = 4x_1^3 - 12x_1x_2 \qquad \frac{\partial y_2}{\partial x_2} = -6x_1^2 + 18x_2$$

$$|J| = \begin{vmatrix} 2x_1 & -3 \\ 4x_1^3 - 12x_1x_2 & -6x_1^2 + 18x_2 \end{vmatrix} = 2x_1(-6x_1^2 + 18x_2) + 3(4x_1^3 - 12x_1x_2) = 0$$

となる．関数的独立性はない．

$$y_2 = (y_1 - 5)^2$$

すなわち

$$y_1 - 5 = x_1^2 - 3x_2 + 5 - 5 = x_1^2 - 3x_2$$

$$(x_1^2 - 3x_2)^2 = x_1^4 - 6x_1^2x_2 + 9x^2$$

である．

判別式と 2 次形式の符号の決定

9.3　つぎの 2 次形式が正値定符号かどうかを決めるために，判別式を用いよ．

(a) $y = -3x_1^2 + 4x_1x_2 - 4x_2^2$ とする．

2 次の項の係数は主対角線上にきて，x_1x_2 の項の係数は a_{12} と a_{21} に二分されるので，判別式は，

$$|D| = \begin{vmatrix} -3 & 2 \\ 2 & -4 \end{vmatrix}$$

となる．そして，

$$|D_1| = -3 < 0 \qquad |D_2| = \begin{vmatrix} -3 & 2 \\ 2 & -4 \end{vmatrix} = (-3)(-4) - (2)(2) = 8 > 0$$

となることがわかる．$|D_1| < 0$ と $|D_2| > 0$ であるから，y は負値定符号で，y はどんな 0 でない x_1，x_2 に対しても負になるだろう．

(b) $y = 5x_1^2 - 2x_1x_2 + 7x_2^2$ とする．

判別式は，

$$|D| = \begin{vmatrix} 5 & -1 \\ -1 & 7 \end{vmatrix}$$

となる．そして，

$$|D_1| = 5 > 0 \qquad |D_2| = |D| = 5(7) - (-1)(-1) = 34 > 0$$

である．$|D_1| > 0$ と $|D_2| > 0$ であるから，y は正値定符号で，y は x_1，x_2（$\neq 0$）に対して正となる．

9.4　演習問題 9.3 と同じことをせよ．

(a) $y = 5x_1^2 - 6x_1x_2 + 3x_2^2 - 2x_2x_3 + 8x_3^2 - 3x_1x_3$ とする．
3 変数の 2 次形式にとって，2 次の項の係数は主対角線上の要素となり，x_1x_3 の係数は a_{13}，a_{31} に二分され，x_2x_3 のそれは a_{23}，a_{32} のところに半分ずつ入る．かくて，

$$|D| = \begin{vmatrix} 5 & -3 & -1.5 \\ -3 & 3 & -1 \\ -1.5 & -1 & 8 \end{vmatrix}$$

となる．そして，

$$|D_1| = 5 > 0 \qquad |D_2| = \begin{vmatrix} 5 & -3 \\ -3 & 3 \end{vmatrix} = 6 > 0$$
$$|D_3| = |D| = 5(23) + 3(-25.5) - 1.5(7.5) = 27.25 > 0$$

を得る。だから，y は正値定符号である．

(b) $y = 2x_1^2 + 4x_1x_2 - 5x_2^2 + 2x_2x_3 - 3x_3^2 + 2x_1x_3$ とすると，

$$|D| = \begin{vmatrix} -2 & 2 & 1 \\ 2 & -5 & 1 \\ 1 & 1 & -3 \end{vmatrix}$$

そこで，

$$|D_1| = -2 < 0 \qquad |D_2| = \begin{vmatrix} -2 & 2 \\ 2 & -5 \end{vmatrix} = 6 > 0$$
$$|D_3| = |D| = -2(14) - 2(-7) + 1(7) = -7 < 0$$

となる．したがって，y は負値定符号である．

最適問題でのヘッセ行列式

9.5　(a) 1 階の条件はクラーメルの公式によって，(b) 2 階の条件はヘッセ行列式を用いて，つぎの関数を最大化せよ．

$$y = 3x_1^2 - 5x_1 - x_1x_2 + 6x_2^2 - 4x_2 + 2x_2x_3 + 4x_3^2 + 2x_3 - 3x_1x_3$$

(a) 1 階の条件は,

$$\begin{aligned} y_1 &= 6x_1 - 5 - x_2 - 3x_3 = 0 \\ y_2 &= -x_1 + 12x_2 - 4 + 2x_3 = 0 \\ y_3 &= 2x_2 + 8x_3 + 2 - 3x_1 = 0 \end{aligned} \tag{9.13}$$

となり，行列形式では,

$$\begin{bmatrix} 6 & -1 & -3 \\ -1 & 12 & 2 \\ -3 & 2 & 8 \end{bmatrix} \begin{bmatrix} x_1 \\ x_2 \\ x_3 \end{bmatrix} = \begin{bmatrix} 5 \\ 4 \\ -2 \end{bmatrix}$$

で表わされる.

クラーメルの公式より，行列式を第 1 行で展開すると，$|A| = 6(92) + 1(-2) - 3(34) = 448$ となる．$|A|$ は $|J|$ に等しいので，方程式体系は関数的に独立である. また,

$$\begin{aligned} |A_1| &= 5(92) + 1(36) - 3(32) = 400 \\ |A_2| &= 6(36) - 5(-2) - 3(14) = 184 \\ |A_3| &= 6(-32) + 1(14) + 5(34) = -8 \end{aligned}$$

である．かくて, クラーメルの公式より,

$$\bar{x}_1 = \frac{400}{448} \cong 0.89 \qquad \bar{x}_2 = \frac{184}{448} =\cong 0.41 \qquad \bar{x}_3 = \frac{-8}{448} \cong -0.02$$

を得る.

(b) ヘッセ行列式を作るため (9.13) の 2 階の微分をとると，2 階の条件がわかるが,

$$\begin{aligned} y_{11} &= 6 & y_{12} &= -1 & y_{13} &= -3 \\ y_{21} &= -1 & y_{22} &= 12 & y_{23} &= 2 \\ y_{31} &= -3 & y_{32} &= 2 & y_{33} &= 8 \end{aligned}$$

となる．したがって,

$$|H| = \begin{vmatrix} 6 & -1 & -3 \\ -1 & 12 & 2 \\ -3 & 2 & 8 \end{vmatrix}$$

となるが,

$$|H_1| = 6 > 0 \qquad |H_2| \begin{vmatrix} 6 & -1 \\ -1 & 12 \end{vmatrix} = 71 > 0$$

である．また，$|H_3| = |H| = |A| = 448 > 0$ となる．$|H|$ は正値定符号だから，y は上の各 x の値で最小となる．

9.6　9.5 と同じ問題．ただし，

$$y = -5x_1^2 + 10x_1 + x_1x_3 - 2x_2^2 + 4x_2 + 2x_2x_3 - 4x_3^2$$

(a)

$$\begin{aligned} y_1 &= -10x_1 + 10 + x_3 = 0 \\ y_2 &= -4x_2 + 4 + 2x_3 = 0 \\ y_3 &= x_1 + 2x_2 - 8x_3 = 0 \end{aligned} \tag{9.14}$$

となり，3 列で表わすと，

$$\begin{bmatrix} -10 & 0 & 1 \\ 0 & -4 & 2 \\ 1 & 2 & -8 \end{bmatrix} \begin{bmatrix} x_1 \\ x_2 \\ x_3 \end{bmatrix} = \begin{bmatrix} -10 \\ -4 \\ 0 \end{bmatrix}$$

となる．クラメールの公式を使うため，

$$\begin{aligned} |A| &= -10(28) + 1(4) = -276 \\ |A_1| &= -10(28) + 1(-8) = -288 \\ |A_2| &= -10(32) + 10(-2) + 1(4) = -336 \\ |A_3| &= -10(8) - 10(4) = -120 \end{aligned}$$

を得る．したがって，

$$\bar{x}_1 = \frac{-288}{-276} \cong 1.04 \qquad \bar{x}_2 = \frac{-336}{-276} \cong 1.22 \qquad \bar{x}_3 = \frac{-120}{-276} \cong 0.43$$

を得る．

(b) (9.14) の 2 階の微分をとり，ヘッセ行列式を作ると，

$$|H| = \begin{bmatrix} -10 & 0 & 1 \\ 0 & -4 & 2 \\ 1 & 2 & -8 \end{bmatrix}$$

となる．ただし，$|H_1| = -10 < 0$，$|H_2| = 40 > 0$，$|H_3| = |A| = -276 < 0$ である．かくて，$|H|$ は負値定符号で，y は最大値をとる．

9.7　純粋競争の下の企業が 2 つの財を生産し，つぎのような総収入（TR）関数と総費用（TC）関数をもつとする．

$$\mathrm{TR} = 15Q_1 + 18Q_2 \qquad \mathrm{TC} = 2Q_1^2 + 2Q_1Q_2 + 3Q_2^2$$

ある財の限界費用は他の財の生産量水準に依存しているので（$\partial \text{TC}/\partial Q_1 = 4Q_1 + 2Q_2$），2 つの財は技術的に関連する生産物である．(a) 1 階の条件はクラーメルの公式で，(b) 2 階の条件はヘッセ行列式を用いて，企業の最大利潤を求めよ．

(a) 利潤 Π は，

$$\Pi = \text{TR} - \text{TC} = 15Q_1 + 18Q_2 - 2Q_1^2 - 2Q_1Q_2 - 3Q_2^2$$

となる．1 階の条件は，

$$\Pi_1 = 15 - 4Q_1 - 2Q_2 = 0$$
$$\Pi_2 = 18 - 2Q_1 - 6Q_2 = 0$$

となり，行列形式では，

$$\begin{bmatrix} -4 & -2 \\ -2 & -6 \end{bmatrix} \begin{bmatrix} Q_1 \\ Q_2 \end{bmatrix} = \begin{bmatrix} -15 \\ -18 \end{bmatrix}$$

と示される．クラーメルの公式を使うために，

$$|A| = 24 - 4 = 20 \qquad |A_1| = 90 - 36 = 54 \qquad |A_2| = 72 - 30 = 42$$

を得る．したがって，

$$\bar{Q}_1 = \frac{54}{20} = 2.7 \qquad \bar{Q}_2 = \frac{42}{20} = 2.1$$

を得る．

(b) 2 階の条件のテストのためヘッセ行列式を使うと，

$$|H| = \begin{vmatrix} -4 & -2 \\ -2 & -6 \end{vmatrix}$$

となる．ただし，$|H_1| = -4$，$|H_2| = 20$ となる．$|H|$ は負値定符号となり，Π は最大値をとる．

9.8　9.7 と同じ方法で，技術的には関連しない財を生産する競争的企業の利潤を最大化せよ．なお，総収入と総費用は，

$$\text{TR} = 7Q_1 + 9Q_2 \qquad \text{TC} = Q_1^2 + 2Q_1 + 5Q_2 + 2Q_2^2$$

で与えられる．

(a) 利潤は $\Pi = 7Q_1 + 9Q_2 - Q_1^2 - 2Q_1 - 5Q_2 - 2Q_2^2$ で，1 階の条件は，

$$\Pi_1 = 7 - 2Q_1 - 2 = 0 \qquad \bar{Q}_1 = 2.5$$
$$\Pi_2 = 9 - 5 - 4Q_2 = 0 \qquad \bar{Q}_2 = 1$$

となる．

(b) ヘッセ行列式については，

$$|H| = \begin{vmatrix} -2 & 0 \\ 0 & -4 \end{vmatrix}$$

となる．ただし，$|H_1| = -2$，$|H_2| = 8$ であるから，$|H|$ は負値定符号で，Π は最大値をもつ．

9.9　2 つの関連財を生産している独占企業の利潤を最大にせよ．つまり，価格は $P_1 = f(Q_1, Q_2)$ で与えられ，2 つの財は代替財で，需要関数と総費用関数は，

$$P_1 = 80 - 5Q_1 - 2Q_2 \qquad P_2 = 50 - Q_1 - 3Q_2 \qquad \mathrm{TC} = 3Q_1^2 + Q_1Q_2 + 2Q_2^2$$

となっている．演習問題 9.7 のように，(a) クラメールの公式と，(b) ヘッセ行列式を使え．

(a) $\Pi = \mathrm{TR} - \mathrm{TC}$ で $\mathrm{TR} = P_1Q_1 + P_2Q_2$ となる．利潤 Π は，

$$\begin{aligned}\Pi &= (80 - 5Q_1 - 2Q_2)Q_1 + (50 - Q_1 - 3Q_2)Q_2 - (3Q_1^2 + Q_1Q_2 + 2Q_2^2) \\ &= 80Q_1 + 50Q_2 - 4Q_1Q_2 - 8Q_1^2 - 5Q_2^2\end{aligned}$$

となり，Q_1 と Q_2 の偏微分より，

$$\Pi_1 = 80 - 4Q_2 - 16Q_1 = 0 \qquad \Pi_2 == 50 - 4Q_1 - 10Q_2 = 0$$

となる．行列の形式では，

$$\begin{bmatrix} -16 & -4 \\ -4 & -10 \end{bmatrix} \begin{bmatrix} Q_1 \\ Q_2 \end{bmatrix} = \begin{bmatrix} -80 \\ -50 \end{bmatrix}$$

となるから，

$$|A| = 160{-}16 = 144 \qquad |A_1| = 800{-}200 = 600 \qquad |A_2| = 800{-}320 = 480$$

したがって，クラーメルの公式より，

$$\bar{Q}_1 = \frac{600}{144} \cong 4.17 \quad と \quad \bar{Q}_2 = \frac{480}{144} \cong 3.33$$

を得る．

(b) ヘッセ行列式を求めると，

$$|H| = \begin{vmatrix} -16 & -4 \\ -4 & -10 \end{vmatrix}$$

となるが，$|H_1| = -16$，$|H_2| = 144$ であり，Π は最大値をとる．

9.10

$$P_1 = 180 - 3Q_1 - Q_2 - 2Q_3 \quad P_2 = 200 - Q_1 - 4Q_2 \quad P_3 = 150 - Q_2 - 3Q_3$$
$$\mathrm{TC} = Q_1^2 + Q_1Q_2 + Q_2^2 + Q_2Q_3 + Q_3^2$$

として需要関数・費用関数が示されるときの，3 つの代替財を生産している独占企業の利潤を最大にせよ．

(a) まず利潤は，

$$\begin{aligned}\Pi &= (180 - 3Q_1 - Q_2 - 2Q_3)Q_1 + (200 - Q_1 - 4Q_2)Q_2 + (150 - Q_2 - 3Q_3)Q_3 \\ &\quad - (Q_1^2 + Q_1Q_2 + Q_2^2 + Q_2Q_3 + Q_3^2) \\ &= 180Q_1 + 200Q_2 + 150Q_3 - 3Q_1Q_2 - 2Q_2Q_3 - 2Q_1Q_3 - 4Q_1^2 - 5Q_2^2 - 4Q_3^2\end{aligned}$$

となり，1 階の条件は，

$$\Pi_1 = 180 - 3Q_2 - 2Q_3 - 8Q_1 = 0 \qquad \Pi_2 = 200 - 3Q_1 - 2Q_3 - 10Q_2 = 0$$
$$\Pi_3 = 150 - 2Q_2 - 2Q_1 - 8Q_3 = 0$$

によって与えられる．行列で表わすと，

$$\begin{bmatrix} -8 & -3 & -2 \\ -3 & -10 & -2 \\ -2 & -2 & -8 \end{bmatrix} \begin{bmatrix} Q_1 \\ Q_2 \\ Q_3 \end{bmatrix} = \begin{bmatrix} -180 \\ -200 \\ -150 \end{bmatrix}$$

となり，さらに，

$$|A| = -8(76) + 3(20) - 2(-14) = -520$$
$$|A_1| = -180(76) + 3(1300) - 2(-1100) = -7580$$

$$|A_2| = -8(1300) + 180(20) - 2(50) = -6900$$
$$|A_3| = -8(1100) + 3(50) - 180(-14) = -6130$$

を得る．クラーメルの公式より，

$$\bar{Q}_1 = \frac{-7580}{-520} \cong 14.58 \qquad \bar{Q}_2 \frac{-6900}{-520} \cong 13.27 \qquad \bar{Q}_3 \frac{-6130}{-520} \cong 11.79$$

となる．

(b) 2 階の条件については，

$$|H| = \begin{vmatrix} -8 & -3 & -2 \\ -3 & -10 & -2 \\ -2 & -2 & -8 \end{vmatrix}$$

であり，$|H_1| = -8$，$|H_2| = 71$，$|H_3| = |H| = |A| = -520$ となるので，Π は最大値をとる．

9.11　$Q = f(P)$ とする．そのとき，(a) 逆関数 $P = f(Q)$ を求め，(b) 1 階の条件をクラーメルの公式で解き，(c) 2 階の条件はヘッセ行列式を用いて利潤の最大化を求めよ．需要関数と費用関数は，

$$Q_1 = 100 - 3P_1 + 2P_2 \qquad Q_2 = 75 + 0.5P_1 - P_2 \qquad \text{TC} = Q_1^2 + 2Q_1Q" + Q_2^2$$

である．ただし，Q_1 と Q_2 は代替財で，それぞれの需要関数では P_1 と P_2 の符号は逆になっている（P_2 の上昇は Q_1 の需要を増し，P_1 の上昇は Q_2 の需要を増す）．

(a) 2 つの市場は関連するので，逆関数は連立方程式で解かねばならない．$P = f(Q)$ を求めるため需要関数を整理して，Q のみの関数として Π を求める．

まず P_l，P_2 を Q_1，Q_2 で解くと，

$$-3P_1 + 2P_2 = Q_1 - 100$$
$$0.5P_1 - P_2 = Q_2 - 75$$

を得る．行列では，

$$\begin{bmatrix} -3 & 2 \\ 0.5 & -1 \end{bmatrix} \begin{bmatrix} P_1 \\ P_2 \end{bmatrix} = \begin{bmatrix} Q_1 - 100 \\ Q_2 - \ \ 75 \end{bmatrix}$$

となるので，クラーメルの公式より，

$$|A| = 2$$

$$|A_1| = \begin{vmatrix} Q_1 - 100 & 2 \\ Q_2 - \ \ 75 & -1 \end{vmatrix} = -Q_1 + 100 - 2Q_2 + 150 = 250 - Q_1 - 2Q_2$$

となる．したがって，

$$P_1 = \frac{|A_1|}{|A|} = \frac{250 - Q_1 - 2Q_2}{2} = 125 - 0.5Q_1 - Q_2$$

$$|A_2| = \begin{vmatrix} -3 & Q_1 - 100 \\ 0.5 & Q_2 - \ \ 75 \end{vmatrix} = -3Q_2 + 225 - 0.5Q_1 + 50 = 275 - 0.5Q_1 - 3Q_2$$

$$P_2 = \frac{|A_2|}{|A|} = \frac{275 - 0.5Q_1 - 3Q_2}{2} = 137.5 - 0.25Q_1 - 1.5Q_2$$

が得られる．

(b) 利潤は，

$$\begin{aligned} \Pi &= (125 - 0.5Q_1 - Q_2)Q_1 + (137.5 - 0.25Q_1 - 1.5Q_2)Q_2 - (Q_1^2 + 2Q_1Q_2 + Q_2^2) \\ &= 125Q_1 + 137.5Q_2 - 3.25Q_1Q_2 - 1.5Q_1^2 - 2.5Q_2^2 \end{aligned}$$

となる．1 階の条件を求めると，

$$\Pi_1 = 125 - 3.25Q_2 - 3Q_1 = 0 \qquad \Pi_2 = 137.5 - 3.25Q_1 - 5Q_2 = 0$$

となる．したがって，

$$\begin{bmatrix} -3 & -3.25 \\ -3.25 & -5 \end{bmatrix} \begin{bmatrix} Q_1 \\ Q_2 \end{bmatrix} = \begin{bmatrix} -125 \\ -137.5 \end{bmatrix}$$

$$|A| = 4.4375$$

$$|A_1| = 178.125$$

$$|A_2| = 6.25$$

より，

$$\bar{Q}_1 = \frac{178.125}{4.4375} \cong 40.14 \qquad \bar{Q}_2 = \frac{6.25}{4.4375} \cong 1.4$$

を得る．

(c) 2 階の条件については，

$$|H| = \begin{vmatrix} -3 & -3.25 \\ -3.25 & -5 \end{vmatrix}$$

であり，かつ $|H_1| = -3$，$|H_2| = |H| = |A| = 4.4375$ となるので，Π は最大値をもつ．

9.12

$Q_1 = 90 - 6P_1 - 2P_2 \qquad Q_2 = 80 - 2P_1 - 4P_2 \qquad \mathrm{TC} = 2Q_1^2 + 3Q_1Q_2 + 2Q_2^2$

としたときに前問と同様に利潤を最大にせよ．ただし，Q_1 と Q_2 は補完財であるから，各需要関数中では P_1 と P_2 は向じ符号である．

(a) 逆需要関数を求めると，

$$\begin{bmatrix} -6 & -2 \\ -2 & -4 \end{bmatrix} = \begin{bmatrix} Q_1 - 90 \\ Q_2 - 80 \end{bmatrix}$$

を得る．そこで，

$$|A| = 20 \quad |A_1| = \begin{vmatrix} Q_1 - 90 & -2 \\ Q_2 - 80 & -4 \end{vmatrix} = -4Q_1 + 360 + 2Q_2 - 160 = 200 - 4Q_1 + 2Q_2$$

となるから，クラーメルの公式より，

$$P_1 = \frac{200 - 4Q_1 + 2Q_2}{20} = 10 - 0.2Q_1 + 0.1Q_2$$

また，

$$|A_2| = \begin{vmatrix} -6 & Q_1 - 90 \\ -2 & Q_2 - 80 \end{vmatrix} = -6Q_2 + 480 + 2Q_1 - 180 = 300 - 6Q_2 + 2Q_1$$

より，クラーメルの公式から，

$$P_2 = \frac{300 - 6Q_2 + 2Q_1}{20} = 15 - 0.3Q_2 + 0.1Q_1$$

となる．

(b) $\Pi = (10 - 0.2Q_1 + 0.1Q_2)Q_1 + (15 - 0.3Q_2 + 0.1Q_1)Q_2 - (2Q_1^2 + 3Q_1Q_2 + 2Q_2^2)$

$= 10Q_1 + 15Q_2 - 2.8Q_1Q_2 - 2.2Q_1^2 - 2.3Q_2^2$

であるから，1 階の条件は，それぞれ

$$\Pi_1 = 10 - 2.8Q_2 - 4.4Q_1 = 0 \qquad \Pi_2 = 15 - 2.8Q_1 - 4.6Q_2 = 0$$

となる．かくして行列で表わすと，

$$\begin{bmatrix} -4.4 & -2.8 \\ -2.8 & -4.6 \end{bmatrix} \begin{bmatrix} Q_1 \\ Q_2 \end{bmatrix} = \begin{bmatrix} -10 \\ -15 \end{bmatrix}$$

より，

$$|A| = 12.4 \qquad |A_1| = 4 \qquad |A_2| = 38$$

クラーメルの公式から，

$$\bar{Q}_1 = \frac{4}{12.4} \cong 0.32 \qquad \bar{Q}_2 = \frac{38}{12.4} \cong 3.06$$

を得る．

(c) 2 階の条件は，

$$|H| = \begin{vmatrix} -4.4 & -2.8 \\ -2.8 & -4.6 \end{vmatrix}$$

で，$|H_1| = -4.4$，$|H_2| = |A| = 12.4$ となり，Π は最大値をもつ．

価格差別と需要の弾力性

（注）この節の問題の係数はみな計算の便宜のため非現実的なほど小さくしてあるが，この節のもつ経済的重要性は変わらない．

9.13　電話会社は 3 つのそれぞれ独立した需要帯をもっている．つまり，

$$\begin{aligned} &\text{平日}: Q_1 = 90 - 0.5P_1 \\ &\text{休日}: Q_2 = 35 - 0.25P_2 \\ &\text{夜間}: Q_3 = 30 - 0.2P_3 \end{aligned} \tag{9.15}$$

とする．$\text{TC} = 25 + 20Q$ であり，$Q = Q_1 + Q_2 + Q_3$ である．

差別独占者として，この企業は価格弾力性 ε の最も低い市場で最高の価格をつけると利潤を最大化できるが，(a) 利潤最大化生産量を求め，(b) 利潤最大価格を求め，(c) 各市場の価格弾力性を求めてそれを証明せよ．また連立方程式をクラーメルの公式で解き，2 階の条件が満たされるかどうかをヘッセ行列式を用いて示せ．

(a) (9.15) から，

$$P_1 = 180 - 2Q_1 \qquad P_2 = 140 - 4Q_2 \qquad P_3 = 150 - 5Q_3 \qquad (9.16)$$

を得る．すると総利潤は，

$$\begin{aligned}\Pi &= (180 - 2Q_1)Q_1 + (140 - 4Q_2)Q_2 + (150 - 5Q_3)Q_3 \\ &\quad - (25 + 20Q_1 + 20Q_2 + 20Q_3) \\ &= 160Q_1 - 2Q_1^2 + 120Q_2 - 4Q_2^2 + 130Q_3 - 5Q_3^2 - 25\end{aligned}$$

となるので，1 階の条件

$$\begin{aligned}\Pi_1 &= 160 - 4Q_1 = 0 & \bar{Q}_1 &= 40 \\ \Pi_2 &= 120 - 8Q_2 = 0 & \bar{Q}_2 &= 15 \\ \Pi_3 &= 130 - 10Q_3 = 0 & \bar{Q}_3 &= 13\end{aligned} \qquad (9.17)$$

が得られる．(9.17) の 2 階の偏微分をとり，ヘッセ行列式を作って 2 階の条件をテストする．

$$H| = \begin{vmatrix} -4 & 0 & 0 \\ 0 & -8 & 0 \\ 0 & 0 & -10 \end{vmatrix}$$

となり，$|H_1| = -4$，$|H_2| = 32$，$|H_3| = -320$ となる．したがって Π は最大化される．

(b) (10.16) に上の (a) の Q の値を代入して，

$$\bar{P}_1 = 180-2(40) = 100 \qquad \bar{P}_2 = 140-4(15) = 80 \qquad \bar{P}_3 = 150-5(13) = 85$$

となる．

(c)
$$\varepsilon_i = \frac{dQ_i}{dP_i}\frac{P_i}{Q_i}$$

である．(9.15) の偏微分をとり，均衡価格と生産量を使って弾力性を求めると，

$$\varepsilon_1 = -0.5\frac{100}{40} = -1.25 \quad \varepsilon_2 = -0.25\frac{80}{15} = -1.33 \quad \varepsilon_3 = -0.2\frac{85}{13} = -1.31$$

となる．利潤最大のために，市場 1 は弾力性 $|\varepsilon|$ が最も低いので，最も高い価格 $P_1 = 100$ となる．弾力性の最も高い市場では最も低い価格 $P_2 = 80$ である．

9.14　ユニバーシティ・クラブは会員資格に応じて 3 つの別々の需要がある．つまり，

$$\begin{aligned} &\text{大学生会員：} & Q_1 &= 46.67 - \frac{1}{6}P_1 \\ &\text{ジュニア会員：} & Q_2 &= 72.86 - \frac{1}{7}P_2 \\ &\text{シニア会員：} & Q_3 &= 80 - \frac{1}{8}P_3 \end{aligned} \tag{9.18}$$

かつ

$$\text{TC} = Q^2 + 30Q + 75 \tag{9.19}$$

である．ただし，$Q = Q_1 + Q_2 + Q_3$ である．MR = MC を用いて，演習問題 9.13 と同じことをこのクラブについて考えよ．

(a) (9.18) より，

$$P_1 - 280 - 6Q_1 \qquad P_2 = 510 - 7Q_2 \qquad P_3 = 640 - 8Q_3 \tag{9.20}$$

となる．TR = PQ から，

$$\text{TR}_1 = 280Q_1 - 6Q_1^2 \quad \text{TR}_2 = 510Q_2 - 7Q_2^2 \quad \text{TR}_3 = 640Q_3 - 8Q_3^2 \tag{9.21}$$

がそれぞれ得られる．MR と MC を得るために (9.21) と (9.19) の微分をとると（演習問題 4.12 を見よ），

$$\text{MR}_1 = 280 - 12Q_1 \quad \text{MR}_2 = 510 - 14Q_2 \quad \text{MR}_3 = 640 - 16Q_3 \tag{9.22}$$

$$\text{MC} = 30 + 2Q \tag{9.23}$$

を得る．$Q = Q_1 + Q_2 + Q_3$ を (9.23) に代入して，

$$\text{MC} = 30 + 2Q_1 + 2Q_2 + 2Q_3 \tag{9.23a}$$

を得る．利潤最大化のため，各市場での MR と MC を等しくすると，

$$\begin{aligned} 280 - 12Q_1 &= 30 + 2Q_1 + 2Q_2 + 2Q_3 \\ 510 - 14Q_2 &= 30 + 2Q_1 + 2Q_2 + 2Q_3 \\ 640 - 16Q_3 &= 30 + 2Q_1 + 2Q_2 + 2Q_3 \end{aligned}$$

を得る．整理して簡単にすると，

$$250 - 14Q_1 - 2Q_2 - 2Q_3 = 0$$

$$480 - 2Q_l - 16Q_2 - 2Q_3 = 0 \qquad (9.24)$$
$$610 - 2Q_1 - 2Q_2 - 18Q_3 = 0$$

を得る．行列の形式では，

$$\begin{bmatrix} -14 & -2 & -2 \\ -2 & -16 & -2 \\ -2 & -2 & -18 \end{bmatrix} \begin{bmatrix} Q_1 \\ Q_2 \\ Q_3 \end{bmatrix} \begin{bmatrix} -250 \\ -480 \\ -610 \end{bmatrix}$$

を得る．そこでクラーメルの公式，

$$|A| = -3856 \quad |A_1| = -38,560 \quad |A_2| = -96,400 \quad |A_3| = -115,680$$

より，

$$\bar{Q}_1 = \frac{-38,560}{-3856} = 10 \qquad \bar{Q}_2 = \frac{-96,400}{-3856} = 25 \qquad \bar{Q}_3 = \frac{-115,680}{-3856} = 30$$

を得る．

2 階の条件をテストするため，MR から MC を引くと，(9.24) が得られるので，(9.24) の 2 階の微分をとる．これは利潤関数の 1 階の微分である．なぜなら，

$$\frac{d\Pi}{dQ} = \frac{d\,\mathrm{TR}}{dQ} - \frac{d\,\mathrm{TC}}{dQ} = \mathrm{MR} - \mathrm{MC}$$

となる．したがって，

$$|H| = \begin{vmatrix} -14 & -2 & -2 \\ -2 & -16 & -2 \\ -2 & -2 & -18 \end{vmatrix}$$

であり，$|H_1| = -14$，$|H_2| = 220$，$|H_3| = |A| = -3856$ となる．その結果，利潤は最大化される．

(b) (9.20) に先の $\bar{Q} = (\bar{Q}_1,\ \bar{Q}_2,\ \bar{Q}_3)$ を代入すると，$\bar{P}_1 = 220$，$\bar{P}_2 = 335$，$\bar{P}_3 = 400$ となる．

(c) 弾力性は，

$$\varepsilon_1 = -\frac{1}{6}\left(\frac{220}{10}\right) \cong -3.67 \quad \varepsilon_2 = -\frac{1}{7}\left(\frac{335}{25}\right) \cong -1.91$$
$$\varepsilon_3 = -\frac{1}{8}\left(\frac{400}{30}\right) \cong -1.67$$

である．

9.15　$\mathrm{MR} = P\left(1 - \dfrac{1}{|\varepsilon|}\right)$ が証明できる．

演習問題 9.14 で市場 1 に対する解答を確かめよ．

$$\mathrm{MR}_1 = 220\left(1 - \frac{1}{3.67}\right) \cong 160$$

$\bar{Q}_1 = 10$ を (9.22) に代入し，$\mathrm{MR} = 280 - 12(10) = 160$ となる．自身で MR_2 と MR_3 について確かめてみよ．

条件付き最大化とへり付きヘッセ行列式

9.16　$3x + 4y = 90$ という制約のもとで，$u = 2xy$ を最大化する．ただし，(a) x, y の最大値を求め，(b) 2 階の条件を見るためへり付きヘッセ行列式を使え．

(a) ラグランジュ関数 U は，

$$U = 2xy + \lambda(3x + 4y - 90)$$

となる．1 階の条件は，

$$U_x = 2y + 3\lambda = 0 \qquad U_y = 2 + 4\lambda = 0 \qquad U_\lambda = 3x + 4y - 90 = 0$$

となる．行列形式では，

$$\begin{bmatrix} 0 & 2 & 3 \\ 2 & 0 & 4 \\ 3 & 4 & 0 \end{bmatrix} \begin{bmatrix} x \\ y \\ \lambda \end{bmatrix} = \begin{bmatrix} 0 \\ 0 \\ 90 \end{bmatrix} \tag{9.25}$$

で表わされる．クラーメルの公式で解くと，$|A| = 48$，$|A_1| = 720$，$|A_2| = 540$，$|A_3| = -360$ となる．したがって，$\bar{x} = 15$，$\bar{y} = 11.25$，$\bar{\lambda} = -7.5$ を得る．

(b) U の 2 階の x, y に関する偏微分をとり，制約条件の x, y に関する 1 階の偏微分をとり，へり付きヘッセ行列式を作る．まず，

$$U_{xx} = 0 \qquad U_{yy} = 0 \qquad U_{xy} = 2 = U_{yx} \qquad c_x = 3 \qquad c_y = 4$$

9.4 節より，

$$|\bar{H}| = \begin{vmatrix} 0 & 2 & 3 \\ 2 & 0 & 4 \\ 3 & 4 & 0 \end{vmatrix} \quad \text{ないし} \quad |\bar{H}| = \begin{vmatrix} 0 & 3 & 4 \\ 3 & 0 & 2 \\ 4 & 2 & 0 \end{vmatrix}$$

を得る．さらに，

$$|\bar{H}_2| = |\bar{H}| = -2(-12)+3(8) = 48 > 0 \quad |\bar{H}_2| = |\bar{H}| = -3(-8)+4(6) = 48 > 0$$

となる．

首座小行列式の値を変えずに，へり付きヘッセ行列式は上の形のいずれかで表わすことができる．しかし，目的関数が 1 次式か 2 次式で制約条件が 1 次式なら，左側の $|\bar{H}|$ のへり付きヘッセ行列式は (9.25) の係数行列 A と同じである．$|\bar{H}|$ と $|A|$ とが等しくなるので，これは計算時間を節約してくれる．$|\bar{H}| = |A| > 0$ なら，9.4 節より $|\bar{H}|$ は負値定符号で，U は最大値をもつ．

9.17　演習問題 9.16 の方法により，条件 $6x + 2y = 110$ のもとで効用 $u = xy + x$ を最大化せよ．

(a) ラグランジュ関数は，

$$U = xy + x + \lambda(6x + y - 110)$$

であり，1 階の条件より，

$$U_x = y + 1 + 6\lambda = 0 \qquad U_y = x + 2\lambda = 0 \qquad U_\lambda = 6x + 2y - 110 = 0$$

を得る．行列で表わすと，

$$\begin{bmatrix} 0 & 1 & 6 \\ 1 & 0 & 2 \\ 6 & 2 & 0 \end{bmatrix} \begin{bmatrix} x \\ y \\ \lambda \end{bmatrix} \begin{bmatrix} -1 \\ 0 \\ 110 \end{bmatrix}$$

となる．クラーメルの公式より，$\bar{x} = 9\frac{1}{3}$，$\bar{y} = 27$，$\bar{\lambda} = -4\frac{2}{3}$ を得る．

(b) $U_{xx} = 0$．$U_{yy} = 0$，$U_{xy} = 1 = U_{yx}$，$c_x = 6$，$c_y = 2$ であるから，

$$|\bar{H}| = \begin{vmatrix} 0 & 1 & 6 \\ 1 & 0 & 2 \\ 6 & 2 & 0 \end{vmatrix} \qquad |\bar{H}_2| = |\bar{H}| = |A| = 24$$

を得る．$|\bar{H}_2| > 0$ であるから，$|\bar{H}|$ は負値定符号で，U は最大値をもつ．

9.18　生産割当 $g = 2x + 3y = 60$ のもとで企業の総費用 $c = 45x^2 + 90xy + 90y^2$ を最小化する問題を，(a) x, y の最適値を求め，(b) 2 階の条件を満たすかどうか調べるため，へり付きヘッセ行列式を使って計算せよ．

(a) まず，$C = 45x^2 + 90xy + 90y^2 + \lambda(2x + 3y - 60)$ とする．

$$C_x = 90x+90y+2\lambda = 0 \quad C_y = 90x+180y+3\lambda = 0 \quad C_\lambda = 2x+3y-60 = 0$$

となる．行列形式では，

$$\begin{bmatrix} 90 & 90 & 2 \\ 90 & 180 & 3 \\ 2 & 3 & 0 \end{bmatrix}\begin{bmatrix} x \\ y \\ \lambda \end{bmatrix} = \begin{bmatrix} 0 \\ 0 \\ 60 \end{bmatrix}$$

と書ける．クラーメルの公式より，$\bar{x} = 12$，$\bar{y} = 12$，$\bar{\lambda} = -1080$ を得る．

(b) $C_{xx} = 90$，$C_{yy} = 180$，$C_{xy} = 90 = C_{yx}$，$g_x = 2$，$g_y = 3$ だから、へリ付きヘッセ行列式は，

$$|\bar{H}| = \begin{bmatrix} 90 & 90 & 2 \\ 90 & 180 & 3 \\ 2 & 3 & 0 \end{bmatrix}$$

となり，$|\bar{H}_2| = -450$ を得る．$|\bar{H}_2| < 0$ だから，$|\bar{H}|$ は正値定符号で，C は最小化される．

9.19　2 つの代替財の独占的生産者が，

$$x = 80 - 4P_x + 2P_y \qquad y = 110 + 2P_x - 6P_y$$

という需要曲線をもっている．仮の総費用は $\mathrm{TC} = 0.5x^2 + xy + y^2$ となる．生産割当を $3+4y = 350$ とするとき，利潤最大化の生産量水準はどうなるか．

(a) 演習問題 9.11 のように，価格 P の関数から，$P = f(x, y)$ という x, y の関数に変換するため，

$$\begin{bmatrix} -4 & 2 \\ 2 & -6 \end{bmatrix}\begin{bmatrix} P_x \\ P_y \end{bmatrix} = \begin{bmatrix} x - 80 \\ y - 110 \end{bmatrix}$$

を得る．クラーメルの公式より，

$$P_x = 35 - 0.3x - 0.1y \qquad P_y = 30 - 0.1x - 0.2y$$

を得る．したがって利潤は，

$$\Pi = P_x x + P_y y - \mathrm{TC} = 35x + 30y - 1.2xy - 0.8x^2 - 1.2y^2$$

となる．ラグランジュ関数としては，

$$\Pi = 35x + 30y - 1.2xy - 0.8x^2 - 1.2y^2 + \lambda(3x + 4y - 350)$$

を得るので，1 階の条件は，

$$\begin{aligned}\Pi_x &= 35 - 1.2y - 1.6x + 3\lambda = 0\\ \Pi_y &= 30 - 1.2x - 2.4y + 4\lambda = 0\\ \Pi_\lambda &= 3x + 4y - 350 = 0\end{aligned}$$

を得る．連立させて解くと，$\bar{x} = 56.52$，$\bar{y} = 45.11$，および $\bar{\lambda} = 36.52$ となる．（企業は制約条件があるとロスをこうむる．したがって $\bar{\lambda}$ は正となる．制約が厳しくなると，Π の減少が大きな損失を生じ，その制約が多くなると Π は増加するか，損失が少なくなる．5.9 節を見よ．）

(b)

$$|\bar{H}| = \begin{bmatrix}-1.6 & -1.2 & 3\\ -1.2 & -2.4 & 4\\ 3 & 4 & 0\end{bmatrix}$$

であるから，$|\bar{H}_2| = 18.4$．そこで $|\bar{H}|$ は負値定符号で，Π は最大化される．損失は最小化される．

9.20　演習問題 9.18 (a)，(b) の方法で条件 $2xy = 337.5$ というもとで費用 $c = 3x + 4y$ を最小化せよ．さらに，(c) この解と演習問題 9.16 の解の関係を論じよ．

(a) ラグランジュ関数は，

$$C = 3x + 4y + \lambda(2xy - 337.5)$$

とする．一般の条件は，

$$C_x = 3 + 2\lambda y = 0 \qquad \lambda = -\frac{1.5}{y} \tag{9.26}$$

$$C_y = 4 + 2\lambda x = 0 \qquad \lambda = -\frac{2}{x} \tag{9.27}$$

$$C_\lambda = 2xy - 337.5 = 0 \tag{9.28}$$

となる．(9.26) と (9.27) の λ を等しくすると，

$$-\frac{1.5}{y} = -\frac{2}{x}$$

$$y = 0.75x$$

を得る．(9.28) に代入し，

$$2x(0.75x) = 337.5$$
$$1.5x^2 = 337.5$$
$$x^2 = 225 \qquad \bar{x} = 15$$

となる．よって，$\bar{y} = 11.25$ と $\bar{\lambda} = -0.133$ を得る．

(b) $C_{xx} = 0$，$C_{yy} = 0$，$C_{xy} = C_{yx} = 2\lambda$，$g_x = 2y$，$g_y = 2x$ より，

$$|\bar{H}| = \begin{vmatrix} 0 & 2\lambda & 2y \\ 2\lambda & 0 & 2x \\ 2y & 2x & 0 \end{vmatrix}$$

を得る．$|\bar{H}_2| = -2\lambda(-4xy) + 2y(4x\lambda) = 16xy\lambda$，$\bar{x}$，$\bar{y} > 0$，$\bar{\lambda} < 0$ より，$|\bar{H}_2| < 0$ となる．したがって，$|\bar{H}|$ は正値定符号で，C は最小値をとる．

(c) 目的関数と制約条件が逆転している点を除くと，この問題と演習問題 9.16 は同じである．演習問題 9.16 では，目的関数は $u = 2xy$ が条件 $3x + 4y = 90$ のもとで最大化された．しかし，ここでは目的関数 $c = 3x + 4y$ が条件 $2xy = 337.5$ というもとで最小化される．つまり予算制約下で効用を最大化するか，所与の効用を最小の費用で実現するか，ということである．

投入–産出分析

9.21　下のような，技術係数行列 A と最終需要ベクトル B が与えられたときの企業 1，2，3 の総需要を求めよ．

$$\begin{array}{ccccc} & & \text{産出企業} & & \\ & 1 & 2 & 3 & \\ A = & \left[\begin{array}{c} 0.2 \\ 0.4 \\ 0.3 \end{array}\right. & \begin{array}{c} 0.3 \\ 0.1 \\ 0.5 \end{array} & \left.\begin{array}{c} 0.2 \\ 0.3 \\ 0.2 \end{array}\right] & \begin{array}{c} 1 \\ 2 \\ 3 \end{array} \ \text{投入企業} \end{array} \qquad B = \begin{bmatrix} 150 \\ 200 \\ 210 \end{bmatrix}$$

とする．

$$(I - A) = \begin{bmatrix} 0.8 & -0.3 & -0.2 \\ -0.4 & 0.9 & -0.3 \\ -0.3 & -0.5 & 0.8 \end{bmatrix}$$

とすると，(9.6) より総需要ベクトルは $X=(I-A)^{-1}B$ で与えられる．$(I-A)$ の逆行列は，

$$(I-A)^{-1}=\frac{1}{0.239}\begin{bmatrix}0.57 & 0.34 & 0.27\\0.41 & 0.58 & 0.32\\0.47 & 0.49 & 0.60\end{bmatrix}$$

となる．$X=(I-A^{-1}B$ にそれを代入して，

$$X=\frac{1}{0.239}\begin{bmatrix}0.57 & 0.34 & 0.27\\0.41 & 0.58 & 0.32\\0.47 & 0.49 & 0.60\end{bmatrix}\begin{bmatrix}150\\200\\210\end{bmatrix}=\frac{1}{0.239}\begin{bmatrix}210.2\\244.7\\294.5\end{bmatrix}=\begin{bmatrix}879.50\\1023.85\\1232.22\end{bmatrix}\begin{bmatrix}x_1\\x_2\\x_3\end{bmatrix}$$

を得る．

9.22　最終需要が企業 1 で 40，2 で 20，3 で 25 増加したとき，前問を使って新しい産出水準 X_2 を求めよ．

$\Delta X=(I-A)^{-1}\Delta B$ であるから，

$$\Delta X=\frac{1}{239}\begin{bmatrix}0.57 & 0.34 & 0.27\\0.41 & 0.58 & 0.32\\0.47 & 0.49 & 0.60\end{bmatrix}\begin{bmatrix}40\\20\\25\end{bmatrix}=\frac{1}{0.239}\begin{bmatrix}36.35\\36.00\\43.60\end{bmatrix}=\begin{bmatrix}152.09\\150.63\\182.43\end{bmatrix}$$

となる．それより，

$$X_2=X_1+\Delta X=\begin{bmatrix}879.50\\1023.85\\1232.22\end{bmatrix}+\begin{bmatrix}152.09\\150.63\\182.43\end{bmatrix}=\begin{bmatrix}1031.09\\1174.48\\1414.65\end{bmatrix}$$

を得る．

9.23　下のような企業連関表（単位 100 万ドル）が与えられたときの，技術係数行列を求めよ．

部　　門	行き先				最終需要	総需要
	鉄　鋼	石　炭	鉄	自動車		
鉄　　鋼	80	20	110	230	160	600
石　　炭	200	50	90	120	140	600
鉄	220	110	30	40	0	400
自 動 車	60	140	160	240	400	1000
付加価値	40	280	10	370		
総生産額	600	600	400	1000		

技術係数 a_{ij} は，1 単位ないし 1 ドルの産出物 j を生産するのに要する投入物 i の単位ないしドルの価値を示す．たとえば，a_{11} は鉄鋼 1 ドルに要する鉄鋼の割合，a_{21} は鉄鋼 1 ドル当りの石炭の割合，a_{31} は同じく鉄の割合，a_{41} は自動車の割合をそれぞれ示す．技術係数行列を得るために，単に各列の最も下の総生産額で各列の各要素を割ればよい．したがって，

$$A = \begin{bmatrix} \frac{80}{600} & \frac{20}{600} & \frac{110}{400} & \frac{230}{1000} \\ \frac{200}{600} & \frac{50}{600} & \frac{90}{400} & \frac{120}{1000} \\ \frac{220}{600} & \frac{110}{600} & \frac{30}{400} & \frac{40}{1000} \\ \frac{60}{600} & \frac{140}{600} & \frac{160}{400} & \frac{240}{1000} \end{bmatrix} = \begin{bmatrix} 0.133 & 0.033 & 0.275 & 0.23 \\ 0.333 & 0.083 & 0.225 & 0.12 \\ 0.367 & 0.183 & 0.075 & 0.04 \\ 0.10 & 0.233 & 0.40 & 0.24 \end{bmatrix}$$

となる．

9.24　前問の技術係数行列 A をチェックせよ．

そのため，行列 A と総需要ベクトル X とを掛ける．その積は，総需要 X と最終需要 B の差である中間需要に等しいはずである．計算上の多少の誤差を無視しよう．まず，

$$AX = \begin{bmatrix} 0.133 & 0.033 & 0.275 & 0.23 \\ 0.333 & 0.083 & 0.225 & 0.12 \\ 0.367 & 0.183 & 0.075 & 0.04 \\ 0.10 & 0.233 & 0.40 & 0.24 \end{bmatrix} \begin{bmatrix} 600 \\ 600 \\ 400 \\ 1000 \end{bmatrix} = \begin{bmatrix} 439.6 \\ 459.6 \\ 400 \\ 599.8 \end{bmatrix}$$

となるが，一方，

$$X - B = \begin{bmatrix} 600 \\ 600 \\ 400 \\ 1000 \end{bmatrix} - \begin{bmatrix} 160 \\ 140 \\ 0 \\ 400 \end{bmatrix} = \begin{bmatrix} 440 \\ 460 \\ 400 \\ 600 \end{bmatrix}$$

となる．したがって $AX \fallingdotseq X - B$ となる．

9.25　下の企業連関表より，(a) 技術係数行列を求めて，(b) それが正しいかどうかチェックせよ．

部　門	行き先 1	行き先 2	行き先 3	最終需要	総需要
1	20	60	10	50	140
2	50	10	80	10	150
3	40	30	20	40	130
付加価値	30	50	20		
総生産額	140	150	130		

(a)

$$A = \begin{bmatrix} \frac{20}{140} & \frac{60}{150} & \frac{10}{130} \\ \frac{50}{140} & \frac{10}{150} & \frac{80}{130} \\ \frac{40}{140} & \frac{30}{150} & \frac{20}{130} \end{bmatrix} = \begin{bmatrix} 0.143 & 0.4 & 0.077 \\ 0.357 & 0.067 & 0.615 \\ 0.286 & 0.2 & 0.154 \end{bmatrix}$$

(b)

$$AX = \begin{bmatrix} 0.143 & 0.4 & 0.077 \\ 0.357 & 0.067 & 0.615 \\ 0.286 & 0.2 & 0.154 \end{bmatrix} \begin{bmatrix} 140 \\ 150 \\ 130 \end{bmatrix} = \begin{bmatrix} 90 \\ 140 \\ 90 \end{bmatrix}$$

$$X - B = \begin{bmatrix} 140 \\ 150 \\ 130 \end{bmatrix} - \begin{bmatrix} 50 \\ 10 \\ 40 \end{bmatrix} = \begin{bmatrix} 90 \\ 140 \\ 90 \end{bmatrix}$$

9.26　2 年目に最終需要は企業 1 は 70，2 が 25，3 が 50 としたとき，前問に従って，新しい総需要水準を求めよ．

$X = (1 - A)^{-1}B$ を求めるとよい．まず，

$$(I - A) = \begin{bmatrix} 0.857 & -0.4 & -0.077 \\ -0.357 & 0.933 & -0.615 \\ -0.286 & -0.2 & 0.846 \end{bmatrix} \quad と$$

$$(I - A)^{-1} = \frac{1}{0.354} \begin{bmatrix} 0.666 & 0.354 & 0.318 \\ 0.487 & 0.703 & 0.555 \\ 0.338 & 0.286 & 0.657 \end{bmatrix}$$

となる．したがって，

$$X = \frac{1}{0.354}\begin{bmatrix} 0.666 & 0.354 & 0.318 \\ 0.487 & 0.703 & 0.555 \\ 0.338 & 0.286 & 0.657 \end{bmatrix}\begin{bmatrix} 70 \\ 25 \\ 50 \end{bmatrix} = \frac{1}{0.354}\begin{bmatrix} 71.37 \\ 78.79 \\ 63.66 \end{bmatrix} = \begin{bmatrix} 201.61 \\ 222.57 \\ 179.83 \end{bmatrix}$$

を得る．

9.27　$(I - A)$ の逆行列を求めて，演習問題 9.25 で得た係数行列の正確さをチェックするのに利用せよ．つまり $(I - A)^{-1}B = X$ を確かめよ．

$$(I - A)^{-1}B = \frac{1}{0.354}\begin{bmatrix} 0.666 & 0.354 & 0.318 \\ 0.487 & 0.703 & 0.555 \\ 0.338 & 0.286 & 0.657 \end{bmatrix}\begin{bmatrix} 50 \\ 10 \\ 40 \end{bmatrix} = \frac{1}{0.354}\begin{bmatrix} 49.56 \\ 53.13 \\ 46.04 \end{bmatrix} = \begin{bmatrix} 140 \\ 150 \\ 130 \end{bmatrix}$$

9.28　演習問題 9.25 で，付加価値は労働投入のみからなるとしよう．そのとき，(a) 演習問題 9.25 と (b) 演習問題 9.26 の最終需要に対してどれだけの労働が必要か．(c) もしこの経済の労働総量が 100 なら，この生産量の組み合わせは実現できるか．

(a) 演習問題 9.25 で，労働の技術的係数 a_{ij} を求めるには，単に付加価値の項を総生産量で割ればよい．つまり $a_{L1} = \frac{30}{140} = 0.214$，$a_{L2} = \frac{50}{150} = 0.333$，$a_{L3} = \frac{20}{130} = 0.154$ である．最終需要を満たすための労働量は労働の技術係数と行ベクトルと総需要の列ベクトルとの積に等しい．したがって，

$$L_1 = \begin{bmatrix} 0.214 & 0.333 & 0.154 \end{bmatrix}\begin{bmatrix} 140 \\ 150 \\ 130 \end{bmatrix} = 99.93$$

(b)

$$L_2 = \begin{bmatrix} 0.214 & 0.333 & 0.154 \end{bmatrix}\begin{bmatrix} 201.61 \\ 222.57 \\ 179.83 \end{bmatrix} = 144.95$$

(c) $99.93 < 100$ だから，演習問題 9.25 の最終需要は実現可能である．しかし，演習問題 9.26 では，社会はその最終需要を生産するに足る十分な労働資源がないので，この最終需要は実現されない．

9.29　演習問題 9.28 の技術係数行列の正確さを検証せよ．

付加価値は労働投入のみのときの，演習問題 9.23 の労働の技術係数を計算した後で，その係数の正確さがチェックされる．産出量 1 ドルはすべて投入物に完全に分解されるので，技術係数行列の各列を合計して 1 に等しいかどうかで，その係数の正確さがチェックされる．

	1	2	3
1	0.143	0.4	0.077
2	0.357	0.067	0.615
3	0.286	0.2	0.154
付加価値（労働）	0.214	0.333	0.154
	1,000	1,000	1,000

固有値と固有ベクトル

9.30　つぎの A の符号の決定ができるかどうかを知るため，固有根を利用せよ．

$$A = \begin{bmatrix} 10 & 3 \\ 3 & 4 \end{bmatrix}$$

A の固有根を求めるため，固有行列 $(A - cI)$ の行列式を 0 とおく．つまり，

$$|A - cI| = \begin{bmatrix} 10 - c & 3 \\ 3 & 4 - c \end{bmatrix} = 0 \quad より，$$

$$40 + c^2 - 14c - 9 = 0 \qquad c^2 - 14c + 31 = 0$$

を得る．2 次方程式の解法より，

$$c = \frac{14 \pm \sqrt{196 - 4(31)}}{2} = \frac{14 \pm 8.485}{2} \quad つまり，$$

$$c_1 = 11.2425 \qquad c_2 = 2.7575$$

を得る．2 つの固有根は正であるから，A は正値定符号である．

9.31　以下の行列 A のときに前問と同じことをせよ．

$$A = \begin{bmatrix} -4 & -2 \\ -2 & -6 \end{bmatrix}$$

より，固有方程式は，

$$|A - cI| = \begin{bmatrix} -4 - c & -2 \\ -2 & -6 - c \end{bmatrix} = 0 \quad より，$$

$$24 + c^2 + 10c - 4 = 0 \quad \text{ないし} \quad c^2 + 10c + 20 = 0$$

から与えられる．つまり，

$$c = \frac{-10 \pm \sqrt{100 - 4(20)}}{2} = \frac{-10 \pm 4.472}{2}$$

よって，　$c_1 = \dfrac{-5.5279}{2} = -2.764 \qquad c_2 = \dfrac{-14.4721}{2} = -7.236$

両固有根は負であるから，A は負値定符号である．

9.32　以下の行列 A のときに，演習問題 9.30 と同じことをせよ．

$$A = \begin{bmatrix} 6 & 1 & 4 \\ 13 & 4 & 0 \\ 5 & 1 & 9 \end{bmatrix} \quad \text{より，}$$

$$|A - cI| = \begin{bmatrix} 6-c & 1 & 0 \\ 13 & 4-c & 0 \\ 5 & 1 & 9-c \end{bmatrix} = 0$$

を得る．第 3 列について展開すると，

$$|A - cI| = (9 - c)[(6 - c)(4 - c) - 13] = 0 \tag{9.29}$$

より，

$$-c^3 + 19c^2 - 101c + 99 = 0 \tag{9.30}$$

を得る．

$$9 - c = 0 \quad \text{ないし} \quad (6 - c)(4 - c) - 13 = 0$$

なら，(9.29) は 0 になる．したがって，

$$c_1 = 9 \qquad c^2 - 10c + 11 = 0 \qquad c = \frac{10 \pm \sqrt{100 - 4(11)}}{2} = \frac{10 \pm 7.48}{2}$$

これから，

$$c_2 = 8.74 \qquad c_3 = 1.26$$

を得る．3 つの固有根はすべて正なので，A は正値定符号である．

9.33　以下の行列 A のとき，演習問題 9.30 と同じことをせよ．

$$A = \begin{bmatrix} -5 & 1 & 2 \\ 0 & -2 & 0 \\ 4 & 2 & -3 \end{bmatrix} \quad \text{より，}$$

$$|A - cI| = \begin{bmatrix} -5-c & 1 & 2 \\ 0 & -2-c & 0 \\ 4 & 2 & -3-c \end{bmatrix} = 0$$

を得る．第 2 行で展開すると，

$$|A - cI| = (-2-c)[(-5-c)(-3-c) - 8] = 0$$

よって，

$$\begin{aligned} -2 - c &= 0 & \qquad (-5-c)(-3-c) - 8 &= 0 \\ c_1 &= -2 \quad \text{ないし} & c_2 + 8c + 7 &= 0 \\ & & (c+7)(c+1) &= 0 \\ & & c_2 = -7 \qquad c_3 &= -1 \end{aligned}$$

を得る．3 つの固有根が負なので，A は負値定符号である．

9.34

$$A = \begin{bmatrix} 6 & 6 \\ 6 & -3 \end{bmatrix}$$

とする．そのとき，(a) 固有根と，(b) 固有ベクトルを求めよ．さらに (c) $T'AT = \begin{bmatrix} c_1 & 0 \\ 0 & c_2 \end{bmatrix}$ を示して，変換行列と固有ベクトルを比べよ．

(a)

$$|A - cI| = \begin{bmatrix} 6-c & 6 \\ 6 & -3-c \end{bmatrix} \quad \text{より，}$$

$$-18 + c^2 - 3c - 36 = 0 \quad \text{ないし} \quad c^2 - 3c - 54 = 0$$

を得る．よって，

$$\begin{gathered} (c-9)(c+6) = 0 \\ c_1 = 9 \qquad c_2 = -6 \end{gathered}$$

を得る．1 つの根は正，他の根は負なので，A は何ともいえない．

(b) 最初の固有ベクトルには $c_1 = 9$ を用いて，

$$\begin{bmatrix} 6-9 & 6 \\ 6 & -3-9 \end{bmatrix}\begin{bmatrix} v_1 \\ v_2 \end{bmatrix} = \begin{bmatrix} -3 & 6 \\ 6 & -12 \end{bmatrix}\begin{bmatrix} v_1 \\ v_2 \end{bmatrix} = 0$$

を得る．これより $v_1 = 2v_2$ となる．例題 10 のように基準化して，

$$(2v_2)^2 + v_2^2 = 1 \quad \text{ないし} \quad 5v_2^2 = 1$$

よって，$v_2 = \sqrt{0.2}$ より，

$$v_1 = 2v_2 = 2\sqrt{0.2}$$

かくして，

$$V_1 = \begin{bmatrix} 2\sqrt{0.2} \\ \sqrt{0.2} \end{bmatrix}$$

となる．第 2 の固有ベクトルについては，$c_2 = -6$ より，

$$\begin{bmatrix} 6-(-6) & 6 \\ 6 & -3-(-6) \end{bmatrix}\begin{bmatrix} v_1 \\ v_2 \end{bmatrix} = \begin{bmatrix} 12 & 6 \\ 6 & 3 \end{bmatrix}\begin{bmatrix} v_1 \\ v_2 \end{bmatrix} = 0$$

となり，$v_2 = -2v_1$ を得る．基準化して，

$$v_1^2 + (-2v_1)^2 = 1 \quad \text{ないし} \quad 5v_1^2 = 1$$

となる．これより，

$$v_1 = \sqrt{0.2} \qquad v_2 = -2v_1 = -2\sqrt{0.2}$$

を得る．よって，

$$V_2 = \begin{bmatrix} \sqrt{0.2} \\ -2\sqrt{0.2} \end{bmatrix}$$

(c)

$$T = \begin{bmatrix} V_1 & V_2 \end{bmatrix} = \begin{bmatrix} 2\sqrt{0.2} & \sqrt{0.2} \\ \sqrt{0.2} & -2\sqrt{0.2} \end{bmatrix}$$

したがって，

$$T'AT = \begin{bmatrix} 2\sqrt{0.2} & \sqrt{0.2} \\ \sqrt{0.2} & -2\sqrt{0.2} \end{bmatrix}\begin{bmatrix} 6 & 6 \\ 6 & -3 \end{bmatrix}\begin{bmatrix} 2\sqrt{0.2} & \sqrt{0.2} \\ \sqrt{0.2} & -2\sqrt{0.2} \end{bmatrix}$$

ただし，

$$T'A = \begin{bmatrix} 18\sqrt{0.2} & 9\sqrt{0.2} \\ -6\sqrt{0.2} & 12\sqrt{0.2} \end{bmatrix} \quad \text{で，}$$

$$T'AT = \begin{bmatrix} 45(0.2) & 0 \\ 0 & -30(0.2) \end{bmatrix} = \begin{bmatrix} 9 & 0 \\ 0 & -6 \end{bmatrix} = \begin{bmatrix} c_1 & 0 \\ 0 & c_2 \end{bmatrix}$$

を得る．

9.35　演習問題 9.34 のデータから，固有ベクトルは直交すること，つまり $V_1'V_1 = 1$ を示せ．

$$V_1'V_1 = \begin{bmatrix} 2\sqrt{0.2} & \sqrt{0.2} \end{bmatrix} \begin{bmatrix} 2\sqrt{0.2} \\ \sqrt{0.2} \end{bmatrix} = 4(0.2) + 0.2 = 1 \quad \text{で,}$$

$$V_2'V_2 = \begin{bmatrix} \sqrt{0.2} & -2\sqrt{0.2} \end{bmatrix} \begin{bmatrix} \sqrt{0.2} \\ -2\sqrt{0.2} \end{bmatrix} = 0.2 + 4(0.2) = 1$$

となる．

9.36　演習問題 9.35 により，固有ベクトルは直交する．つまり，$V_i'V_j = 0$ となることを証明せよ．

$$V_1'V_2 = \begin{bmatrix} 2\sqrt{0.2} & \sqrt{0.2} \end{bmatrix} \begin{bmatrix} \sqrt{0.2} \\ -2\sqrt{0.2} \end{bmatrix} = 2(0.2) - 2(0.2) = 1$$

需要関数の導出

9.37　効用関数と予算制約式が下のように与えられたとしよう．

$$u = 3x + xy + 2y \qquad P_x x + P_y y = B$$

とする．

(a) マーシャルの需要関数を求めよ．

(b) $B = 60$，$P_y = 4$ のとき，$P_x = 2, 4$ のときの x の需要を求めよ．

(c) $B = 60$，$P_x = 4$ のとき，$P_y = 2, 4$ のときの y の需要を求めよ．

(a) ラグランジュ関数を作り，その 1 次微分をとり，以下を得る．つまり，ラグランジュ関数は，

$$U = xy + 3x + 2y + \lambda(P_x x + P_y y - B)$$

となり，

$$U_x = y + 3 + \lambda P_x = 0 \qquad U_y = x + 2 + \lambda P_y = 0 \qquad U_\lambda = P_x x + P_y y - B = 0$$

を得る．行列形式では，

$$\begin{bmatrix} 0 & 1 & P_x \\ 1 & 0 & P_y \\ P_x & P_y & 0 \end{bmatrix} \begin{bmatrix} x \\ y \\ \lambda \end{bmatrix} = \begin{bmatrix} -3 \\ -2 \\ B \end{bmatrix}$$

となる．$|A| = -1(-P_xP_y) + P_x(P_y) = 2P_xP_y$，クラメールの公式より，

$$|A_1| = \begin{bmatrix} -3 & 1 & P_x \\ -2 & 0 & P_y \\ B & P_y & 0 \end{bmatrix} = P_x(-2P_y) - P_y(-3P_y - B)$$

$$\bar{x} = \frac{|A_1|}{|A|} = \frac{-5P_xP_y + 2P_y^2 + 2P_yB}{4P_xP_y} = \frac{2B - 5P_x + 2P_y}{4P_x}$$

$$|A_2| = \begin{bmatrix} 0 & -3 & P_x \\ 1 & -2 & P_y \\ P_x & B & 0 \end{bmatrix} = P_x(B + 2P_x) - P_y(3P_x) \quad \text{となり，}$$

$$\bar{y} = \frac{|A_2|}{|A|} = \frac{BP_x + 2P_x^2 - 3P_xP_y}{2P_xP_y} = \frac{B + 2P_x - 3P_y}{2P_y}$$

を得る．2 階の条件については，

$$|\bar{H}| = \begin{bmatrix} 0 & 1 & P_x \\ 1 & 0 & P_y \\ P_x & P_y & 0 \end{bmatrix} = |A| = 2P_xP_y > 0$$

となる．

(b) $B = 60$，$P_y = 4$ として，

$$x = \frac{B - 2P_x + 3P_y}{2P_x}$$

となる．そこで，$P_x = 2$ では，

$$x = \frac{60 - 2(2) + 3(4)}{2(2)} = \frac{68}{4} = 17$$

$P_x = 4$ では，

$$x = \frac{60 - 2(4) + 3(4)}{2(4)} = \frac{68}{8} = 8$$

となる．

(c) $B = 60$，$P_x = 4$ のときには，

$$y = \frac{B + 2P_x - 3P_y}{2P_y} \quad \text{より，}$$

$p_y = 22$ では，

$$y = \frac{60 + 2(4) - 3(2)}{2(2)} = \frac{62}{4} = 15.5$$

となり，$P_y = 4$ では,

$$y = \frac{60 + 2(4) - 3(4)}{2(4)} = \frac{56}{8} = 7$$

となる.

第 10 章　線形計画法：グラフによる分析

10.1　グラフを使った解法

線形計画法の目的は競合する生産物や生産者間に稀少な資源を最適に配分することである．ある経済状態のもとでは，いくつかの不等式条件のもとである関数を最大化する必要が出てくる．1 つの不等式のもとでの最適化に，ラグランジュ法（6.7 節を見よ）がかなり有効である．1 つ以上の制約式があっても，線形計画法もかなり簡単に解くことができる．制約条件がいかに多くても，それが 2 変数の関数なら，最も簡単な方法はグラフを用いる分析である．最小化，最大化のグラフ的分析は例題 1 と 2 でそれぞれ例示される，

例題 1　ある製造業者が机（x_1）といす（x_2）を作る．各机を作るのに組み立て（A）に 2.5 時間，みがき（B）に 3 時間，梱包（C）に 1 時間を必要とする．いすは組み立て 1 時間，みがき 3 時間，梱包に 2 時間とする．この会社は週に組み立てに 20 時間，みがきに 30 時間，梱包に 16 時間しか使えない，また利益は机で 3 ドル，いすで 4 ドルである．このとき，この会社の週の利益を最大にする生産量の組み合わせをグラフを用いて示すことができる．

1. 等式ないし不等式として与件を示せ．目的関数は，

$$\Pi = 3x_1 + 4x_2 \tag{10.1}$$

となり，制約条件は，

$$
\begin{aligned}
\text{A の 制約} \quad &: \quad 2.5x_1 + x_2 \leqslant 20 \\
B \text{ の制約} \quad &: \quad 3x_1 + 3x_2 \leqslant 30 \\
C \text{ の制約} \quad &: \quad x_1 + 2x_2 \leqslant 16
\end{aligned}
$$

非負制約条件：　　$x_1,\ x_2 \geqslant 0$

はじめの 3 つの不等式は**技術的制約**で，技術状態と投入量で決定される．4 番目は解から負（多分受け入れられない）値を除くために課せられて**非負制約**である．

2. 3 つの不等式を等式として，x_1 で x_2 を解いて，図に示せ．したがって，

$$\begin{aligned} A\ \text{より},\quad x_2 &= 20 - 2.5x_1 \\ B\ \text{より},\quad x_2 &= 10 - x_1 \\ C\ \text{より},\quad x_2 &= 8 - 0.5x_1 \end{aligned}$$

当初の“等しいかそれ以下”という不等式の図は直線上とその内側のすべての点を含む．図 10-1(a) を見よ．$x_1,\ x_2 \geqslant 0$ という非負制約は縦，横軸で示される．斜線部分は**実現可能領域**とよばれる．それは 3 つの制約と非負制約すべてを満たす点を含む．x_1 と x_2 は**決定**ないし**構造変数**とよばれる．

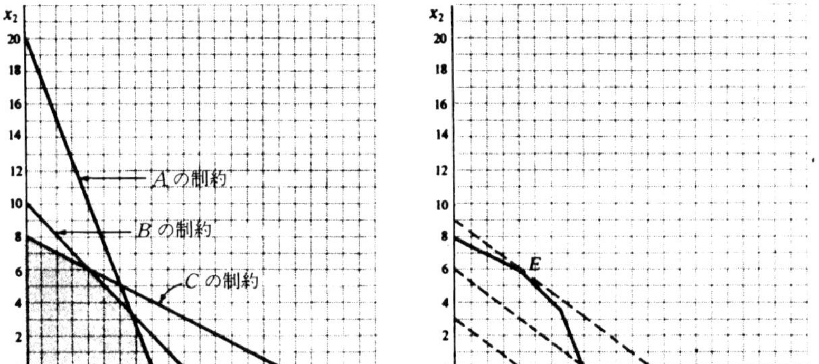

(a)　　(b)

図 10-1

3. 実現可能領域内の最適解を見つけるため，もしそれがあれば，等利潤線として目的関数を描く．(10.1) より，

$$x_2 = \frac{\Pi}{4} - \frac{3}{4}x_1$$

したがって，等利潤線は $-\dfrac{3}{4}$ の勾配をもつ．より大きい利潤に対応する（点線の）等利潤線を引くと，最大利潤を与える等利潤線は実現可能領域

と E 点で接する．そこでは $\bar{x}_1 = 4$，$\bar{x}_2 = 6$ である．図 10-1(b) を見よ．(10.1) に代入し，

$$\Pi = 3(4) + 4(6) = 36$$

を得る

4. 利潤は 2 つの制約条件のもとで最大となり，そこは**端点**とよばれる．

10.2　端点定理

目的関数の最適実現可能解があるなら，その解は端点のどこかで起こる，ということを**端点定理**はいっている．たとえば，10 個の端点 (0, 20)，(0, 10)，(6, 5)，(10, 0)，(16, 0)，(0, 8)，(4, 6)，(7, 3)，(8, 0)，(0, 0) があったとする（図 10-1(a)）．その最後の制約は解の非負条件である．これらのすべては**基底解**とよばれ，後の 5 つのみがどの制約条件も犯さないので，実現可能解となる．通常その中の 1 つが最適解となる．仮に (7, 3) をとると，$\Pi = 3 \times 7 + 4 \times 3 = 33$ で，上の 36 より低い．

例題 2　農民はその農産物に，A，B，C という 3 つの栄養素を毎日最低限以上は与えたいと思っている．A は 14，B は 12，C は 18 が景低限とする．生産物 y_1 は 2 単位の A と，B，C をそれぞれ 1 単位ずつを含む．y_2 は A，B がそれぞれ 1 単位ずつ，C が 3 単位を含む．y_1 の費用は 2 ドル，y_2 は 4 ドルとする．最低栄養素を損なわず，y_1 と y_2 の最小費用の組み合わせをグラフを用いて決定する．そこで例題 1 の手続きにならうことにしよう．

1. 最小化されるべき主目的関数は，

$$c = 2y_1 + 4y_2 \tag{10.2}$$

制約条件は，

$$\begin{aligned}
&A\text{ の制約} &&: \quad 2y_1 + y_2 \geqslant 14\\
&B\text{ の制約} &&: \quad y_1 + y_2 \geqslant 12\\
&C\text{ の制約} &&: \quad y_1 + 3y_2 \geqslant 18\\
&\text{非負制約条件} &&: \quad y_1,\ y_2 \geqslant 0
\end{aligned}$$

ただし，最小化の条件は満たさねばならないので，技術制約は $\geqslant$ で示されている．

2. 不等式を等式として，y_2 を y_1 で解いて，図に描く．もとの不等式のグラフはその方程式の線上かその右側になる（図 10-2(a) を見よ）．斜線部分が 3 つの制約式と非負条件とを満たす点を含む，実現可能領域である．
3. 最適解を見つけるため，点線で目的関数を描く．(10.2) より，

$$y_2 = \frac{c}{4} - \frac{1}{2}y_1$$

を得る．実現可能領域と接する最も低い等費用線は図 10-2(b) のように，$\overline{y}_1 = 9$ と $\overline{y}_2 = 3$ で接する．すると，$\overline{c} = 2(9)+4(3) = 30$ で，他の実現可能端点よりも低い費用を与える．たとえば (2, 10) では $c = 2(2)+4(10) = 44$ である．［最小化問題では (0, 0) は実現可能領域に入っていない．］

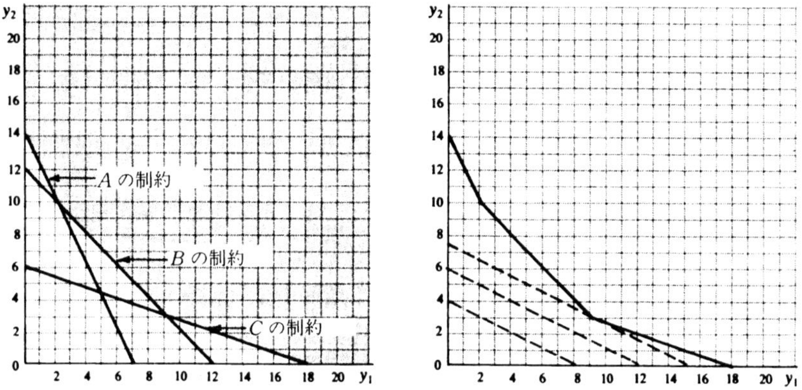

(a) (b)

図 10-2

10.3 スラックとサープラス（surplus）変数

2 変数以上を含む問題は前章の 2 次元グラフ・アプローチの範囲を越える．線形不等式体系を線形方程式体系に変えなければならない．このため，スラックないしサープラス変数（s_i）を各不等式に導入する．例題 3 を見よ．

$5x_1+3x_2 \leqslant 30$ はスラック変数 $s \geqslant 0$ を導入して $5x_1+3x_2+s = 30$ となる．もし $5x_1+3x_2 = 30$ なら，スラック変数は $s = 0$ である．もし $5x_1+3x_2 < 30$

なら，s は正で $5x_1 + 3x_2$ と 30 の差に等しい．

$4x_1 + 7x_2 \geqslant 60$ のような不等式はサープラス変数 $s \geqslant 0$ を導入し，$4x_1 + 7x_2 - s = 60$ となる．もし $4x_1 + 7x_2 = 60$ なら，$s = 0$ である．$4x_1 + 7x_2 > 60$ なら，$s > 0$ で．それは $4x_1 + 7x_2$ と 60 の差に等しくなる．

例題 3　例題 1 の技術制約はすべて ⩽ という不等式を含むので，スラック変数を導入すると，

$$25x_1 +_2 +s_1 = 20 \qquad 3x_1 + 3x_2 + s_2 = 30 \qquad x_1 + 2x_2 + s_3 = 16$$

となる．行列で表わすと，

$$\begin{bmatrix} 2.5 & 1 & 1 & 0 & 0 \\ 3 & 3 & 0 & 1 & 0 \\ 1 & 2 & 0 & 0 & 1 \end{bmatrix} = \begin{bmatrix} x_1 \\ x_2 \\ s_1 \\ s_2 \\ s_3 \end{bmatrix} = \begin{bmatrix} 20 \\ 30 \\ 16 \end{bmatrix}$$

となる．これに対して，例題 2 の技術制約における不等号はすべて ⩾ である．そのため，サープラス変数が導入されて，

$$22y_1 + y_2 - s_1 = 14 \qquad y_1 + y_2 - s_2 = 12 \qquad y_1 + 3y_2 - s_3 = 18$$

となる．行列形式では，

$$\begin{bmatrix} 2 & 1 & -1 & 0 & 0 \\ 1 & 1 & 0 & -1 & 0 \\ 1 & 3 & 0 & 0 & -1 \end{bmatrix} = \begin{bmatrix} y_1 \\ y_2 \\ s_1 \\ s_2 \\ s_3 \end{bmatrix} = \begin{bmatrix} 14 \\ 12 \\ 18 \end{bmatrix}$$

と表わされる．

10.4　基底定理

m 本の方程式と n 個の変数の体系に対して（$n > m$）は，無限の解がある．しかし端点の数は有限である．基底定理によると，$n > m$ のとき，m 本の方程式と n 個の変数の体系にとって，少なくとも $(n - m)$ 個の変数が 0 になる解が端点となる．すなわち $(n - m)$ 個の変数を 0 として，残りの m 個の変数

と m 本の方程式で解くことから，端点ないし基底解が得られる．基底解の数は

$$\frac{n!}{m!(n-m)!}$$

によって与えられる．ここで $n!$ は n の階乗という．例題 4 を見よ．

例題 4　例題 3 で，不等式を等式にすると 3 つの方程式と 5 つの変数が残る．基底解を計算するために 0 にする変数の数と基底解の数を見つける方法は以下に示される．

1. 3 本の方程式と 5 個の変数だから，そして $(n-m)$ 個の変数が基底解計算では 0 となるので，$5-3=2$ 個の変数が基底解ないし端点のために 0 になる．
2. 基底解の数についての定理より $n!/[m!(n-m)!]$ を使い，所与の値を代入すると，

$$\frac{5!}{3!(2)!}$$

を得る．ただし，$5! = 5(4)(3)(2)(1)$ である．したがって，

$$\frac{5(4)(3)(2)(1)}{(3)(2)(1)(2)(1)}$$

を得る．

例題 5　ある基底解は代数計算をせずに行列から直接計算できる．例題 3 を見よ．行列で，$x_1 = 0$ と $x_2 = 0$ とすると s_1，s_2，s_3 の恒等式が得られる．それにより，$s_1 = 20$，$s_2 = 30$，$s_3 = 16$ が基底解で，行列からすぐ読みとれる．

第 2 の行列の場合には，$y_1 = 0$，$y_2 = 0$ とすると，s_1，$_2$，s_3 の恒等式が得られる．それから $s_1 = -14$，$s_2 = -12$，$s_3 = -18$ が基底解である．しかし，これは非負制約という条件に反するので，これは実現可能解ではない．

演習問題

経済問題の数学的表現

10.1　製鉄専門会社では 2 つの種類の鉄（g_1 と g_2）を作っている．タイプ 1 は溶解 2 時間，圧延 4 時間，切断 10 時間を要する．タイプ 2 はそれぞれ 5 時間，1 時間，5 時間を要する．さて，溶解には 40 時間，圧延には 20 時間，切断は 60 時間しかかけられない．利潤はタイプ 1 は 24，タイプ 2 は 8 である．利潤を最大にする生産量の組み合わせを決めるため，以上を等式，不等式に示せ．

$\Pi = 24g_1 + 8g_2$ を最大化せよ．
条件は，

$$\begin{aligned} 2g_1 + 5g_2 &\leqslant 40 \quad \text{溶解の制約} \\ 4g_1 + g_2 &\leqslant 20 \quad \text{圧延の制約} \\ 10g_1 + 5g_2 &\leqslant 60 \quad \text{切断の制約} \\ g_1,\ g_2 &\geqslant 0 \end{aligned}$$

図解については，演習問題 10.5 を見よ．

10.2　中庭用の小石の製造業者は 2 種類の小石を作る．並（x_1）と上（x_2）である．並の小石には 2 時間の砕石，5 時間のふるいと 8 時間の乾燥が必要である．上の小石は 6 時間，3 時間，2 時間をそれぞれ必要とする．利潤は並で 40，上で 50 である．この業者は砕石は 36 時間，ふるいは 30 時間、乾燥は 40 時間という制限がある．上の条件を等式や不等式として，最適生産の組み合わせを決定せよ．

$\Pi = 40x_1 + 50x_2$ を最大化せよ．
条件は，

$$\begin{aligned} 2x_1 + 6x_2 &\leqslant 36 \quad \text{砕石条件} \\ 5x_1 + 3x_2 &\leqslant 30 \quad \text{ふるい条件} \\ 8x_1 + 2x_2 &\leqslant 40 \quad \text{乾燥条件} \\ x_1,\ x_2 &\geqslant 0 \end{aligned}$$

図解は演習問題 10.6 を見よ．

10.3　ある園芸家が肥料を混ぜて，カリ 15 単位，窒素 20 単位，燐酸 24 単位を得たい．ブランド 1 は 3 単位のカリ，1 単位の窒素，3 単位の燐酸を含み，120 ドルする．ブランド 2 はそれぞれ 1，5，2 単位含み，60 ドルする．そのとき，等式や不等式で望ましい条件を満たす肥料の最小費用の組み合わせを示せ．

$120x_1 + 60x_2$ を最小化せよ．

条件は，

$$
\begin{aligned}
3x_1 + x_2 &\geqslant 15 \quad \text{カリの必要量} \\
x_1 + 5x_2 &\geqslant 20 \quad \text{窒素の必要量} \\
3x_1 + 2x_2 &\geqslant 24 \quad \text{燐酸の必要量} \\
x_1,\ x_2 &\geqslant 0
\end{aligned}
$$

図解は演習問題 10.8 を見よ．

10.4　健康管理に熱心な人が，ビタミン A を 36 単位，C を 28 単位，D を 32 単位とろうとしている．ブランド 1 には A が 2 単位，C が 2 単位，D が 8 単位含まれ，3 ドルとする．ブランド 2 は 4 ドルで，A は 3 単位，C が 2 単位，D は 2 単位含む．式を使って毎日の要求を満たす最小費用の組み合わせを示せ．

$c = 3y_1 + 4y_2$ を最小化せよ．

条件は，

$$
\begin{aligned}
2y_1 + 3y_2 &\geqslant 36 \quad \text{ビタミン A の必要量} \\
2y_1 + 2y_2 &\geqslant 28 \quad \text{ビタミン C の必要量} \\
8y_1 + 2y_2 &\geqslant 32 \quad \text{ビタミン D の必要量} \\
y_1,\ y_2 &\geqslant 0
\end{aligned}
$$

図解については演習問題 10.15 を見よ．

図　解

10.5　下の条件より，

(1) g_2 を g_1 で解き，不等式条件を図解せよ．

(2) 実現可能領域をグラフ化し，黒くせよ．

(3) 目的関数の勾配を計算せよ．この勾配に定規をつけ，それを目的関数との接点に移し，それを点線で書け．

(4) 接点の g_1 と g_2 の値を読みとり，この値での関数値を求めよ．

演習問題 10.1 より，

$\Pi = 24g_1 + 8g_2$ を最大化せよ．

ただし，条件は，

$$
\begin{aligned}
2g_1 + 5g_2 &\leqslant 40 \quad \text{制約 1}\\
4g_1 + g_2 &\leqslant 20 \quad \text{制約 2}\\
10g_1 + 5g_2 &\leqslant 60 \quad \text{制約 3}\\
g_1,\ g_2 &\geqslant 0
\end{aligned}
$$

不等式条件は図 10-3(a) のように示される．条件 1 は $g_2 = 8 - \dfrac{2}{5}g_1$ から，$g_1 = 0$ なら $g_2 = 8$，$g_2 = 0$ なら $g_1 = 20$ となる．非負条件から分析は第 1 象限に限定される．

実現可能領域は図 10-3(b) に示される．目的関数から，$g_2 = \Pi/8 - 3g_1$ より，勾配は -3 となる．接点では $\bar{g}_1 = 4$，$\bar{g}_2 = 4$ となる．したがって，$\bar{\Pi} = 24 \times 4 + 8 \times 4 = 128$ となる．

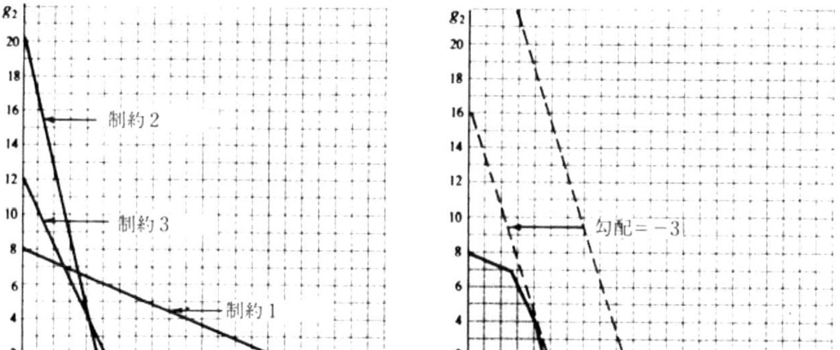

(a)　(b)

図 10-3

10.6　演習問題 10.2 の条件を使い，前問と同じことをせよ．

$\Pi = 40x_1 + 50x_2$ を最大化せよ．

ただし，条件は，

$$2x_1 + 6x_2 \leqslant 36 \quad \text{制約 1}$$
$$5x_1 + 3x_2 \leqslant 30 \quad \text{制約 2}$$
$$8x_1 + 2x_2 \leqslant 40 \quad \text{制約 3}$$
$$x_1,\ x_2 \geqslant 0$$

制約は図 10-4(a) を，実現可能領域は図 10-(4b) を見よ．目的関数から，$x_2 = \Pi/50 - \dfrac{4}{5}x_1$ で，勾配は $-\dfrac{4}{5}$ となる．図 10-4(b) では $\overline{x}_1 = 3$，$\overline{x}_2 = 5$ となり，$\Pi = 40 \times 3 + 50 \times 5 = 370$ を得る．

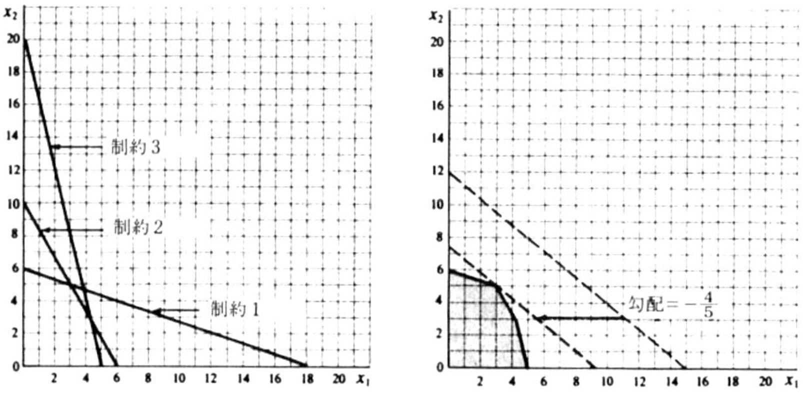

(a) (b)

図 10-4

10.7　つぎの条件のときに，演習問題 10.5 と同じことをせよ．

$\Pi = 5x_1 + 3x_2$ を最大化せよ．

ただし，条件は，

$$6x_1 + 2x_2 \leqslant 36 \quad \text{制約 1}$$
$$5x_1 + 5x_2 \leqslant 40 \quad \text{制約 2}$$
$$2x_1 + 4x_2 \leqslant 28 \quad \text{制約 3}$$
$$x_1,\ x_2 \geqslant 0$$

不等式は図 10-5(a) に示されている．実現可能領域は図 10-5(b) にある．目的関数より，$x_2 = \dfrac{\Pi}{3} - \dfrac{5}{3}x_1$ で，勾配は $-\dfrac{5}{3}$ である．図 10-51(b) では

$\overline{x}_1 = 5$，$\overline{x}_2 = 3$ で，$\Pi = 5 \times 5 + 3 \times 3 = 34$ となる．

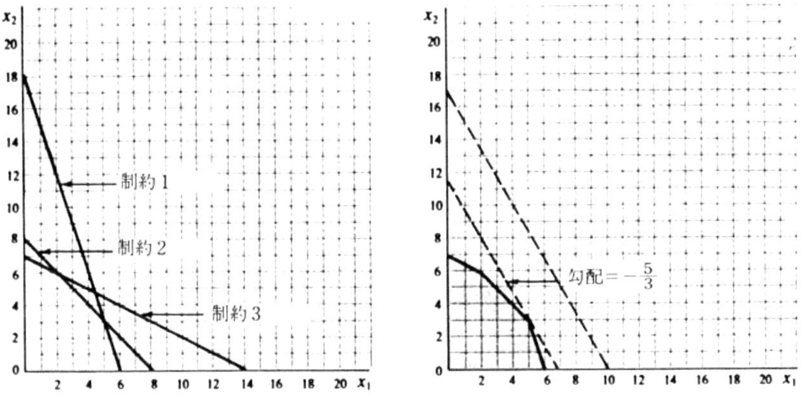

(a)　(b)

図 10-5

10.8　与えられた条件より，(1) x_2 を x_1 で解いてから不等式の制約式をグラフにして，(2) 実現可能領域を描き，黒く塗り，(3) 目的関数の勾配を求め，演習問題 10.5 のようにそれを点線で書き，(4) 接点の値を求めて，そのときの目的関数の値を求めよ．

演習問題 10.3 より，

$c = 120x_1 + 60x_2$ を最小化せよ．

ただし，条件は

$$
\begin{aligned}
3x_1 + x_2 &\geqslant 15 \quad \text{制約 1} \\
x_1 + 5x_2 &\geqslant 20 \quad \text{制約 2} \\
3x_1 + 2x_2 &\geqslant 24 \quad \text{制約 3} \\
x_1,\ x_2 &\geqslant 0
\end{aligned}
$$

図 10-6 を見よ．目的関数より，$x_2 = \dfrac{c}{60} - 2x_1$ で，勾配は -2 となる．

図 10-6(b) より，$\overline{x}_1 = 2$，$\overline{x}_2 = 9$ で $\overline{c} = 120 \times 2 + 60 \times 9 = 780$ となる．

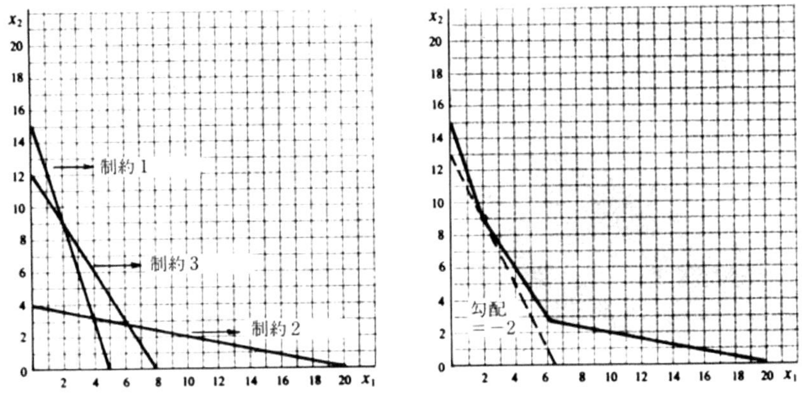

(a)　　　　　(b)

図 10-6

10.9　演習問題 10.4 で与えられた条件より，演習問題 10.8 と同じことをせよ.

$c = 3y_1 + 4y_2$ を最小化せよ.

ただし，条件は

$$
\begin{aligned}
2y_1 + 3y_2 &\geqslant 36 \quad \text{制約 1}\\
2y_1 + 2y_2 &\geqslant 28 \quad \text{制約 2}\\
8y_1 + 2y_2 &\geqslant 32 \quad \text{制約 3}\\
y_1,\ y_2 &\geqslant 0
\end{aligned}
$$

図 10-7 を見よ．図 10-7(b) より, $\overline{y}_1 = 6$ と $\overline{y}_2 = 8$ で, $\overline{c} = 3\times6+4\times8 = 50$ を得る.

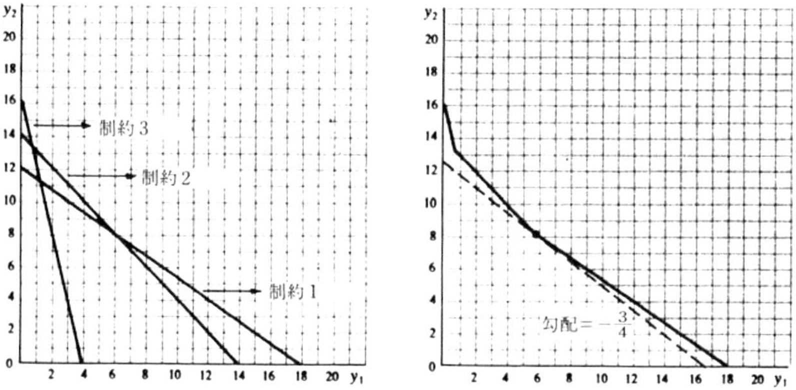

(a)　(b)

図 10-7

多数最適解

10.10　つぎの諸条件のときに，演習問題 10.8 と同じことをせよ．

$c = 4x_1 + 2x_2$ を最小化せよ．

ただし，条件は，

$$
\begin{aligned}
4x_1 + x_2 &\geqq 20 \quad \text{制約式 1}\\
2x_1 + x_2 &\geqq 14 \quad \text{制約式 2}\\
x_1 + 6x_2 &\geqq 18 \quad \text{制約式 3}\\
x_1,\ x_2 &\geqq 0
\end{aligned}
$$

図 10-8 で，等費用線は第 2 の制約式と接するので，最適解は一意的ではない．(3, 8) と (6, 2) の間のどの点も制約下の目的関数を最小化する．つまり，目的関数と制約式の 1 つとが 1 次従属の関係にあるときには，多数最適解が得られる．ここでは，目的関数と制約式 2 が 1 次従属で，一方は他方の何倍かになっている．端点 (3, 8) と (6, 2) は最適解に含まれるので，多数解は端点定理に矛盾しない．つまり，$c = 4 \times 3 + 2 \times 8 = 28$ ないし，$c = 4 \times 6 + 2 \times 2 = 28$ である．

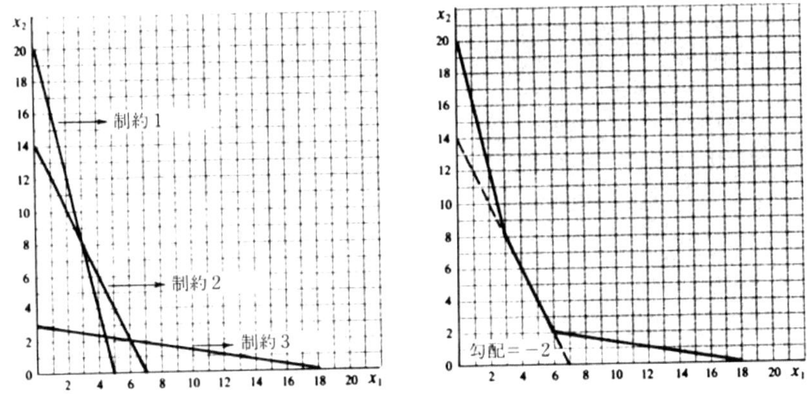

(a)　　　　　　　　(b)

図 10-8

スラックとサープラス変数

10.11　(a) つぎの条件にスラック変数かサープラス変数を導入して不等式から等式に変え，(b) それを行列の型で書け．

$\Pi = 24y_1 + 8y_2$ 最大化せよ．

条件は，

$$
\begin{aligned}
2y_1 + 5y_2 &\leqslant 40 \\
4y_1 + y_2 &\leqslant 20 \\
10y_1 + 5y_2 &\leqslant 60 \\
y_1,\ y_2 &\geqslant 0
\end{aligned}
$$

(a) “小さいか等しい” という不等式はスラック変数を加えて，

$$2y_1 + 5y_2 + s_1 = 40 \qquad 4y_1 + y_2 + s_2 = 20 \qquad 10y_1 + 5y_2 + s_3 = 60$$

ないし，

(b)

$$
\begin{bmatrix} 2 & 5 & 1 & 0 & 0 \\ 4 & 1 & 0 & 1 & 0 \\ 10 & 5 & 0 & 0 & 1 \end{bmatrix}
\begin{bmatrix} y_1 \\ y_2 \\ s_1 \\ s_2 \\ s_3 \end{bmatrix}
=
\begin{bmatrix} 40 \\ 20 \\ 60 \end{bmatrix}
$$

となる

10.12　以下に対して演習問題 10.11 と同じことをせよ．

$c = 60x_1 + +80x_2$ を最大化せよ．

条件は，

$$
\begin{aligned}
2x_1 + 3x_2 &\geqslant 36 \\
2x_1 + 2x_2 &\geqslant 28 \\
8x_1 + 2x_2 &\geqslant 32 \\
x_1,\ x_2 &\geqslant 0
\end{aligned}
$$

(a)“大きいか等しい”という不等式にサープラス変数を引いて，

$$
2x_1 + 3x_2 - s_1 = 36 \qquad 2x_1 + 2x_2 - s_2 = 28 \qquad 8x_1 + 2x_2 - s_3 = 32
$$

ないし，

(b)

$$
\begin{bmatrix} 2 & 3 & -1 & 0 & 0 \\ 2 & 2 & 0 & -1 & 0 \\ 8 & 2 & 0 & 0 & -1 \end{bmatrix}
\begin{bmatrix} x_1 \\ x_2 \\ s_1 \\ s_2 \\ s_3 \end{bmatrix}
=
\begin{bmatrix} 36 \\ 28 \\ 32 \end{bmatrix}
$$

となる．

10.13　(a) つぎの条件の不等式を等式にし，行列に表わせ．(b) 基底解を与えるために 0 にする変数の数と，(c) 基底解の数を求めよ．後に，(d) 行列から最初の基底解を求めよ．

$c = 54g_1 + 48g_2 + 50g_3$ を最小化せよ．

ただし，条件は，

$$
\begin{aligned}
6g_1 + 4g_2 + 5g_3 &\geqslant 30 \\
3g_1 + 6g_2 + 5g_3 &\geqslant 20 \\
g_1,\ g,\ g_3 &\geqslant 0
\end{aligned}
$$

(a)

$$
\begin{aligned}
6g_1 + 4g_2 + 5g_3 - s_1 &= 30 \\
3g_1 + 6g_2 + 5g_3 - s_2 &= 20
\end{aligned}
$$

$$\begin{bmatrix} 6 & 4 & 5 & -1 & 0 \\ 3 & 6 & 5 & 0 & -1 \end{bmatrix} \begin{bmatrix} g_1 \\ g_2 \\ g_3 \\ s_1 \\ s_2 \end{bmatrix} = \begin{bmatrix} 30 \\ 20 \end{bmatrix}$$

(b) 2 本の方程式と 5 個の変数で，$n - m = 5 - 2 = 3$ となり，3 個の変数を 0 にして基底解を求める．

(c) 解の数は，$\dfrac{n!}{m!(n-m)} = \dfrac{5!}{2!(3!)} = \dfrac{5(4)(3)(2)(1)}{2(1)(3)(2)(1)} = 10$ で与えられる．

(d) $g_1 = g_2 = g_3 = 0$ とすると，最初の基底解は $\overline{s}_1 = -30$，$\overline{s}_2 = -20$ である．ともに負で，実現可能な基底解ではない．

第 11 章　線形計画法：シンプレックス法

11.1　シンプレックス法：最大化

算法（アルゴリズム）とは問題の解法である．シンプレックス法とは，方程式体系の実現可能解を見つけ，それが最適かどうかを決める（コンピューター的な手続）方法である．少なくとも $(n-m)$ 個の変数を 0 にして，残りの m 個の変数を m 本の方程式から解いて基底解を求める．シンプレックス法はある基底解から他のそれへと，前の解よりも最適解に近い方向へと移り，最終的に最適解に至る方法である．ある段階で 0 になる変数は，基底に入っていない，ないし解に入らないといわれる．0 にならない変数は基底に入っている，または解に含まれる，ないし単に基底変数とよばれる．シンプレックス法の最大化問題は例題 1 に，最小化問題は例題 3 で示される．

例題 1

$$\Pi = 5x_1 + 3x_2$$

とし，利潤を最大化するとき，以下のようにシンプレックス法が使われる．制約条件は，

$$6x_1 + 2x_2 \leqslant 36 \qquad 2x_1 + 4x_2 \leqslant 28$$
$$5x_1 + 5x_2 \leqslant 40 \qquad x_1,\ x_2 \geqslant 0$$

である．

1. 最初のシンプレックス表

(a) スラック変数を加えて等式にする．

$$\begin{aligned} 6x_1 + 2x_2 + s_1 &= 36 \\ 5x_1 + 5x_2 + s_2 &= 40 \end{aligned} \tag{11.1}$$

$$2x_1 + 4x_2 + s_3 = 28$$

(b) 制約式を行列で表わす．

$$\begin{bmatrix} 6 & 2 & 1 & 0 & 0 \\ 5 & 5 & 0 & 1 & 0 \\ 2 & 4 & 0 & 0 & 1 \end{bmatrix} \begin{bmatrix} x_1 \\ x_2 \\ s_1 \\ s_2 \\ s_3 \end{bmatrix} = \begin{bmatrix} 36 \\ 40 \\ 28 \end{bmatrix}$$

(c) まず，制約式の係数行列と目的関数の係数を負にして，各スラック変数の係数を 0 にする**インディケーター**の行からなる定数ベタトルの上に定数項の列ベクトルから最初のシンプレックス表を作る．原点（$x_1 = x_2 = 0$）での目的関数の値に対応するため，また定数項列の最後の値に対応するため，定数項列の最後の要素は 0 である．

最初のシンプレックス表

x_1	x_2	s_1	s_2	s_3	定数
⑥	2	1	0	0	36
5	5	0	1	0	40
2	4	0	0	1	28
−5	−3	0	0	0	0

↑　インディケーター

(d) 最初の実現可能解はこの表から得られる．つまり，第 10 章の例題 5 のように $x_1 = x_2 = 0$ とし，$s_1 = 36$，$s_2 = 40$，$s_3 = 28$ となるときに目的関数は 0 である．

2. ピボット要素と基底の変換

目的関数の値を増すために，新しい基底解が試みられる．新しい実現可能な基底解にいくため新しい変数が基底に入り，前の変数の 1 つが除かれる．入れるべき変数と出すべき変数の選択の過程を基底の変換という．

(a) 最大の絶対値をとる負のインディケーターが入るべき変数となる．第 1 列の −5 が最大の絶対値であるから，x_1 が基底に入る．x_1 列がピボット列となり，表では矢印がある．

(b) 除かれる変数は最小の転置比で決まる．それはピボット列の要素と定数項の要素の比で決まる．最小の転置比をもつ行（ピボット行）は，0 かそれに等しい比は無視して，基底を出る変数を決める．$\left(\dfrac{36}{6} < \dfrac{40}{5} < \dfrac{28}{2}\right)$ より $\dfrac{36}{6}$ が最小の比だから，第 1 行がピボット行となる．第 1 行に 1 をもつ単位行列は s_1 の下の列にあるから，s_1 は基底から出る．ピボット要素は⑥で，基底に入る変数の列とそこから出る変数に関係する行の交点にそれはある．（ピボット行と列の交点でもある．）

3. ピボット

現在基底にある m 個の変数 m 本の方程式で解く．これがピボットである．この過程では各段階で 1 つの新しい変数が導入され，前の段階ではいつも単位行列があるので，ガウスのはき出し法のように、ピボット要素を 1 にして他のピボット列の要素を 0 にすることと同じである（7.12 節を見よ）．つまり，

(a) ピボット要素の逆数をピボット行に掛ける．この例では第 1 行に $\dfrac{1}{6}$ を掛ける．すると，

x_1	x_2	s_1	s_2	s_3	定数
1	$\frac{1}{3}$	$\frac{1}{6}$	0	0	6
5	5	0	1	0	40
2	4	0	0	1	28
−5	−3	0	0	0	0

となる．

(b) ピボット要素を 1 にしたので，ピボット行が明らかになった．まず第 2 行から第 1 行の 5 倍を引き，第 3 行から第 1 行の 2 倍を引き，第 4 行に第 1 行の 5 倍を加える．そこで第 2 表ができる．

第 2 表

x_1	x_2	s_1	s_2	s_3	定数
1	$\frac{1}{3}$	$\frac{1}{6}$	0	0	6
0	$\textcircled{\frac{10}{3}}$	$-\frac{5}{6}$	1	0	10
0	$\frac{3}{10}$	$-\frac{1}{3}$	0	1	16
0	$-\frac{4}{3}$	$\frac{5}{6}$	0	0	30
	↑				

第 2 表から 2 番目の実現可能基底解がすぐわかる．$x_2 = 0$，$s_1 = 0$ として，単位行列より $x_1 = 6$，$s_2 = 10$，$s_3 = 16$ が得られる．最も下の行の最後の要素（この例では 30）が，第 2 実現可能基底解での目的関数の値である．

4．最適化

第 4 行にその負の値がなくなったとき，目的関数が最大化される．基底を変え，上のことが実現するまで上記のピボットを続ける．第 2 番目の $-\frac{4}{3}$ は負であり，x_2 が導入される．第 2 列がピボット列である．ピボット列で定数の列を割り，最小比は第 2 行にあることがわかる．$\textcircled{\frac{10}{3}}$が新しいピボット要素となる．第 2 行目に 1 をもつ単位ベクトルは s_2 の下にあり，それが基底を出る．

(a) 第 2 行に $\frac{3}{10}$ を掛ける．

x_1	x_2	s_1	s_2	s_3	定数
1	$\frac{1}{3}$	$\frac{1}{6}$	0	0	6
0	1	$-\frac{1}{4}$	$\frac{3}{10}$	0	3
0	$\frac{10}{3}$	$-\frac{1}{3}$	0	1	16
0	$-\frac{4}{3}$	$\frac{5}{6}$	0	0	30

(b) そこで，第 1 行から第 2 行の $\frac{1}{3}$ 倍を引き，第 3 行から第 2 行の $\frac{10}{3}$ 倍を引き，第 4 行に第 2 行の $\frac{4}{3}$ 倍を加えると，第 3 番目の表ができる．

第 3 表

x_1	x_2	s_1	s_2	s_3	定数
1	0	$\frac{1}{4}$	$-\frac{1}{10}$	0	5
0	1	$-\frac{1}{4}$	$\frac{3}{10}$	0	3
0	0	$\frac{1}{2}$	-1	1	6
0	0	$\frac{1}{2}$	$\frac{2}{5}$	0	34

第 3 番目の実現可能基底解はこの表よりすぐわかる．$s_1 = 0$，$s_2 = 0$，$x_1 = 5$，$x_2 = 3$，$s_3 = 6$ を得る．最後の行には負の要素がないので，これが最適解となる．最後の行の最後の要素は，$\bar{x}_1 = 5$，$\bar{x}_2 = 3$，$\bar{s}_1 = 0$，$\bar{s}_2 = 0$，$\bar{s}_3 = 6$ のときの目的関数が最大の $\bar{\Pi} = 34$ になることを示している．$\bar{s}_1 = \bar{s}_2 = 0$ より，(11.1) から最初の 2 つの制約式にスラックはなく，最初の 2 つの投入物は完全に使用されている．$\bar{s}_3 = 6$ より，6 単位の第 3 要素が余る．図解による説明は演習問題 10.7 を見よ．

11.2　限界値かシャドウ・プライスか

最後の表の各スラック変数の下のインディケーターの値がその変数と結びついた投入物の限界価値ないし，シャドウ・プライスを表わしている．その投入物 1 単位増加のためどれだけ目的関数が変わるかを示している．例題 1 で，制約式 1 の定数項が 1 単位増加すると目的関数は $\frac{1}{2}$ 単位ないし 50 セント増すことを示している．制約式 2 ではその 1 単位の増加は $\frac{2}{5}$ 単位ないし 40 セント，制約式 3 では 0 単位の増加になることを示している．制約式 3 では正のスラック変数であり，最適解では完全に利用されていないので，その限界値が 0 となる（つまり 1 単位の増加は利潤関数を増さない）．目的関数の最適値は各投入物の限界値とその要素の投入量の積の和である．

例題 2　例題 1 への解は，(1) (11.1) の目的関数と制約式に最適値を代入し，(2) 資源の限界値の合計を計算すると，チェックできる．なお，ここで A，B，C を制約式 1，2，3 の定数項とする．

1.
$$\Pi = 5x_1 + 3x_2 \qquad\qquad 5x_1 + 5x_2 + s_2 = 40$$
$$= 5(5) + 3(3) = 34 \qquad\qquad 5(5) + 5(3) + 0 = 40$$

$$6x_1 + 2x_2 + s_1 = 36 \qquad 2x_1 + 4x_2 + s_3 = 28$$
$$6(5) + 2(3) + 0 = 36 \qquad 2(5) + 4(3) + 6 = 28$$

2. $\Pi = \mathrm{MP}_A(A) + \mathrm{MP}_B(B) + \mathrm{MP}_C(C) = \dfrac{1}{2}(36) + \dfrac{2}{5}(40) + 0(28) = 34$

11.3　シンプレックス法：最小化

最小値を求めるためにシンプレックス法を使うとき，サープラス値の負の値が特別な問題を引き起こす．例題 3 を見よ．第 12 章で扱う双対問題を使って最小値問題を解くのがよい．したがって読者は第 12 章をまず読むとよいだろう．

例題 3　下の費用最小化問題にシンプレックス法が使われる．問題は第 10 章の例題 2 からとるが，y の代わりに x を使い，$c = 2x_1 + 4x_2$ であり，各々栄養素の条件は，

$$2x_1 + x_2 \geqslant 14 \qquad x_1 + 3x_2 \geqslant 18$$
$$x_1 + x_2 \geqslant 12 \qquad x_1,\ x_2 \geqslant 0$$

である．

1. 最初のシンプレックス表（多少修正した）

(a) サープラス値を引いて不等式から等式にする．

$$2x_1 + x_2 - s_1 = 14$$
$$x_1 + x_2 - s_2 = 12$$
$$x_1 + 3x_2 - s_3 = 18$$

(b) 制約式を行列式で表わす．

$$\begin{bmatrix} 2 & 1 & -1 & 0 & 0 \\ 1 & 1 & 0 & -1 & 0 \\ 1 & 3 & 0 & 0 & -1 \end{bmatrix} \begin{bmatrix} x_1 \\ x_2 \\ s_1 \\ s_2 \\ s_3 \end{bmatrix} = \begin{bmatrix} 14 \\ 12 \\ 18 \end{bmatrix}$$

最大値問題の最初のシンプレックス表のように $x_1 = x_2 = 0$ とすると，基底解は実現可能とならない．なぜなら，$s_1 = -14$，$s_2 = -12$，$s_3 = -18$

で，負の値は実現可能でない．この困難のため，人工的な変数が導入される．

(c) 人工実数を導入する．変数の実現可能基底解を得るために人工変数（$A_i \geqq 0$）がダミー変数として導入される．それは経済学的意味はもっていない．また $\geqq$ の不等式に対して，別の人工変数が導入される．

$$\begin{bmatrix} 2 & 1 & -1 & 0 & 0 & 1 & 0 & 0 \\ 1 & 1 & 0 & -1 & 0 & 0 & 1 & 0 \\ 1 & 3 & 0 & 0 & -1 & 0 & 0 & 1 \end{bmatrix} \begin{bmatrix} x_1 \\ x_2 \\ s_1 \\ s_2 \\ s_3 \\ A_1 \\ A_2 \\ A_3 \end{bmatrix} = \begin{bmatrix} 14 \\ 12 \\ 18 \end{bmatrix} \qquad (11.2)$$

2. 最小化のための最初のシンプレックス表

(a) 目的関数の係数をマイナスにした行ベクトルの上に，係数行列と (11.4) の制約列ベクトルを付けて最初のシンプレックス表を作る．サープラス変数は 0 の係数で，人工変数は M という係数をもつが，A が最適解に入らないようにするため，M を十分大きな値にしておく．

x_1	x_2	s_1	s_2	s_3	A_1	A_2	A_3	定数
2	1	−1	0	0	1	0	0	14
1	1	0	−1	0	0	1	0	12
1	3	0	0	−1	0	0	1	18
−2	−4	0	0	0	$-M$	$-M$	$-M$	

インディケーター

(b) $M \times$ (第 1 + 2 + 3 行) を第 4 行に加えて，人工変数の列から M を除く．これにより，第 1 表ができる．

第 1 表

x_1	x_2	s_1	s_2	s_3	A_1	A_2	A_3	定数
2	1	−1	0	0	1	0	0	14
1	1	0	−1	0	0	1	0	12
1	③	0	0	−1	0	0	1	18
$4M-2$	$5M-4$	$-M$	$-M$	$-M$	0	0	0	$44M$
	↑							

最初の実現可能基底解は上の表からすぐわかる．$x_1 = x_2 = s_1 = s_2 = s_3 = 0$ とすると，最初の実現可能基底解は $A_1 = 14$，$A_2 = 12$，$A_3 = 18$ で，目的関数は $44M$ で十分大きな値である．コストを減らすため，基底を変える．

3. ピボット要素

(a) 最小化のため，正の最大のインディケーターがピボット列を決め，基底に入る変数を決める．最低行の最後は $44M$ は指標とはせず，$5M-4$ が指標である．そこで x_2 が基底に入り，x_2 の列がピボット列となり，矢印で示されている．

(b) ピボット行と基底から出る変数は，最大値と同じく，ピボット列の素で定数列のそれを割り最小の比率を与えることから決まる．$\dfrac{18}{3} = 6$ が最小の比で，第 3 行がピボット行となる．第 3 行の 1 は A_3 と関係するので，A_3 が基底から出る．ピボット行と列の交点のピボット要素は③である．

4. ピボット

(a) 第 3 行を $\dfrac{1}{3}$ 倍してピボット要素を 1 にする．

2	1	−1	0	0	1	0	0	14
1	1	0	−1	0	0	1	0	12
$\frac{1}{3}$	1	0	0	$-\frac{1}{3}$	0	0	$\frac{1}{3}$	6
$4M-2$	$5M-4$	$-M$	$-M$	$-M$	0	0	0	$44M$

(b)

第 2 表

x_1	x_2	s_1	s_2	s_3	A_1	A_2	A_3	定数
$\textcircled{\frac{5}{3}}$	0	-1	0	$\frac{1}{3}$	1	0	$-\frac{1}{3}$	8
$\frac{2}{3}$	0	0	-1	$\frac{1}{3}$	0	1	$-\frac{1}{3}$	6
$\frac{1}{3}$	1	0	0	$-\frac{1}{3}$	0	0	$\frac{1}{3}$	6
$\frac{7M-2}{3}$	0	$-M$	$-M$	$\frac{2M-4}{3}$	0	0	$\frac{-5M+4}{3}$	$14M+24$
↑								

5. 繰り返し

正のインディケーターが残る限り，上の過程が続く．新しいピボット列は第 1 列で，新しいピボット行は第 1 行である．そこで x_1 が基底に入り，A_1 が出る．ピボット要素は $\dfrac{5}{3}$ となる．

(a) 第 1 行を $\dfrac{3}{5}$ 倍する．

1	0	$-\frac{3}{5}$	0	$\frac{1}{5}$	$\frac{3}{5}$	0	$-\frac{1}{5}$	$\frac{24}{5}$
$\frac{2}{3}$	0	0	-1	$\frac{1}{3}$	0	1	$-\frac{1}{3}$	6
$\frac{1}{3}$	1	0	0	$-\frac{1}{3}$	0	0	$\frac{1}{3}$	6
$\frac{7M-2}{3}$	0	$-M$	$-M$	$\frac{2M-4}{3}$	0	0	$\frac{-5M+4}{3}$	$14M+24$

(b) 第 2 行から第 1 行の $\dfrac{2}{3}$ 倍を引き，第 3 行から第 1 行の $\dfrac{1}{3}$ 倍を引き，第 1 列を単位ベクトルとし，第 4 行から第 1 行の $\dfrac{(3M-2)}{3}$ 倍を引くと第 3 表ができる．

第 3 表

x_1	x_2	s_1	s_2	s_3	A_1	A_2	A_3	定数
1	0	$-\frac{3}{5}$	0	$\frac{1}{5}$	$\frac{3}{5}$	0	$-\frac{1}{5}$	$\frac{24}{5}$
0	0	$\textcircled{\frac{2}{5}}$	-1	$\frac{1}{5}$	$-\frac{2}{5}$	1	$-\frac{1}{5}$	$\frac{14}{5}$
0	1	$\frac{1}{5}$	0	$-\frac{2}{5}$	$-\frac{1}{5}$	0	$\frac{2}{5}$	$\frac{22}{5}$
0	0	$\frac{2M-2}{5}$	$-M$	$\frac{M-6}{5}$	$\frac{-7M+2}{5}$	0	$\frac{-6M+6}{5}$	$\frac{14M+136}{5}$
		↑						

6. 第 4 ピボット

(a) 第 2 行を $\dfrac{5}{2}$ 倍する．

1	0	$-\frac{3}{5}$	0	$\frac{1}{5}$	$\frac{3}{5}$	0	$-\frac{1}{5}$	$\frac{24}{5}$
0	0	1	$-\frac{5}{2}$	$\frac{1}{2}$	-1	$\frac{5}{2}$	$-\frac{1}{2}$	7
0	1	$\frac{1}{5}$	0	$-\frac{2}{5}$	$-\frac{1}{5}$	0	$\frac{2}{5}$	$\frac{22}{5}$
0	0	$\frac{2M-2}{5}$	$-M$	$\frac{M-6}{5}$	$\frac{-7M+2}{5}$	0	$\frac{-6M+6}{5}$	$\frac{14M+136}{5}$

(b) 第 1 行に第 2 行の $\dfrac{3}{5}$ 倍を加え，第 3 行から第 2 行の $\dfrac{1}{5}$ 倍を引き，第 4 行から第 2 行の $\dfrac{2M-2}{5}$ 倍を引く．

第 4 表

x_1	x_2	s_1	s_2	s_3	A_1	A_2	A_3	定数
1	0	0	$-\frac{3}{2}$	$\frac{1}{2}$	0	$\frac{3}{2}$	$-\frac{1}{2}$	9
0	0	1	$-\frac{5}{2}$	$\frac{1}{2}$	-1	$\frac{5}{2}$	$-\frac{1}{2}$	7
0	1	0	$\frac{1}{2}$	$-\frac{1}{2}$	0	$-\frac{1}{2}$	$\frac{1}{2}$	3
0	0	0	-1	-1	$-M$	$-M+1$	$-M+1$	30

すべてのインディケーターが負となり，最適実行解が得られる．単位行列を除き，x_2 と s_1 の単位ベクトルが逆になっていることに注意すると，最適解がすぐ表からわかる．つまり $\overline{x}_1 = 9$，$\overline{x}_2 = 3$，$\overline{s}_1 = 7$，$\overline{s}_2 = \overline{s}_3 = 0$ となる．目的関数の値は行の最後の要素で示され，$\overline{c} = 30$ である．

以下若干の注意を述べよう．

1. $\overline{s}_2 = \overline{s}_3 = 0$ とすると，第 2，3 条件は満たされていて，余分なものはない．しかし，$\overline{s}_1 = 7$ だから，第 1 の制約は 7 だけ余分なものが残ることになる．
2. サープラス変数のインディケーターの絶対値はその制約式の限界値，ないしシャドウ・プライスを示す．s_1 のインディケーターは 0 だから，第 1 の栄養基準の 1 単位の増減があっても，費用を下げない．s_2 や s_3 のインディケーターの絶対値は 1 だから，第 2，3 の栄養基準の 1 単位の増減によって，費用は 1 ドル下がるだろう．総費用は各栄養素の基準量とそれぞれのシャドウ・プライスの積に等しい．

3. 人工変数のインディケーターは最後の表ではすべて負である．
4. サープラス変数（s_1，s_2，s_3）の係数は，それぞれに対応する人工変数の要素を負にしたものに等しい．これは各表でも同じで，計算ミスを見つけるときには有効である．
5. 最適実行可能問題については，第 12 章の例題 4 および 5 を見よ．

例題 4　(1) 目的関数と制約式に最適値を代入し，(2) 資源の総費用の合計を計算すると，例題 3 への解答がチェックできる．ここで A，B，C を制約式 1，2，3 の定数とする．

1.

$$
\begin{aligned}
c &= 2x_1 + 4x_2 & x_1 + x_2 - s_2 &= 12\\
&= 2(9) + 4(3) = 30 & 9 + 3 - 0 &= 12\\
2x_1 + x_2 - s_1 &= 14 & x_1 + 3x_2 - s_3 &= 18\\
2(9) + 3 - 7 &= 14 & 9 + 3(3) - 0 &= 18
\end{aligned}
$$

2. $c = \mathrm{MC}_A(A) + \mathrm{MC}_B(B) + \mathrm{MC}_C(C) = 0(14) + 1(12) + 1(18) = 30$

演習問題

最大化

11.1　つぎの不等式体系をもつ最大化問題を解くためシンプレックス法を使え．そして制約条件となっている投入物のシャドウ・プライスを求めよ．

$\Pi = 3y_1 + 4y_2$ を最大化せよ．ただし，

$$
\begin{aligned}
2.5y_1 + y_2 &\leqslant 20 & y_1 + 2y_2 &\leqslant 16\\
3y_1 + 3y_2 &\leqslant 30 & y_1,\ y_2 &\geqslant 0
\end{aligned}
$$

を条件とする．

1. 最初のシンプレックス表を作れ．

(a) 不等式を等式にするためスラック変数を加える.

$$2.5y_1 + y_2 + s_1 = 20 \qquad 3y_1 + 3y_2 + s_2 = 30 \qquad y_1 + 2y_2 + s_3 = 16$$

(b) 行列形式で方程式を書く.

$$\begin{bmatrix} 2.5 & 1 & 1 & 0 & 0 \\ 3 & 3 & 0 & 1 & 0 \\ 1 & 2 & 0 & 0 & 1 \end{bmatrix} \begin{bmatrix} y_1 \\ y_2 \\ s_1 \\ s_2 \\ s_3 \end{bmatrix} = \begin{bmatrix} 20 \\ 30 \\ 16 \end{bmatrix}$$

(c) 制約方程式の係数行列と定数項と目的関数の係数を負にして，スラック変数の係数を 0 にした．インデイケーターの行で最初のシンプレックス表を作れ.

最初の表

y_1	y_2	s_1	s_2	s_3	定数
$\frac{5}{2}$	1	1	0	0	20
3	3	0	1	0	30
1	②	0	0	1	16
−3	−4	0	0	0	0
	↑				

$y_1 = y_2 = 0$ として，最初の実行可能解は $s_{=}20$，$s_2 = 30$，$s_3 = 16$ となる．そのとき，$\Pi = 0$ である.

2. 基底を変える.（矢印の）最大の絶対値をもつ負のインディケーターがピボット列を決める．その列の要素と定数行の要素の比で最小のものがピボット行を決める．したがって，②がピボット要素で，ピボット行とピボット列の交点の要素である.

3. ピボット

(a) 第 3 行を $\frac{1}{2}$ 倍してピボット要素を 1 とする.

$\frac{5}{2}$	1	1	0	0	20
3	3	0	1	0	30
$\frac{1}{2}$	1	0	0	$\frac{1}{2}$	8
-3	-4	0	0	0	0

(b) 第 1 行から第 3 行を引き，第 3 行の 3 倍を第 2 行から，第 3 行の 4 倍を第 4 行に加えてピボット列を単位行列とする．

第 2 表

y_1	y_2	s_1	s_2	s_3	定数
2	0	1	0	$-\frac{1}{2}$	12
($\frac{3}{2}$)	0	0	1	$-\frac{3}{2}$	6
$\frac{1}{2}$	1	0	0	$\frac{1}{2}$	8
-1	0	0	0	2	32
↑					

4. 基底とピボットを変える．第 1 列がピボット列，第 2 行がピボット行で，$\dfrac{3}{2}$ がピボット要素である．

(a) 第 2 行を $\dfrac{2}{3}$ 倍する．

2	0	1	0	$-\frac{1}{2}$	12
1	0	0	$\frac{2}{3}$	-1	4
$\frac{1}{2}$	1	0	0	$\frac{1}{2}$	8
-1	0	0	0	2	32

(b) 第 2 行の 2 倍を第 1 行から，第 2 行の $\dfrac{1}{2}$ 倍を第 3 行から引いて，第 2 行を第 4 行に加えてピボット列を単位行列化する．

最終表

y_1	y_2	s_1	s_2	s_3	定数
0	0	1	$-\frac{4}{3}$	$\frac{3}{2}$	4
1	0	0	$\frac{2}{3}$	-1	4
0	1	0	$-\frac{1}{3}$	1	6
0	0	0	$\frac{2}{3}$	1	36

負のインディケーターがないので，最後の表ができた．単位行列の単位ベクトルが不ぞろいなので整理すると，$\overline{y}_1 = 4$，$\overline{y}_2 = 6$，$\overline{s}_1 = 4$，$\overline{s}_2 = 0$，$\overline{s}_3 = 0$ であり，$\Pi = 36$ を得る．第 10 章の例題 1 を見ると x が y の代わりに使われている．投入物のシャドウ・プライスは 0，$\dfrac{2}{3}$，1 となる．

最小化

11.2　下のような不等式をもつ最小化問題を解くためにシンプレックス法を使え．そして各制約条件のシャドウ・プライスを求めよ．

$c = 60x_1 + 80x_2$ を以下の条件

$$2x_1 + 3x_2 \geqslant 36 \qquad 8x_1 + 2x_2 \geqslant 32$$
$$2x_1 + 2x_2 \geqslant 28 \qquad y_1,\ y_2 \geqslant 0$$

のもとで最小化せよ．

1. サープラス変数を不等式に加えて等式にして，行列形式で以下の方程式

$$2x_1 + 3x_2 + s_1 = 36 \qquad 2x_1 + 2x_2 + s_2 = 28 \qquad 8x1 + 2x_2 + s_3 = 32$$

を書く．すると，

$$\begin{bmatrix} 2 & 3 & -1 & 0 & 0 \\ 2 & 2 & 0 & -1 & 0 \\ 8 & 2 & 0 & 0 & -1 \end{bmatrix} \begin{bmatrix} x_1 \\ x_2 \\ s_1 \\ s_2 \\ s_3 \end{bmatrix} = \begin{bmatrix} 36 \\ 28 \\ 32 \end{bmatrix}$$

を得る．最初の基底解は実現不能であるから，人工変数を加える．す

ると，

$$\begin{bmatrix} 2 & 3 & -1 & 0 & 0 & 1 & 0 & 0 \\ 2 & 2 & 0 & -1 & 0 & 0 & 1 & 0 \\ 8 & 2 & 0 & 0 & -1 & 0 & 0 & 1 \end{bmatrix} \begin{bmatrix} x_1 \\ x_2 \\ s_1 \\ s_2 \\ s_3 \\ A_1 \\ A_2 \\ A_3 \end{bmatrix} = \begin{bmatrix} 36 \\ 28 \\ 32 \end{bmatrix}$$

となる．

2. 係数行列と定数項の列ベクトルを上にして目的関数の係数は負にして加え，サープラス変数の係数は 0，人工変数には大きい数 M を加えて，表を作る．

x_1	x_2	s_1	s_2	s_3	A_1	A_2	A_3	定数
2	3	−1	0	0	1	0	0	36
2	2	0	−1	0	0	1	0	28
8	2	0	0	−1	0	0	1	32
−60	−80	0	0	0	$-M$	$-M$	$-M$	

第 1 表を得るため第 1，2，3 行の M 倍を第 4 行に加えて，M の入った人工変数の列の M をなくす．

第 1 表

x_1	x_2	s_1	s_2	s_3	A_1	A_2	A_3	定数
2	3	−1	0	0	1	0	0	36
2	2	0	−1	0	0	1	0	28
⑧	2	0	0	−1	0	0	1	32
$12M-60$	$7M-80$	$-M$	$-M$	$-M$	0	0	0	$96M$
↑								

3. ピボット要素とピボットを選ぶ．$12M-60$ は最も大きい正の値で，$\dfrac{32}{8}$ は最小の比率だから，上の 8 がピボット要素である．

   (a) 第 3 行に $\dfrac{1}{8}$ を掛ける．

2	3	-1	0	0	1	0	0	36
2	2	0	-1	0	0	1	0	28
1	$\frac{1}{4}$	0	0	$-\frac{1}{8}$	0	0	$\frac{1}{8}$	4
$12M-60$	$7M-80$	$-M$	$-M$	$-M$	0	0	0	$96M$

(b) 第 1 行から第 3 行の 2 倍を引き，第 2 行から第 3 行の 2 倍を引き，第 4 行から第 3 行の $(12M-60)$ 倍を引く．

第 2 表

x_1	x_2	s_1	s_2	s_3	A_1	A_2	A_3	定数
0	$\enclose{circle}{\frac{5}{2}}$	-1	0	$\frac{1}{4}$	1	0	$-\frac{1}{4}$	28
0	$\frac{3}{2}$	0	-1	$\frac{1}{4}$	0	1	$-\frac{1}{4}$	20
1	$\frac{1}{4}$	0	0	$-\frac{1}{8}$	0	0	$\frac{1}{8}$	4
0	$4M-65$	$-M$	$-M$	$\frac{M-15}{2}$	0	0	$\frac{-3M+15}{2}$	$48M+240$
	↑							

4. 2 度目のピボット

(a) 第 1 行に $\dfrac{2}{5}$ を掛ける．

0	1	$-\frac{2}{5}$	0	$\frac{1}{10}$	$\frac{2}{5}$	0	$-\frac{1}{10}$	$\frac{56}{5}$
0	$\frac{3}{2}$	0	-1	$\frac{1}{4}$	0	1	$-\frac{1}{4}$	20
1	$\frac{1}{4}$	0	0	$-\frac{1}{8}$	0	0	$\frac{1}{8}$	4
0	$4M-65$	$-M$	$-M$	$\frac{M-15}{2}$	0	0	$\frac{-3M+15}{2}$	$48M+240$

(b) 第 2 行から第 1 行の $\dfrac{3}{2}$ 倍を引き，第 3 行から第 1 行の $\dfrac{1}{4}$ 倍を引き，第 4 行から第 1 行の $(4M-65)$ 倍を引く．

第 3 表

x_1	x_2	s_1	s_2	s_3	A_1	A_2	A_3	定数
0	1	$-\frac{2}{5}$	0	$\frac{1}{10}$	$\frac{2}{5}$	0	$-\frac{1}{10}$	$\frac{56}{5}$
0	0	$\enclose{circle}{\frac{3}{5}}$	-1	$\frac{1}{10}$	$-\frac{3}{5}$	1	$-\frac{1}{10}$	$\frac{16}{5}$
1	0	$\frac{1}{10}$	0	$-\frac{3}{10}$	$-\frac{1}{10}$	0	$\frac{3}{20}$	$\frac{6}{5}$
0	0	$\frac{3M}{5}-26$	$-M$	$\frac{M}{10}-1$	$\frac{-8M}{5}+26$	0	$\frac{-11M}{10}+1$	$\frac{16M}{5}+968$
		↑						

5. 第 3 回目のピボット．マイナスの要素は乖離率の計算の際には分母とはならないので，$\frac{3}{5}$ が新しいピボット要素となる．

(a) 第 2 行を $\frac{5}{3}$ 倍する．

0	1	$-\frac{2}{5}$	0	$\frac{1}{10}$	$\frac{2}{5}$	0	$-\frac{1}{10}$	$\frac{56}{5}$
0	0	1	$-\frac{5}{3}$	$\frac{1}{6}$	-1	$\frac{5}{3}$	$-\frac{1}{6}$	$\frac{16}{3}$
1	0	$\frac{1}{10}$	0	$-\frac{3}{20}$	$-\frac{1}{10}$	0	$\frac{3}{20}$	$\frac{6}{5}$
0	0	$\frac{3M}{5}-26$	$-M$	$\frac{M}{10}-1$	$\frac{-8M}{5}+26$	0	$\frac{-11M}{10}+1$	$\frac{16M}{5}+968$

(b) 第 1 行に第 2 行の $\frac{2}{5}$ 倍を加え，第 3 行から第 2 行の $\frac{1}{10}$ 倍を引き，第 4 行から第 2 行の $\left(\frac{3M}{5}-26\right)$ 倍を引く．

第 4 表

x_1	x_2	s_1	s_2	s_3	A_1	A_2	A_3	定数
0	1	0	$-\frac{2}{3}$	$\frac{1}{6}$	0	$\frac{2}{3}$	$-\frac{1}{6}$	$\frac{40}{3}$
0	0	1	$-\frac{5}{3}$	$\textcircled{\frac{1}{6}}$	-1	$\frac{5}{3}$	$-\frac{1}{6}$	$\frac{16}{3}$
1	0	0	$\frac{1}{6}$	$-\frac{1}{6}$	0	$-\frac{1}{6}$	$\frac{1}{6}$	$\frac{2}{3}$
0	0	0	$-\frac{130}{3}$	$\frac{10}{3}$	$-M$	$-M+\frac{130}{3}$	$-M-\frac{10}{3}$	$\frac{3320}{3}$
				↑				

6. 4 度目のピボット

(a) 第 2 行に 6 を掛ける．

0	1	0	$-\frac{2}{3}$	$\frac{1}{6}$	0	$\frac{2}{3}$	$-\frac{1}{6}$	$\frac{40}{3}$
0	0	6	-10	1	-6	10	-1	32
1	0	0	$\frac{1}{6}$	$-\frac{1}{6}$	0	$-\frac{1}{6}$	$\frac{1}{6}$	$\frac{2}{3}$
0	0	0	$-\frac{130}{3}$	$\frac{10}{3}$	$-M$	$-M+\frac{130}{3}$	$-M-\frac{10}{3}$	$\frac{3320}{3}$

(b) 第 1 行から第 2 行の $\frac{1}{6}$ 倍を引き，第 3 行から第 2 行の $\frac{1}{6}$ 倍を加え，第 4 行からは第 2 行の $\frac{10}{3}$ 倍を引く．

最終表

x_1	x_2	s_1	s_2	s_3	A_1	A_2	A_3	定数
0	1	-1	1	0	1	-1	0	8
0	0	6	-10	1	-6	10	-1	32
1	0	1	$-\frac{3}{2}$	0	-1	$\frac{3}{2}$	0	6
0	0	-20	-10	0	$-M+20$	$-M+10$	$-M$	1000

単位ベクトルの順序から，$\overline{x}_1 = 6$，$\overline{x}_2 = 8$，$\overline{s}_1 = \overline{s}_2 = 0$，$\overline{s}_3 = 32$，$\overline{c} = 1000$ を得る．制約条件のシャドウ・プライスはそれぞれ 20，10，0 となる．

11.3　つぎの条件で演習問題 11.2 と同じことをせよ．つまり，
$c = 36x_1 + 40x_2 + 28x_3$ を

$$6x_1 + 5x_2 + 2x_3 \geqslant 5 \qquad 2x_1 + 5x_2 + 4x_3 \geqslant 3 \qquad x_1,\ x_2,\ x_3 \geqslant 0$$

の条件のもとで，最小化せよ．

1. サープラス値や必要な人工変数などを加えて制約不等式を等式化する．

$$6x_1 + 5x_2 + 2x_3 - s_1 + A_1 = 5 \qquad 2x_1 + 5x_2 + 4x_3 - s_2 + A_2 = 3$$

2. 第 1 表の準備

x_1	x_2	x_3	s_1	s_2	A_1	A_2	定数
6	5	2	-1	0	1	0	5
2	5	4	0	-1	0	1	3
-36	-40	-28	0	0	$-M$	$-M$	

最初の表のために人工変数の列を単位列化する．

第 1 表

x_1	x_2	x_3	s_1	s_2	A_1	A_2	定数
6	5	2	-1	0	1	0	5
2	⑤	4	0	-1	0	1	3
$8M-36$	$10M-40$	$6M-28$	$-M$	$-M$	0	0	$8M$
	↑						

3. 第 2 行を $\frac{1}{5}$ 倍してピボット化する．ピボット要素を 1 にし，第 1 行から第 2 行の 5 倍を引き，第 3 行から第 2 行の $(10M - 40)$ 倍を引く．

第 2 表

x_1	x_2	x_3	s_1	s_2	A_1	A_2	定数
④	0	-2	-1	1	1	-1	2
$\frac{2}{5}$	1	$\frac{4}{5}$	0	$-\frac{1}{5}$	0	$\frac{1}{5}$	$\frac{3}{5}$
$4M - 20$	0	$2M + 4$	$-M$	$M - 8$	0	$-2M + 8$	$2M + 24$

4. 再びピボットをする．第 1 行を $\frac{1}{4}$ 倍する．ピボット要素を 1 にして，第 2 行から第 1 行の $\frac{2}{5}$ 倍を引き，第 3 行から第 1 行の $(4M - 20)$ 倍を引く．

最終表

x_1	x_2	x_3	s_1	s_2	A_1	A_2	定数
1	0	$-\frac{1}{2}$	$-\frac{1}{4}$	$\frac{1}{4}$	$\frac{1}{4}$	$-\frac{1}{4}$	$\frac{1}{2}$
0	1	1	$\frac{1}{10}$	$-\frac{3}{10}$	$-\frac{1}{10}$	$\frac{3}{10}$	$\frac{2}{5}$
0	0	-6	-5	-3	$-M + 5$	$-M + 3$	34

したがって，$\overline{x_1} = \frac{1}{2}$，$\overline{x_2} = \frac{2}{5}$，$\overline{x_3} = 0$，$\overline{s_1} = 0$，$\overline{s_2} = 0$，$\overline{c} = 34$ となる．ただし $\overline{s_1} = \overline{s_2} = 0$ で，制約条件は満たされ，サープラスはない．制約条件のシャドウ・プライスは 5 と 3 となる．

複数の最適解

11.4　つぎの等式と不等式の制約のもとで目的関数を最大化するためシンプレックス法を利用せよ．

$c = 4x_1 + 2x_2$ を最小化せよ．ここで，

$$4x_1 + x_2 \geqslant 20 \qquad x_1 + 6x_2 \geqslant 18$$
$$2x_1 + x_2 \geqslant 14 \qquad w_1,\ x_2 \geqslant 0$$

とする．

1. 第 1 表を作る．

第 1 表

x_1	x_2	s_1	s_2	s_3	A_1	A_2	A_3	定数
4	1	-1	0	0	1	0	0	20
2	1	0	-1	0	0	1	0	14
1	$\textcircled{6}$	0	0	-1	0	0	1	18
$7M-4$	$8M-2$	$-M$	$-M$	$-M$	0	0	0	$52M$
	↑							

2. ピボット．第 3 行を $\frac{1}{6}$ 倍する．ピボット要素を 1 にしてから，第 1 行から第 3 行を引き，第 2 行から第 3 行を引き，第 4 行から第 3 行の $(8M-2)$ 倍を引くと，第 2 表ができる．

第 2 表

x_1	x_2	s_1	s_2	s_3	A_1	A_2	A_3	定数
$\frac{23}{6}$	0	-1	0	$\frac{1}{6}$	1	0	$-\frac{1}{6}$	17
$\frac{11}{6}$	0	0	-1	$\frac{1}{6}$	0	1	$-\frac{1}{6}$	11
$\frac{1}{6}$	1	0	0	$-\frac{1}{6}$	0	0	$\frac{1}{6}$	3
$\frac{7M-11}{3}$	0	$-M$	$-M$	$\frac{M-1}{3}$	0	0	$\frac{-4M+1}{3}$	$28M+6$
↑								

3. 再びピボット．第 1 行を $\frac{6}{23}$ 倍する．第 2 行から第 1 行の $\frac{11}{6}$ 倍を引き，第 3 行から第 1 行の $\frac{1}{6}$ 倍を引き，第 4 行から第 1 行の $\left(\frac{17M-11}{3}\right)$ 倍を引く．

第 3 表

x_1	x_2	s_1	s_2	s_3	A_1	A_2	A_3	定数
1	0	$-\frac{6}{23}$	0	$\frac{1}{23}$	$\frac{6}{23}$	0	$-\frac{1}{23}$	$\frac{102}{23}$
0	0	$\textcircled{\frac{11}{23}}$	-1	$\frac{2}{23}$	$-\frac{11}{23}$	1	$-\frac{2}{23}$	$\frac{66}{23}$
0	1	$\frac{1}{23}$	0	$-\frac{4}{23}$	$-\frac{1}{23}$	0	$\frac{4}{23}$	$\frac{52}{23}$
0	0	$\frac{11M-22}{23}$	$-M$	$\frac{2M-4}{23}$	$\frac{-34M+22}{23}$	0	$\frac{-25M+4}{23}$	$\frac{66M+512}{23}$
		↑						

4. 第 3 回目のピボット．第 2 行の $\frac{23}{11}$ を掛ける．第 1 行に第 2 行の $\frac{6}{23}$ 倍を加え，第 3 行から第 2 行の $\frac{1}{23}$ 倍を引き，第 4 行から第 2 行の $\left(\frac{11M-22}{23}\right)$ 倍を引く．

最終表

x_1	x_2	s_1	s_2	s_3	A_1	A_2	A_3	定数
1	0	0	$-\frac{6}{11}$	$\frac{1}{11}$	0	$\frac{6}{11}$	$-\frac{1}{11}$	6
0	0	1	$-\frac{23}{11}$	$\frac{2}{11}$	-1	$\frac{23}{11}$	$-\frac{2}{11}$	6
0	1	0	$\frac{1}{11}$	$-\frac{2}{11}$	0	$-\frac{1}{11}$	$\frac{2}{11}$	2
0	0	0	-2	0	$-M$	$-M+2$	$-M$	28

最終表から $\bar{x}_1 = 6$，$\bar{x}_2 = 2$，$\bar{s}_1 = 6$，$\bar{s}_2 = 0$，$\bar{s}_3 = 0$，$\bar{c} = 28$ を得る．最後の基底に入ってないが，s_3 はそのインディケーターが 0 である．したがって，目的関数の値に何ら影響せずに変数 s_3 が基底に含まれるということを示している．目的関数はこの表ではすでに最適化されているので，1 つ以上の最適解が存在するわけである．基底にない変数が 0 の指標をもつとき，目的関数は複数の最適解をもつ．この問題の幾何学解法は，演習問題 10.10 を見よ．

第 12 章　線形計画法：双対性

12.1　双対性

線形計画法の最大（ないし最小）問題には，それに対応して最小（最大）問題というものをもっている．最初の問題は**主問題**といい，それに対応するのが**双対問題**といわれる．2 つの関係はそれらが同じパラメータを共有することによく表われている．（ラグランジュ関数についての同様の問題は，演習問題 9.20 (c) を見よ．）

例題 1　主問題は以下のものとする．
$\Pi = g_1 + x_1 + g_2 x_2 + g_3 x_3$ を最大化する．ただし条件は，

$$\begin{aligned} a_{11}x_1 + a_{12}x_2 + a_{13}x_3 &\leqslant b_1 \\ a_{21}x_1 + a_{22}x_2 + a_{23}x_3 &\leqslant b_2 \\ a_{31}x_1 + a_{32}x_2 + a_{33}x_3 &\leqslant b_3 \\ x_1,\ x_2,\ x_3 &\geqslant 0 \end{aligned}$$

それに関する双対問題は，
$c = b_1 z_1 + b_2 z_2 + b_3 z_3$ を最小化する．ただし条件は，

$$\begin{aligned} a_{11}z_1 + a_{12}z_2 + a_{13}z_3 &\geqslant g_1 \\ a_{21}z_1 + a_{22}z_2 + a_{23}z_3 &\geqslant g_2 \\ a_{31}z_1 + a_{32}z_2 + a_{33}z_3 &\geqslant g_3 \\ z_1,\ z_2,\ z_3 &\geqslant 0 \end{aligned}$$

12.2　双対問題を得るための交換のルール

主問題から双対問題を作る際に，

1. 最適化の方向は逆になる．主問題の最大化は双対問題では最小化となる．その逆も真である．
2. 技術的制約式の不等式の符号の向きは逆になるが，決定変数の非負制約はいつも保たれる．
3. 主問題の制約式の係数行列の行は双対問題の制約式の係数行列の列になる．
4. 主問題の目的関数の係数行ベクトルが双対問題の制約式の定数のベクトルとなる．
5. 主問題の制約式の係数の列ベクトルは双対問題の目的関数の行ベクトルとなる．
6. 主問題の決定変数 x_j は双対問題の決定変数 z_i になる．

例題 2　線形計画法の双対問題

$\Pi = 5x_1 + 3x_2$ を最大化せよ．ただし，

$$\begin{aligned} 6x_1 + 2x_2 &\leqslant 36 \\ 5x_1 + 5x_2 &\leqslant 40 \\ 2x_1 + 4x_2 &\leqslant 28 \\ x_1,\ x_2 &\geqslant 0 \end{aligned}$$

とする．これは，$c = 36z_1 + 40z_2 + 28z_3$ を最小化する．ただし，条件は，

$$6z_1 + 5z_2 + 2z_3 \geqslant 5 \qquad 2z_1 + 5z_2 + 4z_3 \geqslant 3 \qquad z_1,\ z_2,\ z_3 \geqslant 0$$

となる．

例題 3　線形計画法の双対問題

$c = 20z_1 + 30z_2 + 16z_3$ を最小化せよ．ただし，

$$\begin{aligned} 2.5z_1 + 3z_2 + z_3 &\geqslant 3 \\ z_1 + 3z_2 + 2z_3 &\geqslant 4 \\ z_1,\ z_2,\ z_3 &\geqslant 0 \end{aligned}$$

とする．双対問題では，$\Pi = 3x_1 + 4x_2$ を最大化せよ．ただし，

$$\begin{aligned} 2.5x_1 + x_2 &\leqslant 20 \qquad & x_1 + 2x_2 &\leqslant 16 \\ 3x_1 + 3x_2 &\leqslant 30 \qquad & x_1,\ x_2 &\geqslant 0 \end{aligned}$$

とする．この例や上の例で双対問題の双対問題をとると主問題が出てくることに注意せよ．

12.3　双対定理

線形計画法では 2 つの双対定理が大変重要である．それによると，

1. 主問題の目的関数の最適値は，最適実現解があるなら双対問題の目的関数の最適値に等しい．
2. もし最適実現可能解で，
   (a) 主問題の決定変数は非ゼロの値をもつなら，双対問題でのスラック（ないしサープラス）変数は 0 という最適値をとる．
   (b) 主問題のスラック（ないしサープラス）変数が 0 でないなら，双対問題の決定変数は 0 という最適値をとる．

例題 4　つぎの線形計画問題があるとする．
$\Pi = 14x_1 + 12x_2 + +18x_3$ を

$$
\begin{aligned}
2x_1 + x_2 + x_3 &\leqslant 2 \\
x_1 + x_2 + 3x_3 &\leqslant 4 \\
x_1,\ x_2,\ x_3 &\geqslant 0
\end{aligned}
$$

のもとで最大化せよ．

(1) 主問題での目的関数の最適値と，(2) そのときの決定変数の値を得るため双対定理が使われる．双対問題は，$c = 2z_1 + 4z_2$ を，条件

$$
\begin{aligned}
2z_1 + z_2 &\geqslant 14 \\
z_1 + z_2 &\geqslant 12 \\
z_1 + 3z_2 &\geqslant 18 \qquad z_1,\ z_2 \geqslant 0
\end{aligned}
$$

のもとで最小化することである．

1. 双対問題の最適値は第 10 章の例題 2 : $\bar{z} = 9$，$\bar{z}_2 = 3$，$\bar{c} = 30$ となることが図でわかる．双対問題の最適値が 30 であるから，Π もまた 30 に相違ないことがわかる．
2. 主問題での決定変数の最適値を得るため，主問題 (I) にスラック変数を加え，双対問題 (II) にサープラス変数を導入して不等式を等式に変える．

主問題のスラック変数と双対問題のサープラス変数とを区別するため，s_i は主問題で，t_i は双対問題で使われる．

$$\text{I.}\qquad \begin{aligned} 2x_1 + x_2 + 3x_3 + s_1 &= 2 \\ x_1 + x_2 + 3x_3 + s_2 &= 4 \end{aligned} \tag{12.1}$$

$$\text{II.}\qquad \begin{aligned} 2z_1 + z_2 - t_1 &= 14 \\ z_1 + z_2 - t_2 &= 12 \\ z_1 + 3z_2 - t3 &= 18 \end{aligned} \tag{12.2}$$

(12.2) に $\overline{z}_1 = 9$，$\overline{z}_2 = 3$ を代入して，$\overline{t}_1$，$\overline{t}_2$，$\overline{t}_3$ をつぎのように求める．

$$\begin{aligned} 2(9) + 3 - t_1 &= 14 \qquad & \overline{t}_1 &= 7 \\ 9 + 3 - t_2 &= 12 \qquad & \overline{t}_2 &= 0 \\ 9 + 3(3) - t_3 &= 18 \qquad & \overline{t}_3 &= 0 \end{aligned}$$

第 2，3 の双対問題の制約中の $(\overline{t}_2, \overline{t}_3)$ は 0 であるから，第 2 の双対定理より，主問題の決定変数 $(\overline{x}_2, \overline{x}_3)$ は 0 でない．$t_1 \neq 0$ であるので $\overline{x}_1 = 0$ である．

第 2 の双対定理より，最適決定変数 $(\overline{z}_1, \overline{z}_2)$ が 0 でないと，双対問題で主問題のスラック変数 $(\overline{s}_1, \overline{s}_2)$ は 0 となる．$\overline{s}_1 = \overline{s}_2 = 0$ を (12.1) に代入し，$\overline{x}_1 = 0$ を考えると，(12.1) は，

$$x_2 + x_3 = 2 \qquad x_2 + 3x_3 = 4$$

となる．クラーメルの公式より，$\overline{x}_2 = 1$，$\overline{x}_3 = 1$ となる．したがって最適決定変数は $\overline{x}_1 = 0$，$\overline{x}_2 = 1$，$\overline{x}_3 = 1$ であり，目的関数にそれらを代入して，正解かどうかを確かめられる．

例題 5　例題 4 の双対問題は第 11 章の例題 3 の主問題として解かれる．x_i を z_i に，s_i を t_i にすると，最終表は，

最終表

z_1	z_2	t_1	t_2	t_3	A_1	A_2	A_3	定数
1	0	0	$-\frac{3}{2}$	$\frac{1}{2}$	0	$\frac{3}{2}$	$-\frac{1}{2}$	9
0	0	1	$-\frac{5}{2}$	$\frac{1}{2}$	-1	$\frac{5}{2}$	$-\frac{1}{2}$	7
0	1	0	$\frac{1}{2}$	$-\frac{1}{2}$	0	$-\frac{1}{2}$	$\frac{1}{2}$	3
0	0	0	-1	-1	$-M$	$-M+1$	$-M+1$	30

最終表が (1) 主問題の最適値と，(2) 主問題の決定変数の最適値を決めるのに使われる．

1. 主問題の目的関数の最適値は，双対問題の最適値と同じ最後の行の最後の要素で示される．
2. 主問題の最適値は双対問題の表からすぐわかる．双対問題のサープラス変数の下のインディケーターの絶対値で与えられる．t_1 は主問題の制約式のサープラス変数で，主問題の x_1 に対応する．t_2 は第 2 制約式の双対問題のサープラス変数で，主問題の x_2 に対応し，$x_2 = 1$ である．主問題の決定変数の最適値を与える双対問題のインディケーターは □ でくくってある．人工変数の行のインディケーターには経済的意味はない．

12.4　双対問題の優位性

上に示した主問題と双対問題の関係から，目的関数の最適値は主問題からも双対問題からも得られ，ある計画の決定変数とそれに対応する双対問題のスラック（サープラス）変数の補完関係のため，ある計画の解から他のそれのすべてがわかる．以下 2 点により，これは双対性がもつ長所である．

1. 最小問題は，ときとしてより解きやすい最大値問題として解くことができる．
2. 主問題が 3 つの決定変数に対して，双対問題は図解も可能な 2 つの決定変数の問題に還元される（例題 3 を見よ）．

例題 6　例題 3 での最小問題の最適値を求めるため双対値が以下で利用される．例題 3 の最小問題の双対問題は第 10 章の例題 1 で図解され，$\bar{z}_1 = 4$，$\bar{z}_2 = 6$，$\bar{\Pi} = 36$ である．例題 3 の主問題の費用は $\bar{c} = 36$ で最小値をとる．例題 4 の方法で，$\bar{x}_1 = 0$，$\bar{x}_2 = \dfrac{2}{3}$，$\bar{x}_3 = 1$ となる．同じ解法は演習問題 12.1～12.4 を見よ．またシンプレックス法による解決は演習問題 12.7 を見よ．

12.5　双対問題におけるシャドウ・プライス

主問題を解くために双対性を使うとき，主問題の第 i 資源の限界価値ないし，シャドウ・プライスは双対問題の目的関数の決定変数で与えられる．双

対問題の z_i はもとの第 i 資源のシャドウ・プライスである．目的関数の最適値は資源量とそのシャドウ・プライスの積の合計に等しい．例題 1 のパラメータで表わすと，

$$\Pi = \sum_{i=1}^{3} b_i z_i = b_1 z_1 + b_2 z_2 + b_3 z_3 \tag{12.3}$$

例題 7　例題 5 の双対問題の最終表は例題 4 の主問題の資源のシャドウ・プライスの決定に利用される．最終双対表の行列部分の単位ベクトルの順序を改めると，$\bar{z}_1 = 9$，$\bar{z}_2 = 3$ を得る．主問題の制約式と関係する 2 つの資源に応ずる双対問題の決定変数は z_1 と z_2 だから，第 1 資源のシャドウ・プライスは 9 になり，第 2 のそれは 3 である．これらは主問題の制約式から，第 1 の資源は 2 単位，第 2 のそれは 4 単位ある．それぞれにそのシャドウ・プライスを掛けて，その積を加えると，$\Pi = 2 \times 9 + 4 \times 3 = 30$ となる．

12.6　シャドウ・プライスとラグランジュ乗数

シャドウ・ブライスはラグランジュ乗数と同じ機能を果たす（5.9 節を見よ）．それから制約式のわずかな変化から生ずる目的関数の変化を推測できる．そのことは，制約条件 b_1，b_2，b_3 に関して (12.3) の偏微分をとることですぐわかる．

$$\frac{\partial \Pi}{\partial b_1} = z_1 \qquad \frac{\partial \Pi}{\partial b_2} = z_2 \qquad \frac{\partial \Pi}{\partial b_3} = z_3 \tag{12.4}$$

(13.4) から，制約条件 b_1，b_2，b_3 の 1 単位の変化に対して，目的関数はそれぞれ z_1，z_2，z_3 ずつ変化する．

演習問題

双対問題を通じての主問題の解法

12.1　つぎの問題に対して，(a) 双対問題を示し，(b) それを図解せよ．そして，(c) 主問題の目的関数の最適値と，(d) その決定変数の値を得るために双対問題による解法を使え．

$c = 40x_1 + 20x_2 + 60x_3$ を最小化せよ．ただし，

$$2x_1 + 4x_2 + 10x_3 \geqslant 24$$
$$5x_1 + x_2 + 5x_3 \geqslant 8 \qquad x_1,\ x_2,\ x_3 \geqslant 0$$

(a) 双対問題は，$\Pi = 24z_1 + 8z_2$ を

$$2z_1 + 5z_2 \leqslant 40$$
$$4z_1 + z_2 \leqslant 20$$
$$10z_1 + 5z_2 \leqslant 60 \qquad z_1,\ z_2, \geqslant 0$$

のもとで最大化することである．

(b) この双対問題は演習問題 10.5 の問題として図解されている．x_i を z_i にして，$\bar{z}_1 = 4$，$\bar{z}_2 = 4$，$\bar{\Pi} = 128$ を得る．

(c) $\bar{\Pi} = 128$，$\bar{c} = 128$ である．

(d) 双対問題の決定変数（z_1，z_2）より，主問題の決定変数（x_1, x_2, x_3）を得るため，まず主問題 (I) を双対問題 (II) の不等式を等式にする．

I.
$$2x_1 + 4x_2 + 10x_3 - s_1 = 24$$
$$5x_1 + x_2 + 5x_3 - s_2 = 8$$

II.
$$2z_1 + 5z_2 + t_1 = 40$$
$$4z_1 + z_2 + t_2 = 20$$
$$10z_1 + 5z_2 + t_3 = 60$$

それから，$\bar{z}_1 = \bar{z}_2 = 4$ を双対問題の制約式に代入し，スラック変数を求める．すると，

$$2(4) + 5(4) + t_1 = 40 \qquad \bar{t}_1 = 12$$
$$4(4) + 4 + t_2 = 20 \qquad \bar{t}_2 = 0$$
$$10(4) + 5(4) + t_3 = 60 \qquad \bar{t}_3 = 0$$

となる．$\bar{t}_1 \neq 0$ であり，それに対応する決定変数 $\bar{x}_1$ は 0 になる．$\bar{t}_2 = \bar{t}_3 = 0$ であり，$\bar{x}_1$, $\bar{x}_2 \neq 0$ となる．

双対問題の決定変数（z_1, z_2）の最適値は 0 でないから，その主問題のサープラス変数（$\bar{s}_1$, $\bar{s}_2$）は 0 になる．$\bar{x}_1 = \bar{s}_1 = \bar{s}_2 = 0$ をもとの制約式に代入して，

$$2(0) + 4x_2 + 10x_3 - 0 = 24 \qquad 5(0) + x_2 + 5x_3 - 0 = 8$$

となる．そこから $\overline{x}_2 = 4$ と $\overline{x}_3 = 0.8$ を得る．したがって，主問題の決定変数は $\overline{x}_1 = 0$，$\overline{x}_2 = 4$，$\overline{x}_3 = 0.8$ である．

12.2　つぎの問題のときに，演習問題 12.1 と同じことをせよ．

$c = 36x_1 + 30x_2 + 40x_3$ を

$$\begin{aligned} 2x_1 + 5x_2 + 8x_3 &\geqslant 40 \\ 6x_1 + 3x_2 + 2x_3 &\geqslant 50 \qquad x_1,\ x_2,\ x_3 \geqslant 0 \end{aligned}$$

の条件のもとで最小化せよ．

(a) $\Pi = 40z_1 + 50z_2$ を

$$\begin{aligned} 2z_1 + 6z_2 &\leqslant 36 \\ 5z_1 + 3z_2 &\leqslant 30 \\ 8z_1 + 2z_2 &\leqslant 40 \qquad z_1,\ z_2 \geqslant 0 \end{aligned}$$

のもとで最大化せよ

(b) この双対問題は演習問題 10.6 で図解された．$\overline{z}_1 = 3$，$\overline{z}_2 = 5$，$\overline{\Pi} = 370$ である．

(c) $\overline{\Pi} = 370$ より，$\overline{c} = 370$ である．

(d) I. $2x_1 + 5x_2 + 8x_3 - s_1 = 40$
$6x_1 + 3x_2 + 2x_3 - s_2 = 50$

II. $2z_1 + 6z_2 + t_1 = 36$
$5z_1 + 3z_2 + t_2 = 30$
$8z_1 + 2z_2 + t_3 = 40$

$\overline{z}_1 = 3$ と $\overline{z}_2 = 5$ を II に代入して，

$$\begin{aligned} 2(3) + 6(5) + t_1 &= 36 \qquad \overline{t}_1 = 0 \\ 5(3) + 3(5) + t_2 &= 30 \qquad \overline{t}_2 = 0 \\ 8(3) + 2(5) + t_3 &= 40 \qquad \overline{t}_3 = 6 \end{aligned}$$

となる。$\overline{t}_1 = \overline{t}_2 = 0$ だから，$\overline{x}_1$, $\overline{x}_2 \neq 0$ となる．$\overline{t}_3 \neq 0$ より，$\overline{z}_3 = 0$ となる．$\overline{z}_1$, $\overline{z}_2 \neq 0$ であるから $\overline{s}_1 = \overline{s}_2 = 0$ である．I に代入し，

$$2x_1 + 5x_2 + 8(0) - 0 = 40 \qquad 6x_1 + 3x_2 + 2(0) - 0 = 50$$

これより，$\overline{x}_1 = 5.42$．$\overline{x}_2 = 5.83$，$\overline{x}_3 = 0$ を得る．

12.3　つぎの線形計画問題が与えられたときに，演習問題 12.1 と同じことをせよ．

$\Pi = 15x_1 + 20x_2 + 24x_3$ を

$$3x_1 + +x_2 + x_3 \leqslant 120$$
$$x_1 + 5x_2 + 2x_3 \leqslant 60 \qquad x_1,\ x_2,\ x_3 \geqslant 0$$

のもとで最大化せよ．

(a) $c = 120z_1 + 60z_2$ を

$$3z_1 + z_2 \geqslant 15$$
$$z_1 + 5z_2 \geqslant 20$$
$$3z_1 + 2z_2 \geqslant 24 \qquad z_1,\ z_2 \geqslant 0$$

のもとで最小化せよ．

(b) この双対問題は演習問題 10.8 で解かれていて，$\bar{z}_1 = 2$，$\bar{z}_2 = 9$，$\bar{c} = 780$ となる．

(c) $\bar{c} = 780$ より，$\bar{\Pi} = 780$ となる．

(d) I. $3x_1 + x_2 + 3x_3 + s_1 = 120$
$x_1 + 5x_2 + 2x_3 + s_2 = 60$

II. $3z_1 + z_2 - t_1 = 15$
$z_1 + 5z_2 - t_2 = 20$
$3z_1 + 2z_2 - t_3 = 24$

$\bar{z}_1 = 2$ と $\bar{z}_2 = 9$ を II に代入し，

$$3(2) + 9 - t_1 = 15 \qquad \bar{t}_1 = 0$$
$$2 + 5(9) - t_2 = 20 \qquad \bar{t}_2 = 27$$
$$3(2) + 2(9) - t_3 = 24 \qquad \bar{t}_3 - 0$$

となる．$\bar{t}_1 = \bar{t}_3 = 0$ より，$\bar{x}_1, \bar{x}_3 \neq 0$ となる．$\bar{t}_2 \neq 0$ だから，$\bar{x} = 0$ である．$\bar{z}_1, z_2 \neq 0$ より $\bar{s}_1 = \bar{s}_2 = 0$ を得る．I に代入し，

$$3x_1 + 0 + 3x_3 + 0 = 120 \qquad x_1 + 5(0) + 2x_3 + 0 = 60$$

これより，$\bar{x}_1 = 20$，$\bar{x}_2 = 0$，$\bar{x}_3 = 20$ を得る．

12.4　つぎの線形計画問題が与えられたときに，演習問題 12.1 と同じことをせよ．

$\Pi = 36x_1 + 28x_2 + 32x_3$ を

$$2x_1 + 2x_2 + 8x_3 \leqslant 3$$
$$3x_1 + 2x_2 + 2x_3 \leqslant 4 \qquad x_1,\ x_2,\ x_3 \geqslant 0$$

のもとで最大化せよ．

(a) $c = 3z_1 + 4z_2$ を

$$2z_1 + 3z_2 \geqslant 36$$
$$2z_1 + 2z_2 \geqslant 28$$
$$8z_1 + 2z_2 \geqslant 32 \qquad z_1,\ z_2 \geqslant 0$$

のもとで最小化せよ．

(b) この双対問題は演習問題 10.9 で示されている．つまり，$\bar{z}_1 = 6$，$\bar{z}_2 = 8$，$\bar{c} = 50$ である．

(c) $\bar{c} = 50$ であるから，$\bar{\Pi} = 50$ である．

(d)

$$\text{I.} \quad 2x_1 + 2x_2 + 8x_3 + s_1 = 3 \qquad \text{II.} \quad 2z_1 + 3z_2 - t_1 = 36$$
$$3x_1 + 2x_2 + 2x_3 + s_2 = 4 \qquad\qquad 2z_1 + 2z_2 - t_2 = 28$$
$$8z_1 + 2z_2 - t_3 = 32$$

$\bar{z}_1 = 6$ と $\bar{z}_2 = 8$ を II に代入して，

$$2(6) + 3(8) - t_1 = 36 \qquad \bar{t}_1 = 0$$
$$2(6) + 2(8) - t_2 = 28 \qquad \bar{t}_2 = 0$$
$$8(6) + 2(8) - t_3 = 32 \qquad \bar{t}_3 = 32$$

となる．$\bar{t}_1 = \bar{t}_{=}0$ より，$\bar{x}_1, \bar{x}_2 \neq 0$ となり，$\bar{t}_3 \neq 0$ より，$\bar{z}_1, \bar{z}_2 \neq 0$ から，$\bar{s}_1 = \bar{s}_2 = 0$ となる．I に代入し，

$$2x_1 + 2x_2 + 8(0) + 0 = 3 \qquad 3x_1 + 2x_2 + 2(0) + 0 = 4$$

したがって，$\bar{x}_1 = 1$，$\bar{x}_2 = \dfrac{1}{2}$，$\bar{x}_3 = 0$ を得る．

12.5　もとの制約式の資源のシャドウ・プライスないし限界価値（MV）を求めるため，演習問題 12.1～12.4 の双対問題を使え．制約となる資源 1，2 については記号 A，B を使え．

もとの制約の資源 A, B のシャドウ・プライスは双対問題の決定変数 z_1, z_2 の最適値で与えられる．したがって，

問題 12.1 にとって，$\mathrm{MV}_A = \bar{z}_1 = 4$ と $\mathrm{MV}_B = \bar{z}_2 = 4$
問題 12.2 にとって，$\mathrm{MV}_A = \bar{z}_1 = 3$ と $\mathrm{MV}_B = \bar{z}_2 = 5$
問題 12.3 にとって，$\mathrm{MV}_A = \bar{z}_1 = 2$ と $\mathrm{MV}_B = \bar{z}_2 = 9$
問題 12.4 にとって，$\mathrm{MV}_A = \bar{z}_1 = 6$ と $\mathrm{MV}_B = \bar{z}_2 = 8$

シンプレックス法と双対問題

12.6　つぎの問題に対して，(a) 双対問題を示し，(b) それをシンプレックス法で解け．さらに，主問題の目的関数と決定変数の最適値を双対問題の最終表から求めよ．

$\Pi = 5x_1 + 3x_2$ を

$$\begin{aligned} 6x_1 + 2x_2 &\leqslant 36 \\ 5x_1 + 5x_2 &\leqslant 40 \\ 2x_1 + 4x_2 &\leqslant 28 \qquad x_1,\ x_2 \geqslant 0 \end{aligned}$$

のもとで最大化せよ．

(a) $c = 36z_1 + 40z_2 + 28z_3$ を

$$\begin{aligned} 6z_1 + 5z_2 + 2z_3 &\geqslant 5 \\ 2z_1 + 5z_2 + 4z_3 &\geqslant 3 \qquad z_1,\ z_2,\ z_3 \geqslant 0 \end{aligned}$$

のもとで最小化せよ．

(b) 双対問題は演習問題 11.3 の問題で解かれている．x_i を z_i に，s_i を t_i に変換し，最終表は以下の通りである．

最終表

z_1	z_2	z_3	t_1	t_2	A_1	A_2	定数
1	0	$-\frac{1}{2}$	$-\frac{1}{4}$	$\frac{1}{4}$	$\frac{1}{4}$	$-\frac{1}{4}$	$\frac{1}{2}$
0	1	1	$\frac{1}{10}$	$-\frac{3}{10}$	$-\frac{1}{10}$	$\frac{3}{10}$	$\frac{2}{5}$
0	0	-6	-5	-3	$-M+5$	$-M+3$	34

(c) 双対変数 t_1 と t_2 の下の指標の絶対値が主問題の決定変数 x_1 と x_2 の最適値を与える．したがって $\bar{x}_1 = 5$，$\bar{x}_2 = 3$，$\bar{\Pi} = 34$ を得る．これを第 11 章の例題 1 の解答より検証せよ．そこでは主問題は直接的に解かれている．

12.7　つぎの線形計画法について演習問題 12.6 と同じことをせよ．

$c = 20x_1 + 30x_2 + 16x_3$ を

$$\begin{aligned} 2.5x_1 + 3x_2 + x_3 &\geqslant 3 \\ x_1 + 3x_2 + 2x_3 &\geqslant 4 \qquad x_1,\ x_2,\ x_3 \geqslant 0 \end{aligned}$$

のもとで最小化せよ．

(a) $\Pi = 3z_1 + 4z_2$ を

$$\begin{aligned} 2.5z_1 + z_2 &\leqslant 20 \\ 3z_1 + 3z_2 &\leqslant 30 \\ z_1 + 2z_2 &\leqslant 16 \qquad z_1,\ z_2 \geqslant 0 \end{aligned}$$

のもとで最大化せよ．

(b) この双対問題は演習問題 11.1 で解かれた．双対性のために記号の調整をすると，最終表は以下の通りである．

最終表

z_1	z_2	t_1	t_2	t_3	定数
0	0	1	$-\frac{4}{3}$	$\frac{3}{2}$	4
1	0	0	$\frac{2}{3}$	-1	4
1	0	0	$-\frac{1}{3}$	-1	6
0	0	0	$\frac{2}{3}$	1	36

(c) したがって，$\bar{x}_1 = 0$，$\bar{x}_2 = \dfrac{2}{3}$ と $\bar{c} = 36$ となる．この問題に対する前の解法については例題 6 を見よ．

12.8　つぎの問題について演習問題 12.6 と同じことをせよ．

$\Pi = 36x_1 + 28x_2 + 32x_3$ を

$$2x_1 + 2x_2 + 8x_3 \leqslant 60$$

$$3x_1 + 2x_2 + 2x_3 \leqslant 80 \qquad x_1,\ x_2,\ x_3 \geqslant 0$$

のもとで最大化せよ．

(a) $c = 60z_1 + 80z_2$ を

$$2z_1 + 3z_2 \geqslant 36$$
$$2z_1 + 2z_2 \geqslant 28$$
$$8z_1 + 2z_2 \geqslant 32 \qquad z_1,\ z_2 \geqslant 0$$

のもとで最小化せよ．

(b) 双対問題は演習問題 11.2 で解かれている．最終表は以下の通りである．

最終表

z_1	z_2	t_1	t_2	t_3	A_1	A_2	A_3	定数
0	1	-1	1	0	1	-1	0	8
0	0	6	-10	1	-6	10	-1	32
1	0	1	$-\frac{3}{2}$	0	-1	$\frac{3}{2}$	0	6
0	0	-20	-10	0	$-M+20$	$-M+10$	$-M$	1000

(c) したがって，$\bar{x}_1 = 20$，$\bar{x}_2 = 10$，$\bar{x}_3 = 0$ と $\bar{\Pi} = 1000$ を得る．

退　化

12.9　基底のどの変数も 0 の値をとるとき，この線形計画は**退化する**とされる．事実，このことは列ベクトル間で 1 次従属があることを意味するので，解は一意的でなくなる．つぎの問題に対して，(a) 双対問題を作り，(b) それをシンプレックス法で解き，主問題の各最適値を求めよ．

$$c = 4x_1 + 2x_2 \tag{12.5}$$

を，

$$4x_1 + x_2 \geqslant 20$$
$$2x_1 + x_2 \geqslant 14$$
$$x_1 + 6x_2 \geqslant 18 \qquad x_1,\ x_2 \geqslant 0$$

のもとで最小化せよ．

(a) $\Pi = 20z_1 + 14z_2 + 18z_3$ (12.6)

を，

$$4x_1 + 2z_2 + x_3 \leqslant 4$$
$$z_1 + z_2 + 6z_3 \leqslant 2 \qquad z_1,\ z_2,\ z_3 \geqslant 0$$

のもとで最大化せよ．

(b) 制約式を行列形式で表わす．

$$\begin{bmatrix} 4 & 2 & 1 & 1 & 0 \\ 1 & 1 & 6 & 0 & 1 \end{bmatrix} \begin{bmatrix} z_1 \\ z_2 \\ z_3 \\ t_1 \\ t_2 \end{bmatrix} = \begin{bmatrix} 4 \\ 2 \end{bmatrix} \tag{12.7}$$

最初の表を作る．

最初の表

z_1	z_2	z_3	t_1	t_2	定数
④	2	1	1	0	4
1	1	6	0	1	2
−20	−14	−18	0	0	0
↑					

第 1 行を $\frac{1}{4}$ 倍し，それを第 2 行から引き，第 1 行の 20 倍を第 3 行に加えてピボットする．

第 2 表

z_1	z_2	z_3	t_1	t_2	定数
1	$\frac{1}{2}$	$\frac{1}{4}$	$\frac{1}{4}$	0	1
0	$\frac{1}{2}$	($\frac{23}{4}$)〇	$-\frac{1}{4}$	1	1
0	−4	−13	5	0	20
		↑			

再びピボットする．つまり第 2 行を $\frac{4}{23}$ 倍し，第 2 行の $\frac{1}{4}$ 倍を第 1 行から引き，第 3 行に第 2 行の 13 倍を加える．

第 3 表

z_1	z_2	z_3	t_1	t_2	定数
1	$\frac{11}{23}$	0	$\frac{6}{23}$	$-\frac{1}{23}$	$\frac{22}{23}$
0	$\frac{2}{23}$	1	$-\frac{1}{23}$	$\frac{4}{23}$	$\frac{4}{23}$
0	$-\frac{66}{23}$	0	$\frac{102}{23}$	$\frac{52}{23}$	$\frac{512}{23}$
	↑				

第 3 回目のピボット．乖離率は等しくなる．

$$\frac{22}{23}\left(\frac{23}{11}\right) = 2 = \frac{4}{23}\left(\frac{23}{2}\right)$$

2 つかそれ以上の乖離率が等しいとき，この線形計画は退化するという．つまり，基底の変数のすべてが 0 以外の値を必ずしもとらない．そのように乖離率が等しいとき，いずれかの行がピボット行とされるが，表の左側の行がしばしば最も使いやすい．ここで$\frac{2}{23}$をピボット要素とすると，最初の 2 列の単位行列ができる．そこで，第 2 行に $\frac{23}{2}$ を掛け，第 1 行から第 2 行の $\frac{11}{23}$ 倍を引き，第 3 行に第 2 行の $\frac{66}{23}$ 倍を加える．

最終表

z_1	z_2	z_3	t_1	t_2	定数
1	0	$-\frac{11}{2}$	$\frac{1}{2}$	-1	0
0	1	$\frac{23}{2}$	$-\frac{1}{2}$	2	2
0	0	33	3	8	28

この最終表から，$\bar{z}_1 = 0$，$\bar{z}_2 = 2$，$\bar{z}_3 = 0$，$\bar{b}_1 = 0$，$\bar{\Pi} = 28$ を得るが，この解は (12.6) からも確かめられる．

$$\Pi = 20(0) + 14(2) + 18(0) = 28$$

となる．主問題にもどると，$\bar{x}_1 = 3$，$\bar{x}_2 = 8$，$\bar{c} = 28$ となり，(12.5) からそのことがわかる．

$$c = 4(3) + 2(8) = 28$$

しかし，最終表の基底の変数の 1 つが 0 で，1 次従属があり，多数の最適解が存在する．係数行列の第 2 列と (12.7) の定数ベクトルの間の 1 次従属に注意しよう．主問題が直接解かれ $\overline{x}_1 = 6$，$\overline{x}_2 = 2$，$\overline{c} = 28$ となる演習問題 11.4 を見よ（これは (12.5) から確かめられる）．図解については，演習問題 10.10 を見よ．

第 13 章　積分法：不定積分

13.1　積　分

第 3〜6 章では微分を扱った．それは関数の変化率を示すものである．経済学ではその逆のプロセスを行ない，その変化率（$f(x)$）が与えられたときのもとの関数 $F(x)$ を見つける必要が生ずる．これを**積分**という．$F(x)$ を関数 $f(x)$ の**積分**もしくは**逆導関数**とよぶ．

例題 1　ある関数 $f(x)$ の積分は数学的には以下のように表わされる．

$$\int f(x)\,dx = F(x) + c$$

方程式の左辺は $f(x)$ の x に関する積分とよばれる．記号 $\int$ が**積分記号**，$f(x)$ は**被積分関数**，c を**積分定数**といい，$F(x) + c$ は**不定積分**という．それは，ここでは x の関数としてここでは定式化されず，いかなる値もとるからである．

13.2　積分のやり方

微分と逆の方法でつぎの積分の規則が得られる．積分したものを微分すると，被積分関数に等しいので，これらはすぐ確かめられる．各ルールは例題 2 にある．積分定数 c の重要性は例題 3 にある．

規則 1　定数の積分は，

$$\int k\,dx = kx + c$$

規則 2　1 の積分は単に dx として，$1\,dx$ としない．つまり，

$$\int dx = x + c$$

規則 3　ベキ乗の関数 x^n の積分（ただし，$n \neq -1$）は，**ベキ乗規則**で与えられ，

$$\int x^n\,dx = \frac{1}{n+1}x^{n+1} + c \qquad n \neq -1$$

規則 4　x^{-1}（ないし $1/x$）の積分は，

$$\int x^{-1}\,dx = \ln\ x + c \qquad x > 0$$

対数は正の値のみを考えるので，$x > 0$ という条件が加えられる．負の値に対しては，

$$\int x^{-1}\,dx = \ln\ |x| + c \qquad x \neq 0$$

規則 5　指数関数の積分は，

$$\int a^{kx}\,dx = \frac{a^{kx}}{k\ \ln\ a} + c$$

規則 6　自然指数関数の積分は，$\ln\ e = 1$ であるから，

$$\int e^{kx}\,dx = \frac{e^{kx}}{k} + c$$

規則 7　定数と関数の積の積分は定数とその関数の積分の積である．

$$\int kf(x)\,dx = k\int f(x)\,dx$$

規則 8　2 つかそれ以上の関数の和ないし差の積分はそれぞれの積分の和ないし差に等しい．

$$\int [f(x) + g(x)]\,dx = \int f(x)\,dx + \int g(x)\,dx$$

規則 9　関数に -1 を掛けたものの積分は，その関数の積分と -1 の積である．

$$\int -f(x)\,dx = -\int f(x)\,dx$$

例題 2　積分の規則は下で例示される．積分を微分すると被積分関数に等しいことから，以下 (i)～(iii) を確かめよ．

(i)　$\int 3\,dx = 3x + c$　（規則 1）

(ii)　$\int x^2\,dx = \frac{1}{2+1}x^{2+1} + c = \frac{1}{3}x^3 + c$　（規則 3）

(iii)　$\int 5x^4\,dx = 5\int x^4 dx$　（規則 7）

$= 5\left(\frac{1}{5}x^5 + c_1\right)$　（規則 3）

$= x^5 + c$

ここで c_1 と c は任意の定数で $5c_1 = c$ となる．c は任意であるから，それはここでは当面無視され，最後に答えを求めるときに決定される．

(iv)　$\int (3x^3 - x + 1)\,dx = 3\int x^3\,dx - \int x\,dx + \int dx$　（規則 7, 8, 9）

$= 3\left(\frac{1}{4}x^4\right) - \frac{1}{2}x^2 + x + c$　（規則 2, 3）

$= \frac{3}{4}x^4 - \frac{1}{2}x^2 + x + c$

(v)　$\int 3x^{-1}dx = 3\int x^{-1}dx$　（規則 7）

$= 3\ln\ x + c$　（規則 4）

(vi)　$\int 2^{3x}dx = \frac{2^{3x}}{3\ln\ 2} + c$　（規則 5）

(vii)　$\int 9e^{-3x}dx = \frac{9e^{-3x}}{-3} + c$　（規則 6）

例題 3　定数分だけ異なるいくつかの関数は同じ微分の値をもつ．関数 $F(x) = 2x + k$ は $f'(x) = 2$ という値が，いかなる k に対しても成立する．このことを逆にすると，$\int 2\,dx$ は定数部分のみ他と異なる不定積分となる．積分定数 c は原始関数の一部であるが，微分の際には除かれる定数の部分を表わす．不定積分 $\int f(x)\,dx = F(x) + c$ の図は，その勾配が $f(x)$ であるから，平行な線の族を示している．c を決めると曲線が定まり，それを変えると，曲線はシフトする．図 13-1 は $\int 2\,dx = 2x + c$ で $c = -7$，-3，1.5 の場合について図示されている．$c = 0$ なら，それは原点から始まる．

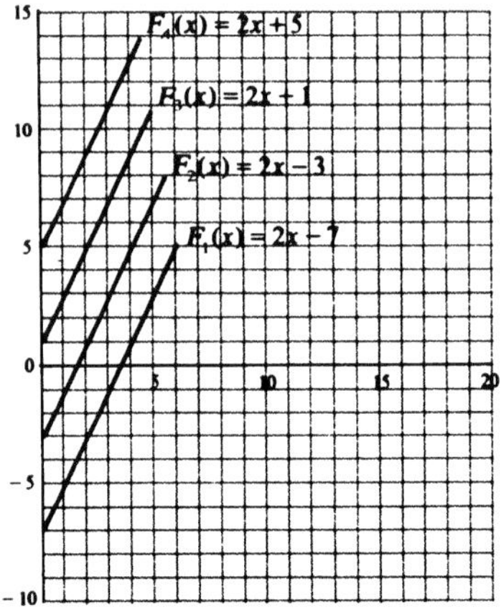

図 13-1

13.3　初期条件と境界条件

多くの問題では**初期条件**（$x = 0$ のときの $y = y_0$）か**境界条件**（$x = x_0$ のときの $y = y_0$）が与えられて，積分定数が決まる．c が決まると初期条件ないし境界条件から例題 3 に図解された曲線の族の中から特定の曲線が選ばれる．

例題 4　$x = 3$ のときの $y = 11$ という境界条件が与えられると，積分 $y = \int 2\,dx$ はつぎのように決まる．

$$y = \int 2\,dx = 2x + c$$

そこに $x = 3$ のとき $y = 11$ を代入し，

$$11 = 2(3) + c \qquad c = 5$$

したがって，$y = 2x + 5$ となる．c がたとえ決まっても，x が決まらないので $\int 2\,dx$ は不定積分である．かくして，積分 $2x + 5$ はいかなる可能な値もとりうる．

13.4　置換積分

2 つの微分可能な x の関数の積や商の積分，たとえば，

$$\int 12x^2(x^3+2)\,dx$$

は上の単純な規則の直接の応用ではできない．しかし，被積分関数が他の関数 u とその微分 du/dx の積で表わされるなら，置換積分ができる．被積分関数 $f(x)$ を u と du/dx の関数として，x に関して積分すると，

$$\int f(x)\,dx = \int \left(u\frac{du}{dx}\right) dx$$

dx を除して，

$$\int f(x)\,dx = \int u\,du = F(u) + c$$

となる．

置換による積分は，微分のチェーン・ルールに対応したものである．

例題 5　$x^2(x^3+2)\,dx$ の積分のため置換積分法が以下で使われる．チェーン・ルールが使用されることを確かめて自身の答えを確かめよ．

1. 被積分関数が u と du/dx の積であることを確かめよ．u としては独立変数のベキが最も大きい関数を含むものとする．$u = x^3+2$ とすると，$du/dx = 3x^2$ となる．dx について解くと，$dx = du/3x^2$ で，$u = x^3+2$ と $dx = du/3x^2$ をもとの被積分関数に代入し，

$$\int 12x^2(x^3+2)\,dx = \int 12x^2u\frac{du}{3x^2} = \int 4u\,du = 4\int u\,du$$

2. 規則 3 を用いて最初の計算の c を無視して積分せよ．

$$4\int u\,du = 4\left(\frac{1}{2}u^2\right) = 2u^2 + c$$

3. $u = x^3+2$ に代入して，

$$\int 12x^2(x^3+2)\,dx = 2u^2 + c = 2(x^3+2)^2 + c$$

演習問題 13.6～13.11 をも見よ．

例題 6　$\int 4x(x+1)^3 dx$ を求めよ．

$u = x + 1$ とする．$du/dx = 1$ と $dx = du/1 = du$ である．$u = x + 1$，$dx = du$ をもとの式に代入するとする．

$$\int 4x(x+1)^3 dx = \int 4xu^3 du = 4\int xu^3 du$$

x は因数分解できない変数だから，もとの被積分関数は $u\,du/dx$ との定数倍にならない．そのため代入法を利用できず，部分積分が必要となる（13.5 節を見よ）．

13.5　部分積分

積分関数が x の微分可能な関数の積か商ならば，さらに $u\,du/dx$ の定数倍ではないときに，部分積分がしばしば利用される．それは積の微分を逆にしたものである．3.4 節の規則から，

$$\frac{d}{dx}[f(x)\,g(x)] = f(x)\,g'(x) + g(x)f'(x)$$

この微分の積分をとると，

$$f(x)\,g(x) = \int f(x)\,g'(x)\,dx + \int g(x)f'(x)\,dx$$

となる．そこから右辺の第 1 項の積分を求めると，

$$\int f(x)\,g'(x)\,dx = f(x)\,g(x) - \int g(x)f'(x)\,dx \qquad (13.1)$$

となる．もっと複雑な関数については積分表が使われる．それには 500 もの関数の積分公式があり，数学の本にはそれが付いている．

例題 7　部分積分が $\int 4x(x+1)^3 dx$ の積分のために以下で使われる．

1. (13.1) の公式に従い，被積分関数を 2 つの部分に分ける．$f(x) = 4x$，$g'(x) = (x+1)^3$ とする．すると $f'(x) = 4$ となる．$g'(x) = (x+1)^3$ より，$g(x) = \int (x+1)^3 dx$ で，規則 3 よりそれは積分され，$g(x) = \dfrac{1}{4}(x+1)^4 + c$ である．ここで c は最終段階まで無視しよう．

2. $f(x)$，$g(x)$ を (13.1) に代入するが，$g'(x)$ はこの公式では使われない．

$$\begin{aligned}\int 4x(x+1)^3 dx &= f(x)\,g(x) - \int g(x) f'(x)\,dx \\ &= 4x\left[\frac{1}{4}(x+1)^4\right] - \int \frac{1}{4}(x+1)^4 4\,dx \\ &= x(x+1)^4 - \int (x+1)^4 dx\end{aligned}$$

3. 残りのために規則 3 を使う．

$$\int 4x(x+1)^3 dx = x(x+1)^4 - \frac{1}{5}(x+1)^5 + c$$

例題 8　積分 $\int 2xe^x dx$ は以下のように積分される．
$f(x) = 2x$，$f'(x) = 2$，$g'(x) = e^x$，$g(x) = \int e^x dx = e^x$ とする．(13.1) に代入して，

$$\begin{aligned}\int 2xe^x dx &= f(x)\,g(x) - \int g(x) f'(x)\,dx \\ &= 2xe^x - \int e^x 2\,dx = 2xe^x - 2\int e^x dx\end{aligned}$$

規則 6 より，

$$\int 2xe^x dx = 2xe^x - 2e^x + c = 2e^x(x-1) + c$$

となる．

13.6　経済学への応用

純投資 I は資本ストック K の時間に関する変化分とされる．資本蓄積の過程が時間を通じて一定なら，$I(t) = dK(t)/dt = K'(t)$ となる．投資から資本ストックが推計される．つまり，資本ストックは純投資の時間に関する積分であり，

$$K_t = \int I(t)\,dt = K(t) + c = K(t) + K_0$$

となる．ここで c は初期資本 K_0 である．

同じく，積分は限界費用から総費用を得るのに使用される．限界費用は生産量の増加に伴う総費用の変化であるから，$\mathrm{MC} = d\,\mathrm{TC}/dQ$ で，可変費用のみが生産量とともに変わる．そこで，

$$\mathrm{TC} = \int \mathrm{MC}\, dQ = \mathrm{VC} + c = \mathrm{VC} + \mathrm{FC}$$

を得る．ただし，c = 固定費用 FC である．変数の時間径路や変数が時間とともに均衡に向かうかどうかを決める試みは**動学**といわれる．同じ演習問題は 13.15〜13.20 を見よ．

例題 9　純投資の大きさは $I(t) = 140\,t^{3/4}$ と，$t = 0$ のとき資本ストックは 150 とする．資本 K の関数を求めて $K(t)$ の時間径路を求めると，

$$K = \int 140\,t^{3/4} dt = 140 \int t^{3/4} dt$$

となる．ベキの規則から，

$$K = 140\left(\frac{4}{7}\,t^{7/4}\right) + c = 80\,t^{7/4} + c$$

ただし，$c = K_0 = 150$ だから，$K = 80\,t^{7/4} + 150.$

演習問題

不定積分

13.1　つぎの積分を求めよ．そして積分の微分が被積分関数と等しいことを確かめて，答えをチェックせよ．

(a) $\int 3.5\, dx$　　$\int 3.5\, dx = 3.5x + c$　　(規則 1)

(b) $\int -\frac{1}{2}\, dx$　　$\int -\frac{1}{2} dx = -\int \frac{1}{2} dx = -\frac{1}{2}x + c$　　(規則 9)

(c) $\int dx$　　$\int dx = x + c$　　(規則 2)

(d) $\int x^5\,dx$　　$\int x^5\,dx = \dfrac{1}{6}x^6 + c$　　(規則 3)

(e) $\int 4x^3\,dx$　　$\int 4x^3\,dx = 4\int x^3\,dx$　　(規則 7)

$$= 4\left(\frac{1}{4}x^4\right) + c = x^4 + c \qquad \text{(規則 3)}$$

(f) $\int x^{-1/5}dx$　　$\int x^{-1/5}dx = \dfrac{5}{4}x^{4/5} + c$　　(規則 3)

13.2　つぎについて前問と同じことをせよ．

(a) $\int \dfrac{dx}{x}$　　$\int \dfrac{dx}{x} = \int \dfrac{1}{x}\,dx = \ln\ x + c$　　(規則 4)

(b) $\int 5x^{-1}dx$　　$\int 5x^{-1}dx = 5\ln\ x + c$　　(規則 7, 4)

(c) $\int \dfrac{1}{3x}\,dx$　　$\int \dfrac{1}{3x}\,dx = \dfrac{1}{3}\int \dfrac{1}{x}\,dx = \dfrac{1}{3}\ln\ x + c$　　(規則 7, 4)

(d) $\int \sqrt{x}\,dx$　　$\int \sqrt{x}\,dx = \int x^{1/2}dx = \dfrac{2}{3}x^{3/2} + c$　　(規則 3)

(e) $\int \dfrac{dx}{\sqrt[3]{x}}$　　$\int \dfrac{dx}{\sqrt[3]{x}} = \int x^{-1/3}\,dx = \dfrac{3}{2}x^{2/3} + c$　　(規則 3)

(f) $\int (5x^3 + 2x^2 + 3x)\,dx$

$$\int (5x^3 + 2x^2 + 3x)\,dx = 5\int x^3\,dx + 2\int x^2\,dx + 3\int x\,dx$$

(規則 7, 8)

$$= 5\left(\frac{1}{4}x^4\right) + 2\left(\frac{1}{3}x^3\right) + 3\left(\frac{1}{2}x^2\right) + c \qquad \text{(規則 3)}$$

$$= \frac{5}{4}x^4 + \frac{2}{3}x^3 + \frac{3}{2}x^2 + c$$

13.3　$x = 0$ のとき，$y = 6$ として，$y = \int (2x^5 - 3x^{-1/4})\,dx$ の積分を求めよ．

$$y = \int (2x^5 - 3x^{-1/4})\,dx = \frac{1}{3}x^6 - 4x^{3/4} + c$$

$y = 6$ と $x = 0$ を代入すると $c = 6$，つまり $y = \dfrac{1}{3}x^6 - 4x^{3/4} + 6$ となる．

13.4　$x = 1$ のとき，$y = 21$ として，$y = \int (10x^4 - 3)\,dx$ を求めよ．

$$y = \int (10x^4 - 3)\,dx = 2x^5 - 3x + c$$

$y = 21$，$x = 1$ を代入すると，$21 = 2(1)^5 - 3(1) + c$ より $c = 22$ を得る．そこで $y = 2x^5 - 3x + 22$ を得る．

13.5　つぎの各々について演習問題 13.1 と同じことをせよ．

(a) $\int 2^{4x}\,dx$　　$\int 2^{4x}\,dx = \dfrac{2^{4x}}{4 \ln 2} + c$　　(規則 5)

(b) $\int 8^x\,dx$　　$\int 8^x\,dx = \dfrac{8^x}{\ln 8} + c$

(c) $\int e^{5x}\,dx$　　$\int e^{5x}\,dx = \dfrac{e^{5x}}{5} + c$　　(規則 6)

$$= \frac{1}{5}e^{5x} + c$$

(d) $\int 16e^{-4x}\,dx$　　$\int 16e^{-4x}\,dx = \dfrac{16e^{-4x}}{-4} + c = -4e^{-4x} + c$

(e) $\int (6e^{3x} - 8e^{-2x})\,dx$

$$\int (6e^{3x} - 8e^{-2x})\,dx = \frac{6e^{3x}}{3} - \frac{8e^{-2x}}{-2} + c = 2e^{3x} + 4e^{-2x} + c$$

置換積分

13.6　置換積分でつぎの積分を求めよ．また自身で解答を確かめよ．$\int 10x(x^2 + 3)^4$ とする．

$u = x^2 + 3$ とする．すると $du/dx = 2x$，$dx = du/2x$ である．もとの被積分関数に代入し，$u\,du/dx$ の形にすると，

$$\int 10x(x^2 + 3)^4\,dx = \int 10xu^4 \frac{du}{2x} = 5 \int u^4\,du$$

となる．ベキの規則から，

$$5 \int u^4\,du = 5\left(\frac{1}{5}u^5\right) = u^5 + c$$

を得る．$u = x^2 + 3$ を代入して，

$$\int 10x(x^2+3)^4\,dx = u^5 + c = (x^2+3)^5 + c$$

を得る．

13.7　$\int(6x-11)^{-5}dx$ として前問と同じことをせよ．

$u = 6x - 11$ とする．すると $du/dx = 6$ と $dx = du/6$ が得られ，代入すると，

$$\int(6x-11)^{-5}\,dx = \int u^{-5}\frac{du}{6} = \frac{1}{6}\int u^{-5}\,du$$

$$\frac{1}{6}\int u^{-5}\,du = \frac{1}{6}\left(\frac{1}{-4}u^{-4}\right) = -\frac{1}{24}u^{-4} + c \quad と$$

$$\int(6x-11)^{-5}\,dx = -\frac{1}{24}(6x-11)^{-4} + c$$

を得る．$du/dx = 6 \neq 1$ で，ベキの規則が直接使えないことに注意しよう．

13.8　$\int \frac{6x^2+4x+10}{(x^3+x^2+5x)^3}\,dx$ として演習問題 13.6 と同じことをせよ．

$u = x^3+x^2+5x$ とする．すると $du/dx = 3x^2+2x+5$, $dx = du/(3x^2+2x+5)$ を得る．それらを代入して，

$$\int(6x^2+4x+10)u^{-3}\frac{du}{3x^2+2x+5} = 2\int u^{-3}\,du$$

を得るが，さらに，

$$2\int u^{-3}\,du = -u^{-2} + c \quad と$$

$$\int \frac{6x^2+4x+10}{(x^3+x^2+5x)^3}\,dx = -\frac{1}{(x^3+x^2+5x)^2} + c$$

を得る．

13.9　$\int \frac{dx}{9x-5}$

$$\int \frac{dx}{9x-5} = \int(9x-5)^{-1}dx$$

として前問と同じことをせよ．

$u = 9x - 5$ とすると $du/dx = 9$，$dx = du/9$ が得られ，それらを代入すると，

$$\int u^{-1}\frac{du}{9} = \frac{1}{9}\int u^{-1}\,du$$

を得る．規則 4 より，$\frac{1}{9}\int u^{-1}\,du = \frac{1}{9}\ln\,|u| + c$ である．$u \gtrless 0$ で正のみが対数をとれるので絶対値をつける（規則 4 を見よ）．さらに代入すると，

$$\int \frac{dx}{9x-5} = \frac{1}{9}\ln\,|9x-5| + c$$

13.10　置換積分で $\int x^3 e^{x^4}\,dx$ を求め，解を確かめよ．

$u = x^4$ とすると $du/dx = 4x^3$ と $dx = du/4x^3$ を得る．それらを代入し，u は指数関数となることに注意すること．

$$\int x^3 e^u \frac{du}{4x^3} = \frac{1}{4}\int e^u\,du$$

を得る．規則 6 より，

$$\frac{1}{4}\int e^u\,du = \frac{1}{4}e^u + c \quad と$$

$$\int x^3 e^{x^4}\,dx = \frac{1}{4}e^{x^4} + c$$

を得る．

13.11　$\int 5xe^{5x^2+3}\,dx$ としたときに演習問題 13.10 と同じことをせよ．

$u = 5x^2 + 3$ とすると，$du/dx = 10x$ と $dx = du/10x$ を得る．それらを代入すると，

$$\int 5xe^u \frac{du}{10x} = \frac{1}{2}\int e^u\,du$$

を得る．積分して，

$$\frac{1}{2}\int e^u\,du = \frac{1}{2}e^u + c$$

を得るので，

$$\int 5xe^{5x^2+3}\,dx = \frac{1}{2}e^{5x^2+3} + c$$

を得る．

部分積分

13.12　つぎの積分を求めるため，部分積分を利用せよ．そして自分の解を確かめてみよ．$\int 15x(x+4)^{3/2}\,dx$ とする．

$f(x) = 15x$ とすると，$f'(x) = 15$ である．$g'(x) = (x+4)^{3/2}$ とすると，$g(x) = \int (x+4)^{3/2}\,dx = \dfrac{2}{5}(x+4)^{5/2}$ である．(13.1) に代入して，

$$\begin{aligned}\int 15x(x+4)^{3/2}\,dx &= f(x)\,g(x) - \int g(x)f'(x)\,dx \\ &= 15x\left[\frac{2}{5}(x+4)^{5/2}\right] - \int \frac{2}{5}(x+4)^{5/2}15\,dx \\ &= 6x(x+4)^{5/2} - 6\int (x+4)^{5/2}\,dx\end{aligned}$$

を得る．残りの部分は，

$$\int 15x(x+4)^{3/2}\,dx = 6x(x+4)^{5/2} - \frac{12}{7}(x+4)^{7/2} + c$$

である．

13.13　$\displaystyle\int \frac{5x}{(x-1)^2}\,dx$ として演習問題 13.12 と同じことをせよ．

$f(x) = 5x$ とすると $f'(x) = 5$，$g'(x) = (x-1)^{-2}$ である．そして，$g(x) = \int (x-1)^{-2}\,dx = -(x\quad 1)^{-1}$ を得る．(13.1) に代入して，

$$\begin{aligned}\int \frac{5x}{(x-1)^2}\,dx &= 5x[-(x-1)^{-1}] - \int -(x-1)^{-1}5\,dx \\ &= -5x(x-1)^{-1} + 5\int (x-1)^{-1}\,dx\end{aligned}$$

再び積分して，

$$\int \frac{5x}{(x-1)^2}\,dx = -5x(x-1)^{-1} + 5\ln\,|x-1| + c$$

を得る．

13.14　$\int 16xe^{-(x+9)}dx$ を求めるため部分積分を利用せよ．

$f(x) = 16x$ とすると，$f'(x) = 16$，$g'(x) = e^{-(x+9)}$，$g(x) = \int e^{-(x+9)}$ となる．(13.1) より，

$$\int 16xe^{-(x+9)}\,dx = -16xe^{-(x+9)} - \int -e^{-(x+9)}16\,dx = -16xe^{-(x+9)} + 16\int e^{-(x+9)}\,dx$$

となる．もう一度積分し，

$$\int 16xe^{-(x+9)}\,dx = -16xe^{-(x+9)} - 16e^{-(x+9)} + c$$

を得る．

経済学への応用

13.15　純投資は $I = 60t^{1/3}$ で，$t = 1$ のときの資本ストックは 85 である．そのときの K を求めよ．

まず，$K = \int 60t^{1/3}\,dt = 45t^{4/3} + c$ となる．$t = 1$ で $K = 85$ だから，$85 = 45(1) + c$，$c = 40$ となる．かくして，$K = 45t^{4/3} + 40$ となる．

13.16　限界費用は，$\mathrm{MC} = d\,\mathrm{TC}/dQ = 25 + 30Q - 9Q^2$ とする．固定費用は 55 である．そのとき，(a) 総費用関数と (b) 平均費用関数と (c) 可変費用関数を求めよ．

(a) まず，

$$\mathrm{TC} = \int \mathrm{MC}\,dQ = \int (25 + 30Q - 9Q^2)\,dQ = 25Q + 15Q^2 - 3Q\ 3 + c$$

かくて，$Q = 0$ で $\mathrm{FC} = 55$，$\mathrm{TC} = \mathrm{FC} = 55$ となる．かくて，$c = \mathrm{FC} = 55$ と $\mathrm{TC} = 25Q + 15Q^2 - 3Q^3 + 55$ を得る．

(b)
$$\mathrm{AC} = \frac{\mathrm{TC}}{Q} = 25 + 15Q - 3Q^2 + \frac{55}{Q}$$

(c)
$$\mathrm{VC} = \mathrm{TC} - \mathrm{FC} = 25Q + 15Q^2 - 3Q^3$$

13.17　限界収入は $\mathrm{MR} = d\,\mathrm{TR}/dQ = 60 - 2Q - 2Q^2$ で与えられる．そのとき (a) TR（総収入）関数，(b) 需要関数 $P = f(Q)$ を求めよ．

(a)　$\text{TR} = \int \text{MR}\, dQ = \int (60 - 2Q - 2Q^2)\, dQ = 60Q - Q^2 - \frac{2}{3}Q^3 + c$

かくて $Q = 0$ のとき $\text{TR} = 0$，したがって $c = 0$.

かくて，$\text{TR} = 60Q - Q^2 - \frac{2}{3}Q^3$ となる.

(b) $\text{TR} = PQ$，したがって，$P = \text{TR}/Q$ で需要関数と平均収入関数は同じとなる．つまり，$P = \text{AR} = \text{TR}/Q = 60 - Q - \frac{2}{3}Q^2$

13.18　$C = f(Y)$ として，限界消費性向は $\text{MPC} = dC/dY = f'(Y)$ で与えられる．$\text{MPC} = 0.8$ で所得が 0 のとき，消費が 40 の場合の，消費関数を求めよ.

$$C = \int f'(Y)\, dY = \int 0.8\, dY = 0.8Y + c$$

$Y = 0$ のとき，$C = 40$ となるので，$c = 40$，$C = 0.8Y + 40$ となる.

13.19　限界貯蓄性向は，$dS/dY = 0.5 - 0.2Y^{-1/2}$ で与えられる．所得が 25 のとき，3.5 の負の貯蓄つまり，$Y = 25$ の とき $S = -3.5$ である．そのときの貯蓄関数を求めよ.

$$S = \int (0.5 - 0.2Y^{-1/2})\, dY = 0.5Y - 0.4Y^{1/2} + c$$

$Y = 25$ で $S = -3.5$ となる．$-3.5 = 0.5(25) - 0.4(\sqrt{25}) + c$ より，$c = -14$ を得る．したがって，$S = 0.5Y - 0.4Y^{1/2} - 14$ を得る.

13.20　$\text{MC} = d\,\text{TC}/dQ = 12e^{0.5Q}$ と $\text{FC} = 36$ とする．そのとき総費用関数を求めよ.

$$\text{TC} = \int 12e^{0.5Q}\, dQ = 12\frac{1}{0.5}e^{0.5Q} + c = 24e^{0.5Q} + c$$

$Q = 0$ で $\text{FC} = 36$ より $\text{TC} = 36$ を得る．それを代入すると，$36 = 24e^{0.5(0)} + c$ となる．$e^0 = 1$ より $36 = 24 + c$ で $c = 12$ を得る．したがって $\text{TC} = 24e^{0.5Q} + 12$ となる．c は必ずしも FC と同じではない.

第 14 章　積分法：定積分

14.1　曲線の下の面積

図 14-1(a) において，$x = a$ から $x = b$ の区間の $y = f(x)$ のような不規則な曲線の下の面積を求める幾何学的公式はない．区間 $[a, b]$ を n 個の部分区間 $[x_1, x_2]$，$[x_2, x_3], \cdots\cdots$，と分割すると，図 14-1(b) のように，その部分区間の長方形の高さが，この関数の最小値と等しくできる．この長方形の面積の合計 $\sum_{i=1}^{n} f(x_i)\Delta x_i$ は曲線の下の面積に接近するが，それは過小評価となっている．部分区間が小さくなればなるほど（Δx_i が小さくなればなるほど），長方形は多くなり，これら長方形の合計 $\sum_{i=1}^{n} f(x_i)\Delta x_i$ は，さらに曲線の真の下方面積に接近していく．部分区間の数 $n \to \infty$ ように増加していけば，それぞれの部分区間は無限に小さくなっていき（$\Delta x_i = dx_i = dx$），曲線の面積 A は数学的につぎのように表わせる．

$$A = \lim_{n\to\infty} \sum_{i=1}^{n} f(x_i)\Delta x_i = \int_a^b f(x)\,dx$$

ここで $\sum$ という記号は有限個の項の和を意味するので，$\sum$ を $\int$ という積分の記号におき換える．

14.2　定積分

ある連続関数 $f(x)$ の a から b（$a < b$）までの区間の定積分は，数学的に $\int_a^b f(x)\,dx$ と表わされ，これは“$x\,dx$ に関する f の a から b までの積分”を意味する．a を積分の**下限**，b を積分の**上限**と名づける．ここで上，下限とは与えられた区間の両端の値のことである．特定の値をもたない，ゆえに明確な数値をもたない変数の関数である不定積分とは異なり，x が a から b に及ぶ $f(x)$ の**定積分**には，積分の基本定理によって不定積分から計算され，1

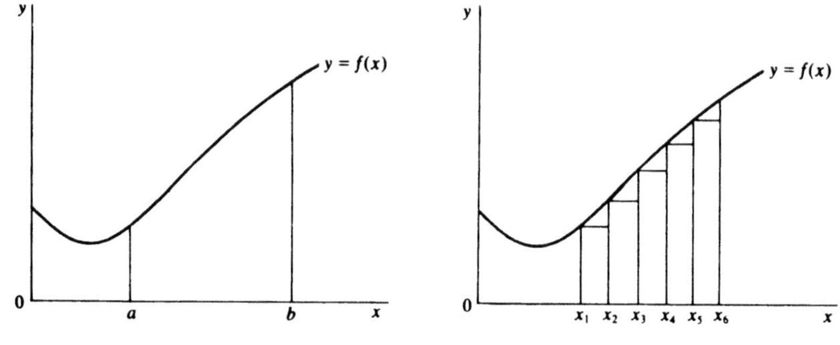

(a) (b)

図 14-1

つの数値が得られる．14.3 節を見よ

14.3　積分の基本定理

積分の基本定理はつぎのようになる．連続関数 $f(x)$ の a から b までの区間の定積分の数値は，積分の上限 b を不定積分 $F(x)+c$ に代入し，下限 a を同じように代入して得られる値を引くことによって，積分が得られるから，積分の定数 c は共通項であり，これは引き算の過程で消去される．これを数学的に表わすとつぎのようになる．

$$\int_a^b f(x)\,dx = F(x)\Big|_a^b = F(b) - F(a)$$

上において，記号 $\Big|_a^b$，$\Big]_a^b$，または $\Big[\cdots\Big]_a^b$ は，a と b が順次 x に代入されることを示す．

例題 1　つぎのような定積分

$$(1)\quad \int_1^4 10x\,dx \qquad\qquad (2)\quad \int_1^3 (4x^3+6x)\,dx$$

は以下のような値になる．

(1) $$\int_1^4 10x\,dx = 5x^2\Big|_1^4 = 5(4)^2 - 5(1)^2 = 75$$

(2) $$\int_1^3 (4x^3+6x)\,dx = \Big[x^4+3x^2\Big]_1^3 = \Big[(3)^4+3(3)^2\Big] - \Big[(1)^4+3(1)^2\Big]$$

$$= 108 - 4 = 104$$

例題 2　図 14-2 において，0 から 20 の区間の曲線の下の面積を求めるために，定積分はつぎのように使われる．

$$A = \int_0^{20} \frac{1}{2} x \, dx = \frac{1}{4} x^2 \Big|_0^{20}$$

$$= \frac{1}{4}(20)^2 - \frac{1}{4}(0)^2 = 100$$

この答えは，$A = \dfrac{1}{2} xy$ の幾何公式を使うことによって確かめられる．

$$A = \frac{1}{2} xy = \frac{1}{2}(20)(10) = 100 \qquad \text{比較せよ．}$$

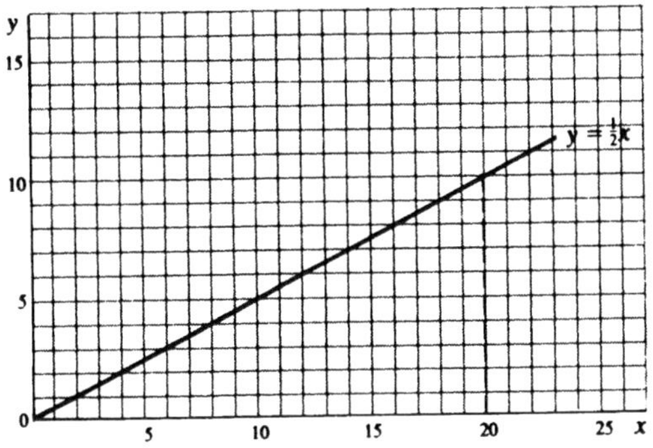

図 14-2

14.4　定積分のいくつかの性質

1. 区間の両端の順序が逆になると，定積分の符号は変わる．

$$\int_a^b f(x) \, dx = -\int_b^a f(x) \, dx \tag{14.1}$$

2. 積分の上限と下限が等しいとき，定積分の値は 0 となる．

$$\int_a^a f(x) \, dx = F(a) - F(a) = 0 \tag{14.2}$$

3. 定積分は区間を分けてそれぞれの積分の和として表わすことができる．

$$\int_a^c f(x)\,dx = \int_a^b f(x)\,dx + \int_b^c f(x)\,dx \qquad a \leqq b \leqq c \tag{14.3}$$

例題 3　上で示した諸性質を例で説明するために，以下の定積分を検討する．

1. $\int_1^3 2x^3\,dx = -\int_3^1 2x^3\,dx$ のそれぞれを別々に計算すると，

$$\int_1^3 2x^3\,dx = \frac{1}{2}x^4 \Big|_1^3 = \frac{1}{2}(3)^4 - \frac{1}{2}(1)^4 = 40$$

$$\int_3^1 2x^3\,dx = \frac{1}{2}x^4 \Big|_3^1 = \frac{1}{2}(1)^4 - \frac{1}{2}(3)^4 = -40$$

となる．

2. $\int_5^5 (2x+3)\,dx = 0$ より，

$$\int_5^5 (2x+3)\,dx = \left[x^2+3x\right]_5^5 = \left[(5)^2+3(5)\right] - \left[(5)^2+3(5)\right] = 0$$

となる．

3. $\int_0^4 6x\,dx = \int_0^3 6x\,dx + \int_3^4 6x\,dx$ のそれぞれを計算すると，

$$\int_0^4 6x\,dx = 3x^2 \Big|_0^4 = 3(4)^2 - 3(0)^2 = 48$$

$$\int_0^3 6x\,dx = 3x^2 \Big|_0^3 = 3(3)^2 - 3(0)^2 = 27$$

$$\int_3^4 6x\,dx = 3x^2 \Big|_3^4 = 3(4)^2 - 3(3)^2 = 21$$

を得る．よって，

$$48 = 27 + 21$$

14.5　変格積分

積分の上限または下限のどちらかが無限である定積分は**変格積分**とよばれる．たとえば，

$$\int_a^{\infty} f(x)\,dx \quad \text{および} \quad \int_{-\infty}^{b} f(x)\,dx$$

は変格積分である．なぜなら，∞ は有限の数ではないので，$F(x)$ の x に代入できないからである．しかし，これらは，下に示されるように，他の積分の極限値として定義される．つまり，

$$\int_a^{\infty} f(x)\,dx = \lim_{b\to\infty}\int_a^{b} f(x)\,dx \quad \text{および} \quad \int_{-\infty}^{b} f(x)\,dx = \lim_{a\to\infty}\int_a^{b} f(x)\,dx$$

である．どちらの場合でも極限値が存在するとき，その変格積分は**収束する**といわれ，一定の値をもつ．極限値が存在しないときは，変格積分は**発散する**といわれ，このときは積分の意味がない．

例題 4　以下に与えられた変格積分

$$(1)\ \int_1^{\infty} 3x^{-2}\,dx \qquad (2)\ \int_1^{\infty} \frac{5}{x}\,dx$$

はつぎのようになる．

(1)
$$\int_1^{\infty} 3x^{-2}\,dx = \lim_{b\to\infty}\int_1^{b} 3x^{-2}\,dx = \lim_{b\to\infty}\left[\frac{-3}{x}\right]_1^b = \lim_{b\to\infty}\left[\frac{-3}{b} - \frac{(-3)}{1}\right]$$
$$= \lim_{b\to\infty}\left[\frac{-3}{b} + 3\right] = 3$$

$b \to \infty$ だから $-3/b \to 0$ となる．ゆえに，この変格積分は収束し，3 となる．簡単化のため，極限の記号は省略されることもある．

(2)
$$\int_1^{\infty} \frac{5}{x}\,dx = \lim_{b\to\infty}\int_1^{b} \frac{5}{x}\,dx = \Big[5\ln|x|\Big]_1^b = 5\ln|b| - 5\ln|1| = 5\ln|b|$$

ここで，$\ln|1| = 0$ である．$b \to \infty$ なら $5\ln|b| \to \infty$ となる．よってこの変格積分は発散し，一定値をもたない．

例題 5　積分の区間の両端が有限であっても，被積分関数が積分の区間内で無限になるならば，この積分はやはり変格となりうる．このような積分

は，やはり極限の概念を必要とする．たとえば積分 $\int_0^{27} x^{-2/3}dx$ は変格である．なぜなら，x は右方から 0 に近づくので（$x \to 0^+$），$x^{-2/3} \to \infty$ となる．つまり，

$$\int_0^{27} x^{-2/3}dx = \lim_{a\to 0}\int_a^{27} x^{-2/3}dx = 3x^{1/3}\Big]_a^{27} = 3\sqrt[3]{27} - 3\sqrt[3]{a} = 9 - 3\sqrt[3]{a}$$

$a \to 0^+$ のとき，積分は 9 に収束する．演習問題 14.14 も見よ．

14.6　キャッシュ・フローの現在価値

将来受けとられるべき資産合計の現在価値は，利子が複利計算されるとき，$P = Se^{-rt}$ によって与えられる．それゆえ，**将来収益の流れ**の現在価値（n 年間，毎年受けとられるべき資産）は，積分によって与えられる．つまり，

$$\begin{aligned} P_n &= \int_0^n Se^{-rt}dt = S\int_0^n e^{-rt}dt = S\left[-\frac{1}{r}e^{-rt}\right]_0^n = -\frac{S}{r}\left[e^{-rt}\right]_0^n \\ &= -\frac{S}{r}(e^{-rn} - e^{-r(0)}) = -\frac{S}{r}(e^{-rn} - 1) \\ &= \frac{S}{r}(1 - e^{-rn}) \end{aligned} \tag{14.4}$$

例題 6　3 年間，毎年，支払われる 1000 ドルの現在価値は，利子率が連続的的に 5% で複利計算されるとき，(14.4) を使って，以下のように計算される．つまり，

$$P_n = \frac{1000}{0.05}\left[1 - e^{-(0.05)(3)}\right] = 20,000\left(1 - e^{-0.15}\right) = 20,000(1-0.8607) = 2786 \text{ ドル}$$

14.7　消費者余剰と生産者余剰

図 14-3(a) のように，需要関数 $P_1 = f_1(Q)$ は，消費者が，1 つの財に対して喜んで支払う価格と需要量を表わす．この市場において，均衡点が $(Q_0,\ P_0)$ で決まるならば，消費者は P_0 より多く支払っても利益を得るだろう．消費者の総利益は灰色の面積によって表わされ，**消費者余剰**とよばれる．数学的には，

$$\text{消費者余剰} = \int_0^{Q_0} f_1(Q)\,dQ - Q_0P_0 \tag{14.5}$$

図 14-3(b) のように，供給関数 $P_2 = f_2(Q)$ は 1 つの財の供給量と価格を表わす．市場均衡が (Q_0, P_0) で達成されるならば，生産者は P_0 よりも低い価格で供給しても，利益を得るだろう．生産者の総利益は**生産者余剰**とよばれ，灰色の面積によって示される．数学的には，

$$\text{生産者余剰} = Q_0P_0 - \int_0^{Q_0} f_2(Q)\,dQ \tag{14.6}$$

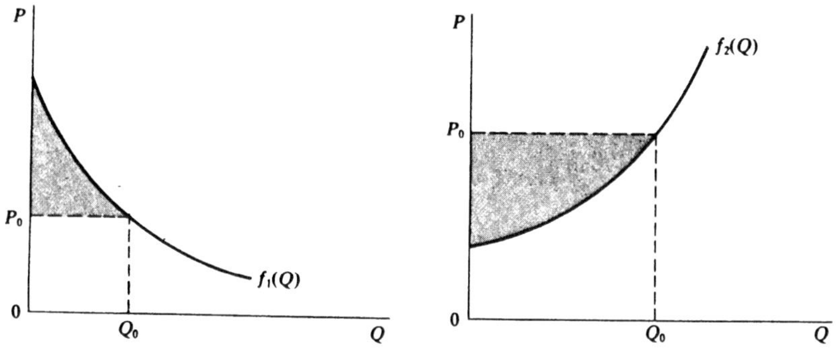

(a)　　(b)

図 14-3

例題 7　需要関数が $P = 42 - 5Q - Q^2$ と与えられるとき，均衡価格を 6 とすると，生産者余剰はつぎのようになる．

$P_0 = 6$ のとき　　$42 - 5Q - Q^2 = 6$ より

$$36 - 5Q - Q^2 = 0 \text{ となる．したがって，}$$

$$(Q + 9)(-Q + 4) = 0$$

$Q = -9$ は適当でないので，$Q_0 = 4$ となる．これを (14.5) に代入すると，

$$\text{消費者余剰} = \int_0^4 (42 - 5Q - Q^2)\,dQ - (4)(6)$$

$$= \left[42Q - 2.5Q^2 - \frac{1}{3}Q^3\right]_0^4 - 24$$

$$= \left(168 - 40 - 21\frac{1}{3}\right) - (0) - 24 = 82\frac{2}{3}$$

を得る．

14.8　定積分と確率

1 つの事象が起こるであろう確率 P は，確率密度関数に対応する面積によって測定することができる．**確率密度関数**あるいは**確率度数関数**は，つぎのような連続関数 $f(x)$ である．つまり，

1. $f(x)^d x \geqslant 1$　言い換えれば，確率は負ではありえない．
2. $\int_{-\infty}^{\infty} f(x)\,dx = 1$　言い換えれば，x の全範囲にわたって事象が起こる確率は 1 である．
3. $P(a < x < b) = \int_{a}^{b} f(x)\,dx$　言い換えれば，x の値が $[a,\ b]$ の区間内に入る確率は，a から b までの定積分の値である．

例題 8　ある時間（単位は分）内に，車が高速道路を通る回数は，度数関数 $f(t) = 2e^{-2t}\ (t \geqslant 0)$ によって与えられる．0.25 分間に車の通る確率はつぎのように計算される．

$$P = \int_{0}^{0.25} 2e^{-2t} = -e^{-2t}\Big|_{0}^{0.25} = \left(-e^{-0.5}\right) - (-e^{0}) = -0.606531 + 1$$
$$= 0.393469$$

演習問題

定積分

14.1　以下のそれぞれの定積分を検討せよ．

(a) $\displaystyle\int_{0}^{6} 5x\,dx$ より

$$\int_{0}^{6} 5x\,dx = 2.5x^2\Big|_{0}^{6} = 2.5(6)^2 - 2.5(0)^2 = 90$$

(b) $\displaystyle\int_1^{64} x^{-2/3}dx$ より

$$\int_1^{64} x^{-2/3}dx = 3x^{1/3}\Big|_1^{64} = 3\sqrt[3]{64} - 3\sqrt[3]{1} = 9$$

(c) $\displaystyle\int_1^{3} (x^3 + x + 6)\,dx$ より

$$\int_1^{3} (x^3 + x + 6)\,dx = \frac{1}{4}x^4 + \frac{1}{2}x^2 + 6x\Big|_1^3$$

$$= \left[\frac{1}{4}(3)^4 + \frac{1}{2}(3)^2 + 6(3)\right] - \left[\frac{1}{4}(1)^4 + \frac{1}{2}(1)^2 + 6(1)\right] = 36$$

(d) $\displaystyle\int_0^{3} 4e^{2x}dx$ より

$$\int_0^{3} 4e^{2x}dx = 2e^{2x}\Big|_0^3 = 2[e^{2(3)} - e^{2(0)}] = 2(403.4 - 1) = 804.8 \quad \text{（付録より）}$$

置換積分法

14.2　つぎの定積分を求めるために置換積分法を用いる．

$$\int_0^{3} 8x(2x^2 + 3)\,dx$$

$u = 2x^2 + 3$ とおけば，$du/dx = 4x$ より $dx = du/4x$．当座は，積分の区間の両端は無視して，この積分を不定積分のように扱う．最初の被積分関数に代入すると，

$$\int 8x(2x^2 + 3)\,dx = \int 8x\,u\frac{du}{4x} = 2\int u\,du$$

となる．u に関して積分すると，

$$2\int u\,du = 2\left(\frac{u^2}{2}\right) + c = u^2 + c \tag{14.7}$$

最後に，$u = 2x^2 + 3$ を (14.7) に代入し，また c が積分の過程で消えてしまうから，定積分は x で表わすことができる．そして，最初にあった区間の両端を組み入れると，

$$\int_0^{3} 8x(2x^2 + 3)\,dx = (2x^2 + 3^2\Big|_0^3 = \left[2(3)^2 + 3\right]^2 - \left[2(0)^2 + 3\right]^2$$

$$= 441 - 9 = 432$$

となる．

最初の代入で，$u \neq x$ ではなく $2x^2+3$ であったので，x による積分区間の両端は u による積分区間の両端とは異なる．区間の両端は，望むのなら，u によっても示すことができる．われわれは，$u = 2x^2+3$ とおき，x の範囲を 0 から 3 とおいたので，u での区間の両端は $u = 2(3)^2 + 3 = 21$ と $u = 2(0)^2 + 3 = 3$ である．これらの区間の両端を (14.7) のように u の積分に代入すると，つぎのようになる．

$$2\int_3^{21} u\,du = u^2\Big|_3^{21} = 441 - 9 = 432 \qquad \text{（確かめよ．）}$$

14.3　つぎのような式が与えられたとき，演習問題 14.2 と同じことをせよ．

$$\int_0^2 \frac{3x^2}{(x^3+1)^2}\,dx$$

$u = x^3 + 1$ とおくと $du/dx = x^3$，$dx = du/3x^2$ となる．代入すると，

$$\int \frac{3x^2}{(x^3+1)^2}\,dx = \int 3x^2u^{-2}\frac{du}{3x^2} = \int u^{-2}du$$

となる．u で積分し，定数は無視すると、

$$\int u^{-2}du = -u^{-1}$$

を得る．最初の区間の両端とともに $u = x^3 + 1$ を代入すると，

$$\int_0^2 \frac{3x^2}{(x^3+1)^2}\,dx = -(x^3+1)^{-1}\Big|_0^2 = \left(\frac{-1}{2^3+1}\right) - \left(\frac{-1}{0^3+1}\right) = -\frac{1}{9} + 1 = \frac{8}{9}$$

となる．$u = x^3 + 1$ と，x の区間の両端が 0 から 2 であるので，u の区間の両端は $u = (0)^3 + 1 = 1$，$u = (2)^3 + 1 = 9$ である．したがって，つぎのようになる．

$$\int_1^9 u^{-2}du = -u^{-1}\Big|_1^9 = \left(-\frac{1}{9}\right) - \left(-\frac{1}{1}\right) = \frac{8}{9}$$

となる．（確かめよ．）

14.4　置換積分法を使い，つぎの定積分を求めよ．

$$\int_0^3 \frac{6x}{x^2+1}\,dx$$

$2x^2 + 1$ とおくと，$du/dx = 2x$，$dx = du/2x$．それらを代入すると，

$$\int \frac{6x}{x^2+1}\,dx = \int 6x\,u^{-1}\frac{du}{2x} = 3\int u^{-1}du$$

となる．u で積分すると，

$$3\int u^{-1}du = 3\ln u$$

となる．$u = x^2 + 1$ を代入すると，

$$\begin{aligned}\int_0^3 \frac{6x}{x^2+1}\,dx &= 3\ln|x^2+1|\Big|_0^3\\ &= 3\ln|3^2+1| - 3\ln|0^2+1| = 3\ln 10 - 3\ln 1\\ &= 3\ln 10 = 6.9078\end{aligned}$$

ただし，$\ln 1 = 0$ である．他方，u の区間の両端は，$u = (0)^2 + 1 = 1$，$u = (3)^2 + 1 = 10$ となる．u で積分すると，

$$3\int_0^{10} u^{-1}du = 3\ln u\Big|_1^{10} = 3\ln 10 - 3\ln 1 = 3\ln 10 = 6.9078$$

を得る．

14.5　$\int_0^1 3x^2e^{2x^3+1}dx$ が与えられたとき，演習問題 14.4 と同じことをせよ．

$u = 2x^3 + 1$ とおくと $du/dx = 6x^2$ および $dx = du/6x^2$ となる．代入すると，

$$\int 3x^2e^{2x^3+1}dx = \int 3x^2e^u\frac{du}{6x^2} = \frac{1}{2}\int e^u\,du$$

u で積分すると，

$$\frac{1}{2}\int e^u\,du = \frac{1}{2}e^u$$

$u = 2x^3 + 1$ を代入すると，

$$\int_0^1 3x^2e^{2x^3+1}dx = \frac{1}{2}e^{2x^3+1}\Big|_0^1 = \frac{1}{2}(e^3 - e^1)$$

$$= \frac{1}{2}(20.09 - 2.718) = 8.68 \qquad \text{（付録より）}$$

他方，$u = 2x^3 + 1$ だから，u の区間の両端は $u = 2(0)^3 + 1 = 1$ と，$u = 2(1)^3 + 1 = 3$ となる．したがって，

$$\frac{1}{2}\int_1^3 e^u\, du = \frac{1}{2}e^u\Big|_1^3 = \frac{1}{2}(e^3 - e^1) = 8.68$$

となる．

部分積分

14.6　部分積分を使って，つぎの定積分を求める．

$$\int_2^5 \frac{3x}{(x+1)^2}\, dx$$

$f(x) = 3x$ とおくと，$f'(x) = 3$ となる．$g'(x) = (x+1)^{-2}$ とおくと，$g(x) = \int (x+1)^{-2}dx = -(x+1)^{-1}$ となる．それぞれを (13.1) に代入すると，

$$\int \frac{3x}{(x+1)^2}\, dx = 3x[-(x+1)^{-1}] - \int -(x+1)^{-1}3\, dx$$
$$= -3x(x+1)^{-1} + 3\int (x+1)^{-1}dx$$

再び積分し，定数を無視すると，

$$\int \frac{3x}{(x+1)^2}\, dx = -3x(x+1)^{-1} + 3\ln\,|x+1|$$

区間の両端を加えると，

$$\int_2^5 \frac{3x}{(x+1)^2}\, dx = \Big[-3x(x+1)^{-1} + 3\ln\,|x+1|\Big]_2^5$$
$$= \left[-\frac{3(5)}{5+1} + 3\ln\,|5+1|\right] - \left[-\frac{3(2)}{2+1} + 3\ln\,|2+1|\right]$$
$$= -\frac{5}{2} + 3\ln\,6 + 2 - 3\ln\,3$$
$$= 3(\ln\,6 - \ln\,3) - \frac{1}{2} = 3(1.7918 - 1.0986) - 0.5 = 1.5796$$

となる．

14.7　$\int_1^2 5xe^{x+2}dx$ が与えられたとき，演習問題 14.6 と同様の計算をせよ．

$f(x) = 5x$ とおくと，$f'(x) = 5, g'(x) = e^{x+2}$ となり，$g(x) = \int e^{x+2}dx = e^{x+2}$ となる．(13.1) を適用すると，

$$\int 5xe^{x+2}dx = 5xe^{x+2} - \int e^{x+2}5\ dx = 5xe^{x+2} - 5\int e^{x+2}dx$$

積分すると，

$$\int 5xe^{x+2}dx = 5xe^{x+2} - 5e^{x+2}$$

となる．区間の両端を加えると，

$$\int_1^3 5xe^{x+2}dx = \Big[5xe^{x+2} - 5e^{x+2}\Big]_1^3 = (15e^5 - 5e^5) - (5e^3 - 5e^3)$$
$$= 10e^5 = 10(148.4) = 1484$$

定積分の性質

14.8　つぎの式を示せ．

$$\int_{-4}^4 (8x^3 + 9x^2)\ dx = \int_{-4}^0 (8x^3 + 9x^2)\ dx + \int_0^4 (8x^3 + 9x^2)\ dx$$

両辺別々に計算すると，

$$\int_{-4}^4 (8x^3 + 9x^2)\ dx = 2x^4 + 3x^3\Big|_{-4}^4 = 704 - 320 = 384$$
$$\int_{-4}^0 (8x^3 + 9x^2)\ dx = 2x^4 + 3x^3\Big|_{-4}^0 = 0 - 320 = -320$$
$$\int_0^4 (8x^3 + 9x^2)\ dx = 2x^4 + 3x^3\Big|_0^4 = 704 - 0 = 704$$
$$-320 + 704 = 384$$

よって，正しいことがわかる．

14.9　つぎを示せ．

$$\int_0^3 \frac{6x}{x^2+1}\ dx = \int_0^1 \frac{6x}{x^2+1}\ dx + \int_1^2 \frac{6x}{x^2+1}\ dx = \int_2^3 \frac{6x}{x^2+1}\ dx$$

演習問題 14.4 から，

$$\int_0^3 \frac{6x}{x^2+1}\,dx = 3\ln|x^2+1|\Big|_0^3 = 3\ln 10$$

左辺の各項を別々に計算すると，

$$\int_0^1 \frac{6x}{x^2+1}\,dx = 3\ln|x^2+1|\Big|_1^0 = 3\ln 2 - 0 = 3\ln 2$$

$$\int_1^2 \frac{6x}{x^2+1}\,dx = 3\ln|x^2+1|\Big|_1^2 = 3\ln 5 - 3\ln 2$$

$$\int_2^3 \frac{6x}{x^2+1}\,dx = 3\ln|x^2+1|\Big|_2^3 = 3\ln 10 - 3\ln 5$$

となる．よって，

$$3\ln 2 + 3\ln 5 - 3\ln 2 + 3\ln 10 - 3\ln 5 = 3\ln 10$$

14.10　つぎを示せ．

$$\int_1^3 5xe^{x+2}dx = \int_1^2 5xe^{x+2}dx + \int_2^3 5xe^{x+2}dx$$

演習問題 14.7 から，各項を別々に計算すると，

$$\int_1^3 5xe^{x+2}dx = \left[5xe^{x+2} - 5e^{x+2}\right]_1^3 = 10e^5$$

$$\int_1^2 5xe^{x+2}dx = \left[5xe^{x+2} - 5e^{x+2}\right]_1^2 = (10e^4 - 5e^4) - (5e^3 - 5e^3) = 5e^4$$

$$\int_2^3 5xe^{x+2}dx = \left[5xe^{x+2} - 5e^{x+2}\right]_2^3 = (15e^5 - 5e^5) - (10e^4 - 5e^4) = 10e^5 - 5e^4$$

$$5e^4 + 10e^5 - 5e^4 = 10e^5$$

よって，上の式が確かめられた．

変格積分と収束

14.11　(a) つぎに与えられる積分が変格である理由を示せ．また，(b) 収束するかどうか確かめよ．可能なときには値を求めよ．

$$\int_1^\infty \frac{2x}{(x^2+1)^2}\,dx$$

(a) これは変格積分の 1 つの例である．なぜなら，積分の上限が無限であるからである．

(b)
$$\int_1^\infty \frac{2x}{(x^2+1)^2}\,dx = \lim_{b\to\infty}\int_1^b \frac{2x}{(x^2+1)^2}\,dx$$

$u = x^2 + 1$ とおくと，$du/dx = 2x$ および $dx = du/2$ である．これらを代入すると，

$$\int \frac{2x}{(x^2+1)^2}\,dx = \int 2xu^{-2}\frac{du}{2x} = \int u^{-2}du$$

u で積分し，定数は無視すると，

$$\int u^{-2}du = -u^{-1}$$

$u = x^2 + 1$ を代入し，x の区間の両端を入れると，

$$\int_1^\infty \frac{2x}{(x^2+1)^2}\,dx = \lim_{b\to\infty}\int_1^b \frac{2x}{(x^2+1)^2}\,dx = -(x^2+1)^{-1}\Big|_1^b$$
$$= \frac{-1}{b^2+1} + \frac{1}{(1)^2+1} = \frac{1}{2} - \frac{1}{b^2+1}$$

$b \to \infty$ のとき，$1/(b^2+1) \to 0$．この積分は収束し，値は $\frac{1}{2}$ となる．

14.12　つぎの式が与えられたとき，演習問題 14.11 と同じ問いに答えよ．

$$\int_1^\infty \frac{dx}{x+7}$$

(a) これは変格積分である．なぜなら，区間の両端のうちの 1 つが無限である．

(b)
$$\int_1^\infty \frac{dx}{x+7} = \lim_{b\to\infty}\int_1^b \frac{dx}{x+7} = \ln|x+7|\Big|_1^b$$
$$= \ln|b+7| - \ln|1+7|$$

$b \to \infty$ のとき，$\ln|b+7| \to \infty$ となる．この積分は発散し，意味がなくなる．

14.13　$\int_{-\infty}^{0} 2xe^x\,dx$ が与えられたとき，演習問題 14.11 と同じ問いに答えよ．

(a) 下限が無限である．

(b)
$$\int_{-\infty}^{0} 2xe^x\,dx = \lim_{a\to-\infty}\int_{a}^{0} 2xe^x\,dx$$

部分積分を使い，$f(x) = 2x$ とおくと，$f'(x) = 2$，$g'(x) = e^x$ とし，$g(x) = \int e^x\,dx = e^x$ となる．(13.1) に代入すると，

$$\int 2xe^x\,dx = 2xe^x - \int e^x 2\,dx$$

となる．もう一度，積分すると，

$$\int 2xe^x dx = 2xe^x - 2e^x$$

である．積分区間の両端を組み入れると，

$$\begin{aligned}\int_{-\infty}^{0} 2xe^x\,dx = \lim_{a\to-\infty}\int_{a}^{0} 2xe^x\,dx &= 2xe^x - 2e^x\Big|_a^0\\ &= [2(0)e^0 - 2e^0] - [2ae^a - 2e^a]\\ &= -2 - 2ae^a + 2e^a \qquad \text{なぜなら,}\quad e^0 = 1\end{aligned}$$

$a \to -\infty$ とき，$e^a \to 0$ となる．それゆえ，この積分は収束し，値は -2 となる．

14.14　下の式が与えられたとき，演習問題 14.11 と同じ問いに答えよ．

$$\int_0^6 \frac{dx}{x-6}$$

(a) これも変格積分である．なぜなら，x が左方から 6 に近づくとき（$x \to 6^-$），この被積分関数は $-\infty$ に近づくからである．

(b)
$$\int_0^6 \frac{dx}{x-6} = \lim_{b\to6}\int_0^b \frac{dx}{x-6} = \ln|x-6|\Big|_0^b$$

$$= \ln |b - 6| - \ln |0 - 6|$$

$b \to 6^-$ のとき，$|b - 6| \to 0$，そして $\ln 0$ は定まらない．ゆえに，この積分は発散し，意味がなくなる．

消費者余剰と生産者者余剰

14.15　需要関数 $P = 45 - 0.5Q$ が与えられ，$P_0 = 32.5$，$Q_0 = 25$ のとき，消費者余剰を求めよ．

(14.4) を用いて，

$$\text{CS} = \int_0^{25} (45 - 0.5Q)\, dQ - (32.5)(25) = \left[45Q - 0.25Q^2\right]_0^{25} - 812.5$$
$$= \left[45(25) - 0.25(25)^2\right] - [0] - 812.5 = 156.25$$

を得る．

14.16　供給関数 $P = (Q + 3)^2$ が与えられ，$P_0 = 81$，$Q_0 = 6$ のとき，生産者余剰 PS を求めよ．

(14.6) から，

$$\text{PS} = (81)(6) - \int_0^6 (Q + 3)^2 dQ = 486 - \left[\frac{1}{3}(Q + 3)^3\right]_0^6$$
$$= 486 - \left[\frac{1}{3}(6 + 3)^3 - \frac{1}{3}(0 + 3)^3\right] = 252$$

となる．

14.17　需要関数 $P_d = 25 - Q^2$ と供給関数 $P_s = 2Q + 1$ が与えられる．完全競争を仮定したとき，(a) 消費者余剰と (b) 生産者余剰を計算せよ．

市場均衡は $s = d$ だから，

$$2Q + 1 = 25 - Q^2 \qquad Q^2 + 2Q - 24 = 0$$
$$(Q + 6)(Q - 4) = 0 \qquad Q_0 = 4 \qquad P_0 = 9$$

Q_0 は -6 ではありえないので，$Q_0 = 4$．そこで，それぞれは，

(a)
$$\mathrm{CS} = \int_0^4 (25 - Q^2)\, dQ - (9)(4) = \left[25Q - \frac{1}{3}Q^3\right]_0^4 - 36$$
$$= \left[25(4) - \frac{1}{3}(4)^3\right] - [0] - 36 = 42.67$$

(b)
$$\mathrm{PS} = (9)(4) - \int_0^4 (2Q + 1)\, dQ$$
$$= 36 - \left[Q^2 + Q\right]_0^4 = 16$$

となる．

14.18　独占下において，販売される量と市場価格は需要関数によって決定される．利潤を最大化する独占者の需要関数が $P = 274 - Q^2$，そして $\mathrm{MC} = 4 + 3Q$ のときの消費者余剰を求めよ．

$P = 274 - Q^2$ が与えられると，

$$\mathrm{TR} = PQ = (274 - Q^2)Q = 274Q - Q^3$$

そして，
$$\mathrm{MR} = \frac{d\,\mathrm{TR}}{dQ} = 274 - 3Q^2$$

独占者は，MR = MC で利潤を最大化する．したがって，

$$274 - 3Q^2 = 4 + 3Q \qquad 3(Q^2 + Q - 90) = 0$$
$$(Q + 10)(Q - 9) = 0 \qquad Q_0 = 9 \qquad P_0 = 193$$

そして，
$$\mathrm{CS} = \int_0^9 (274 - Q^2)\, dQ - (193)(9) = \left[274 - \frac{1}{3}Q^3\right]_0^9 - 1737 = 486$$

度数関数と確率

14.19　広いレストランの中で，ある時間内（単位は分）に注文を受ける確率は，度数関数 $f(t) = \frac{4}{81}t^3 \quad (0 \leqslant t \leqslant 3)$ で与えられる．1 分から 2 分の間に注文を受ける確率は，どのようになるであろうか．

それは上の $f(t)$ を用いて積分して，

$$P = \int_1^2 \frac{4}{81}t^3 dt = \frac{1}{81}t^4\Big|_1^2 = \frac{1}{81}(16) - \frac{1}{81}(1) = 0.1852$$

で与えられる．

14.20　決められた日のうちに宿題を仕上げる割合は，確率密度関数 $f(x) = 12(x^2 - x^3)\,dx \quad (0 \leqslant x \leqslant 1)$ で求められる．(a) その決められた日のうちに，その宿題の 50% か，それ以下が仕上げられるだろう確率と，(b) 50% か，それ以上が仕上げられるだろう確率はどのようになるであろうか．

(a)
$$P = \int_0^{0.5} 12(x^2 - x^3)\,dx = 12\left[\frac{x^3}{3} - \frac{x^4}{4}\right]_0^{0.5}$$
$$= 12\left[\left(\frac{0.125}{3} - \frac{0.0625}{4}\right) - 0\right] = 0.3125$$

(b)
$$P = \int_{0.5}^{1} 12(x^2 - x^3)\,dx = 12\left[\frac{x^3}{3} - \frac{x^4}{4}\right]_{0.5}^{1}$$
$$= 12\left[\left(\frac{1}{3} - \frac{1}{4}\right) - \left(\frac{0.125}{3} - \frac{0.0625}{4}\right)\right] = 0.6875$$

予想されたように，和をとると $P_a + P_b = 0.3125 + 0.6875 = 1$ となる．

経済学へのその他の応用

14.21　$I(t) = 9t^{1/2}$ が与えられるとき，資本形成の (a) 8 年間における総額と (b) 5 年目から 8 年目までの間の総額とを求めよ．

積分をそれぞれの区間にわたって求める．つまり，

(a)
$$K = \int_0^8 9t^{1/2}dt = 6t^{3/2}\Big|_0^8 = 6(8)^{3/2} - 0 = 96\sqrt{2} = 135.76$$

(b)
$$K = \int_4^8 9t^{1/2}dt = 6t^{3/2}\Big|_4^8 = 6(8)^{3/2} - 6(4)^{3/2} = 135.76 - 48 = 87.76$$

となる．

第 15 章　微分方程式

15.1　定義と概念

微分方程式とは微分係数を含む方程式のことで，連続関数の経時的な変化率を表わしている．微分方程式を解く目的は，微分係数を含まないある関数形を見つけることであって，それがいったん見つけられると，その微分方程式を満足するものでなければならない．このような関数は微分方程式の**解**あるいは**積分**とよばれる．

微分方程式の**階**とは，その方程式内に現われる微分係数の最高階数である．また微分方程式の**次数**とは，その最高階数の導関数に現われる最高のベキ数である．例題 1 を見よ．

例題 1　微分方程式の階および次数がいくつであるかは以下で例示されている．

1. $\dfrac{dy}{dx} = 2x + 6$　　1 階，1 次

2. $\left(\dfrac{dy}{dx}\right)^4 - 5x^2 = 0$　　1 階，4 次

3. $\dfrac{d^2y}{dx^2} + \left(\dfrac{dy}{dx}\right)^3 + x^2 = 0$　　2 階，1 次

4. $\left(\dfrac{d^2y}{dx^2}\right)^7 + \left(\dfrac{d^3y}{dx^3}\right)^5 = 75y$　　3 階，5 次

例題 2　微分方程式が $f''(y) = 7$ で与えられているとき，続けて積分すると，

$$f'(y) = \int 7\,dx = 7x + c_1$$

さらに，

$$f(y) = \int (7x + c_1)\, dx = 3.5x^2 + c_1 x + c_2$$

となる．ここで，c_1 および c_2 は特定化されていないので，上式は**一般解**とよばれる．

15.2　1 階線形微分方程式の一般的な解法

1 階線形微分方程式の場合には，dy/dt や y は 1 次以上にはなりえず，さらに $y(dy/dt)$ といった積の形が生じることはない．このような方程式は，

$$\frac{dy}{dt} + vy = z$$

と表わされ，ここで v および z は定数であるかまたは時間の関数である．この場合の**一般解**の公式は，

$$y(t) = e^{-\int v\, dt}\left(A + \int z e^{\int v\, dt} dt\right) \tag{15.1}$$

で表わされ，ここで A は任意定数である．もしある初期条件が与えられれば，A は特定化され，この場合**確定解**が得られる．解は 2 つの部分からなっている．$e^{-\int v\, dt}A$ は**補助関数**とよばれ，また $e^{-\int v\, dt}\int z e^{\int v\, dt}dt$ は**特殊積分**とよばれる．特殊積分 y_p は $y(t))$ の**異時間的均衡水準**に等しく，また補助関数 y_c は**均衡からの乖離**を表わしている．$y(t)$ が**動学的に安定**であるためには，t が無限大に近づくにつれて y_c がゼロに近づかなければならない（すなわち，e^{kt} における k が負でなければならない）．微分方程式の解はつねにそれを微分することによって確かめられる．

例題 3　微分方程式 $\dfrac{dy}{dt} + 4y = 12$ の一般解は，以下のようにして求められる．$v = 4$，$z = 12$ であるから，(15.1) にこれらを代入すると，

$$y(t) = e^{-\int 4\, dt}\left(A + \int 12 e^{\int 4\, dt} dt\right)$$

である．13.2 節から，$\int 4\, dt = 4t + c$ である．(15.1) を用いるときには，c はつねに無視され A の中に含まれる．したがって．

$$y(t) = e^{-4t}\left(A + \int 12 e^{4t} dt\right) \tag{15.2}$$

となる．残りの積分を求めると，$\int 12e^{4t}dt = 3e^{4t} + c$ である．再び定数項を無視して (15.2) に代入すると，$e^{-4t}e^{4t} = e^0 = 1$ であるから，

$$y(t) = e^{-4t}(A + 3e^{4t}) = Ae^{-4t} + 3 \tag{15.3}$$

となる．$t \to \infty$ になるにつれて $y_c = Ae^{-4t} \to 0$ となり，$y(t)$ は $y_p = 3$，すなわち異時間的均衡水準に近づく．したがって，$y(t)$ は動学的に安定である．

この一般解を確かめるために，まず (15.3) の導関数をとると，

$$\frac{dy}{dt} = -4Ae^{-4t}$$

となる．また，もとの問題から，

$$\frac{dy}{dt} + 4y = 12 \qquad \frac{dy}{dt} = 12 - 4y$$

である．(15.3) の $y = Ae^{-4t} + 3$ を代入すると，

$$\frac{y}{dt} = 12 - 4(Ae^{-4t} + 3) = -4Ae^{-4t} \qquad \text{比較せよ．}$$

例題 4　$v = 3t^2$，$z = t^2$ である $\dfrac{dy}{dt} + 3t^2y = t^2$ が与えられたとしよう．一般解を求めるために，まず (15.1) に代入すると，

$$y(t) = e^{-\int 3t^2dt}\left(A + \int t^2e^{\int 3t^2dt}dt\right) \tag{15.4}$$

である．指数項を積分すると，$\int 3t^2dt = t^3$ となる．これを (15.4) に代入すると，

$$y(t) = e^{-t^3}\left(A + \int t^2e^{t^3}dt\right) \tag{15.5}$$

となる．(15.5) に残っている積分を計算するためには，置換積分法を用いなければならない．いま $u = t^3$ とすると，$du/dt = 3t^2$，また $dt = du/3t^2$ である．したがって

$$\int t^2e^{t^3}dt = \int t^2e^u\frac{du}{3t^2} = \frac{1}{3}\int e^udu = \frac{1}{3}e^u = \frac{1}{3}e^{t^3}$$

となる．最後に，これを (15.5) に代入すれば，

$$y(t) = e^{-t^3}\left(A + \frac{1}{3}e^{t^3}\right) = Ae^{-t^3} + \frac{1}{3} \tag{15.6}$$

となる．$t \to \infty$ になるにつれて $y_c = Ae^{-t^3} \to 0$ であり，$y(t)$ は $\dfrac{1}{3}$ に近づく．したがって，均衡は動学的に安定である．

この一般解を確かめるために，(15.6) を微分すると，$dy/dt = -3t^2Ae^{-t^3}$ である．もとの問題からは，

$$\frac{dy}{dt} + 3t^2y = t^2 \qquad \frac{dy}{dt} = t^2 - 3t^2y$$

である．(15.6) をここに代入すると，

$$\frac{dy}{dt} = t^2 - 3t^2\left(Ae^{-t^3} + \frac{1}{3}\right) = -3t^2Ae^{-t^3} \qquad \text{比較せよ．}$$

例題 5　例題 4 において $y(0) = 1$ であるとしよう．確定解は以下のようにして求められる．(15.6) から，$y = Ae^{-t^3} + \dfrac{1}{3}$ である．$t = 0$ では $y(0) = 1$ である．したがって，$e^0 = 1$ であるから $1 = A + \dfrac{1}{3}$ となり，$A = \dfrac{2}{3}$ が得られる．$A = \dfrac{2}{3}$ を (15.6) に代入すれば，確定解は $y = \dfrac{2}{3}e^{-t^3} + \dfrac{1}{3}$ となる．

15.3　完全微分方程式

ある 2 変数関数 $F(y, t)$ に対して $M = \partial F/\partial y$ で $N = \partial F/\partial t$ であるならば，そのときその全微分は，

$$dF(y, t) = M\,dy + N\,dt \tag{15.7}$$

となる．M と N は偏導関数であるから，これは**偏微分方程式**とよばれる．この微分をゼロに等しくすれば，$M\,dy + N\,dt = 0$ となり，これは左辺がまさに原始関数 $F(y, t)$ の微分に等しいから，**完全微分方程式**とよばれる．完全微分方程式では，$\partial M/\partial t$ は $\partial N/\partial y$ に等しくなければならない．すなわち，$\partial^2 F/\partial y\,\partial t = \partial^2 F/\partial t\,\partial y$ である．完全微分方程式の解を求めるためには，片方の変数を一定にしたままでもう片方の変数についての積分を一度に続けて行なうことが必要である．（これは**偏積分**とよばれ，偏微分の逆を行なうことである．）例題 6 を見よ．

例題 6　完全な非線形微分方程式，

$$(6yt + 9y^2)\,dy + (3y^2 + 8t)\,dt = 0 \tag{15.8}$$

を解くためには，以下の手順に従う．

1. 完全微分方程式であるかどうかを調べるためのテスト．ここでは $M = 6yt + 9y^2$，また $N = 3y^2 + 8t$ である．したがって，$\partial M/\partial t = 6y$ であり，また $\partial N/\partial y = 6y$ である．もし $\partial M/\partial t \neq \partial N/\partial y$ であるのならば，その方程式は完全微分方程式ではない．
2. $M = \partial F/\partial y$ は偏導関数であるから，M を y に関して偏積分し，そして y に関するもともとの微分を行なった際に落ちてしまったであろう t についての付加的な項として新たに関数 $Z(t)$ を加える．偏積分において dy が ∂y に置き換わっていることに注意せよ．

$$F(y,\ t) = \int (6yt + 9y^2)\,\partial y + Z(t) = 3y^2 + 3y^3 + Z(t) \tag{15.9}$$

この式は，t に関する未知の項 $Z(t)$ を除けば，もとの関数を与えている．

3. （以前は N とよんだ）$\partial F/\partial t$ を求めるために，(15.9) を t に関して微分する．したがって，

$$\frac{\partial F}{\partial t} = 3y^2 + Z'(t) \tag{15.10}$$

である．$\partial F/\partial t = N$ であり，また (15.8) から $N = 3y^2 + 8t$ であるから，$\partial F/\partial t = 3y^2 + 8t$ を (15.10) に代入すると，

$$3y^2 + 8t = 3y^2 + Z'(t) \qquad Z'(t) = 8t$$

4. つぎに，落ちている t についての項を求めるために，$Z'(t)$ を t に関して積分すると，

$$Z(t) = \int Z'(t)\,dt = \int 8t\,dt = 4t^2 \tag{15.11}$$

5. (15.11) を (15.9) に代入し，積分定数を加えれば，

$$F(y,\ t) = 3y^2t + 3y^3 + 4t^2 + c$$

となる．これは微分することによって簡単に検算される．

積分因子

すべての微分方程式が完全であるわけではない．しかし，そのうちのいくつかは**積分因子**を用いることによって完全にすることができる．積分因子と

はその方程式が積分できるようにするためのある乗数のことである．

例題 7　非線形微分方程式，$5yt\,dy + (5y^2 + 8t)\,dt = 0$，をテストすることによって，それが完全でないことを明らかにする．$M = 5yt$，$N = 5y^2 + 8t$ とすると，$\partial M/\partial t = 5y \neq \partial N/\partial y = 10y$ である．しかし，t についての積分因子を掛けるとそれは完全形になる．すなわち，$5yt^2\,dy + (5y^2t + 8t^2)\,dt = 0$ である．いまや $\partial M/\partial t = 10yt = \partial N/\partial y$ であり，この方程式は上で述べた手順によって解くことができる．演習問題 15.13 を見よ．

積分因子が用いられた問題に対する答えを確かめるためには，その答えの全微分をとり，さらにその積分因子でそれを割ればよい．

15.4　積分因子に関する法則

ある 1 階非線形微分方程式に積分因子が存在するならば，それを見つけ出すためにつぎの 2 つの法則が有用である．

法則 1. もし単に $\dfrac{1}{N}\left[\dfrac{\partial M}{\partial t} - \dfrac{\partial N}{\partial y}\right] = f(y)$ ならば，$e^{\int f(y)\,dy}$ は積分因子てある．

法則 2. もし単に $\dfrac{1}{M}\left[\dfrac{\partial N}{\partial y} - \dfrac{\partial M}{\partial t}\right] = g(y)$ ならば，$e^{\int g(t)\,dt}$ は積分因子てある．

例題 8　上記の法則を説明するために，例題 7 で与えられた積分因子を求めよ．

$$5yt\,dy + (5y^2 + 8t)\,dt = 0 \qquad M = 5\,yt \qquad N = 5y^2 + 8t$$
$$\partial M/\partial t = 5y \neq \partial N/\partial y = 10y$$

法則 1 を適用すると，

$$\frac{1}{5y^2 + 8t}(5y - 10y) = \frac{-5y}{5y^2 + 8t}$$

となる．これは y のみの関数ではない．よって，この方程式に対しての積分因子は求まらないであろう．法則 2 を適用すれば，

$$\frac{1}{5yt}(10y - 5y) = \frac{5y}{5yt} = \frac{1}{t}$$

となり，これは t のみの関数である．それゆえ，この場合の積分因子は $e^{f(1/t)\,dt} = e^{\ln t} = t$ である．

15.5　変数分離

1 階 1 次非線形微分方程式の解は複雑である．（1 階 1 次微分方程式は最高階数の導関数が 1 階の導関数 dy/dt であり，またその導関数のベキ数が 1 以上ではない微分方程式のことである．もしその微分方程式が y と dy/dt の積を含むものであったり，あるいは y のベキ数が 1 以上であるならば，その微分方程式は**非線形**である.）もしその微分方程式が完全型であるか，あるいはある積分因子によって完全型にすることができるのならば，例題 6 で概説した手続きを用いることができる．しかし，もし M および N がそれぞれ y および t のみの関数である $M(y)\,dy + N(t)\,dt = 0$ という**変数分離**の型でその微分方程式を書くことができるのならば，それは通常の積分によって解くことができる．

例題 9　以下の計算は，つぎのような非線形微分方程式を解くための変数分離を説明している．

$$\frac{dy}{dt} = y^2 t \tag{15.12}$$

まず上式を書き改めると，$dy/y^2 = t\,dt$ となる．したがって，$M = 1/y^2$ であり，また $N = 1$ である．両辺を積分すると，

$$\int y^{-2} dy = \int t\,dt$$

$$-y^{-1} + c_1 = \frac{t^2}{2} + c_2$$

$$-\frac{1}{y} = \frac{t^2 + 2c_2 - 2c_1}{2}$$

となる．$c = 2c_2 - 2c_1$ とすれば，

$$y = \frac{-2}{t^2 + c} \tag{15.13}$$

となる．積分定数はそれがある特定の解を求めるために計算されるまでは任意であるから，それを一般的に扱い，その解を求める第 1 段階においては特定化しない．e^c や $\ln c$ も同様に定数を意味するものとして扱われる．

この解は以下のようにして確かめることができる．すなわち，チェーン・

ルールによって $y = -2(t^2 + c)^{-1}$ を微分すると，

$$\frac{dy}{dt} = (-1)(-2)(t^2 + c)^{-2}(2t) = \frac{4t}{(t^2 + c)^2}$$

となる．(15.12) から，$dy/dt = y^2 t$ である．(15.12) に (15.13) を代入すると，

$$\frac{dy}{dt} = \left(\frac{-2}{t^2 + c}\right)^2 t = \frac{4t}{(t^2 + c)^2} \qquad \text{比較せよ．}$$

である．

例題 10　以下の非線形微分方程式が与えられたとしよう．

$$t^2\,dy + y^3\,dt = 0 \tag{15.14}$$

ここで $M \neq f(y)$，そして $N \neq f(t)$ である．しかし，変数分離をするために (15.14) に $(1/t^2y^3)$ を掛けると，

$$\frac{1}{y^3}dy + \frac{1}{t^2}dt = 0 \tag{15.14a}$$

となる．各項をそれぞれ積分すると，

$$\int y^{-3}dy + \int t^{-2}dt = -\frac{1}{2}y^{-2} - t^{-1} + c$$

したがって，

$$F(y,\ t) = -\frac{1}{2}y^{-2} - t^{-1} + c$$

である．複雑な関数の場合には，その答えはしばしばこのような型のまま残される．この答えは微分することにより確かめられるし，また y^3t^2 を掛けることにより (15.14) にすることができる (15.14a) と比較することによって確かめられる．答えが他の型で表わされる場合については，演習問題 15.12，15.13，それに 15.18，15.19 を見よ．

ベルヌーイ方程式

ベルヌーイ方程式とは，つぎのような特殊な型をした非線形微分方程式のことである．

$$\frac{dy}{dt} + ay = by^n \tag{15.15}$$

ここで a と b は定数あるいは t の関数であり，$n \neq 0$ でかつ $n \neq 1$ である．$w = y^{1-n}$ とすると，方程式 (15.15) はつぎのような線形方程式に変形できる．

$$\frac{dw}{dt} + (1-n)aw = (1-n)b \tag{15.15a}$$

ここで上式は $v = (1-n)a$ とし，また $z = (1-n)b$ とすることで (15.1) を用いて解くことができる．演習問題 15.33 を見よ．

例題 11　ベルヌーイ方程式，$\dfrac{dy}{dt} - y = ty^2$ は以下のように解かれる．この方程式では $n = 2$ であるから，$w = y^{1-2} = y^{-1}$ である．また $a = -1$，$b = t$ であり，さらに $(1-n) = -1$ である．これらを (15.15a) に代入すると，

$$\frac{dw}{dt} + w = -t$$

となる．$v = 1$ そして $z = -t$ として (15.1) を用いれば，

$$w(t) = e^{-\int 1\,dt}\left(A + \int -te^{\int 1\,dt}dt\right) = e^{-t}\left(A + \int -te^{t}dt\right)$$

となる．部分積分によって，

$$w(t) = e^{-t}(A - te^{t} + e^{t}) = Ae^{-t} - t + 1$$

となる．$w(t) = y(t)^{-1}$ であるから，

$$y(t) = (Ae^{-t} - t + 1)^{-1}$$

である．

15.6　経済学における例

微分方程式は経済動学におけるさまざまな問題について有用である．たとえばミクロ経済学における市場均衡モデルの動学的安定条件を求める場合や，またマクロ経済学においてはさまざまな条件のもとで成長の時間的径路を明らかにするために微分方程式が用いられる．ある関数の成長率を与えられると，微分方程式を用いることによってその成長径路が描かれる関数そのものを見つけることができる．すなわち，それはたとえば点の弾力性からその需要関数を求めることができることと同じである（例題 12 および演習問

題 15.24〜15.35 を見よ）．13.6 節において，微分方程式は投資関数から資本関数を推計するために用いられたし，同様に，総費用関数や総収入関数をそれぞれ限界費用関数や限界収入関数から推計するために用いられた．

例題 12　需要関数を $Q_d = c + bP$ とし，供給関数を $Q_s = g + hP$ とするとき，均衡価格は，

$$\bar{P} = \frac{c - g}{h - b} \tag{15.16}$$

となる．価格の変化率（dP/dt）がつぎのような**超過需要**（$Q_d - Q_s$）の線形でかつ増加関数であるとしよう．

$$\frac{dP}{dt} = m(Q_d - Q_s) \qquad m = 定数 > 0 \tag{15.17}$$

この市場において価格が動学的に安定であるための条件（すなわち，どのような条件のもとで $t \to \infty$ になるにつれて $P(t)$ が $\bar{P}$ に収束するのか）は以下のようにして求められる．

Q_d と Q_s に関して与えられたパラメータを (15.17) に代入すると，

$$\frac{dP}{dt} = m[(c + bP) - (g + hP)] = m(c + bP - g - hP)$$

となる．15.2 節で示された一般型に合うように上式を変形すると，$\dfrac{dP}{dt} + m(h - b)P = m(c - g)$ となる．$v = m(h - b)$ また $z = m(c - g)$ として (15.1) を用いると，

$$P(t) = e^{-\int v\,dt}\left(A + \int ze^{\int v\,dt}dt\right) = e^{-vt}\left(A + \int ze^{vt}dt\right)$$

$$= e^{-vt}\left(A + \frac{ze^{vt}}{v}\right) = Ae^{-vt} + \frac{z}{v} \tag{15.18}$$

となる．$t = 0$ においては $P(0) = A + \dfrac{z}{v}$，したがって $A = P(0) - \dfrac{z}{v}$ である．これを (15.18) に代入すると，

$$P(t) = \left[P(0) - \frac{z}{v}\right]e^{-vt} + \frac{z}{v}$$

となる．最後に v および z をもとに戻せば，

$$P(t) = \left[P(0) - \frac{c - g}{h - b}\right]e^{-m(h-b)t} + \frac{c - g}{h - b}$$

となり，ここで (15.16) を用いれば，時間径路は，

$$P(t) = \left[P(0) - \overline{P}\right] e^{-m(h-b)t} + \overline{P} \tag{15.19}$$

となる．

$P(0)$, $\overline{P}$, $m > 0$ であるから，右辺の第 1 項は $t \to \infty$ になるにつれてゼロに向かって収束するであろう．すなわち，$h-b>0$ のときそしてそのときにのみ，$P(t)$ は $\overline{P}$ に向かって収束するであろう．需要曲線の勾配が負（$b < 0$）で，供給曲線の勾配が正（$h > 0$）であるような通常の場合には，動学的な安定性は保証される．また，正の勾配をもつ需要関数あるいは負の勾配をもつ供給関数からなる市場の場合にも，$h > b$ であるかぎり動学的に安定であろう．

演習問題

階および次数

15.1　以下の各微分方程式の階および次数を示せ．

(a) $\dfrac{d^2y}{dx^2} + \left(\dfrac{dy}{dx}\right)^3 = 12x$

(b) $\dfrac{dy}{dx} = 3x^2$

(c) $\left(\dfrac{d^3y}{dx^3}\right)^4 + \left(\dfrac{d^2y}{dx^2}\right)^6 = 4 - y$

(d) $\left(\dfrac{d^2y}{dx^2}\right)^3 + \dfrac{d^4y}{dx^4} - 75y = 0$

(e) $\dfrac{d^3y}{dx^3} + x^2y\left(\dfrac{d^2y}{dx^2}\right) - 4y^4 = 0$

(a) 2 階，1 次

(b) 1 階，1 次

(c) 3 階，4 次

(d) 4 階，1 次

(e) 3 階，1 次

1 階 1 次線形微分方程式

15.2　(a) 以下の方程式を解くにあたり，一般解の公式を用いよ．(b) 答えを検算せよ．

$$\frac{dy}{dt} + 5y = 0 \tag{15.20}$$

(a) ここでは $v = 5$，$z = 2$ である．これらを (15.1) に代入すると，

$$y(t) = e^{-\int 5\,dt}\left(A + \int 0e^{\int 5\,dt}dt\right)$$

である．指数項の積分を求めれば $\int 5\,dt = 5t + c$ であり，ここで c は A の中に含まれるから無視することができる．したがって，$y(t) = e^{-5t}\left(A + \int 0\,dt\right)$ である．$\int 0\,dt = k$ は定数であり，これもまた A に含めることができる．よって，

$$y(t) = e^{-5t}(A) = Ae^{-5t} \tag{15.21}$$

(b) (15.21) の導関数を求めると，$dy/dt = -5Ae^{-5t}$ である．(15.20) から，$dy/dt = -5y$ である．ここに (15.21) の y を代入すれば，

$$\frac{dy}{dt} = -5\left(Ae^{-5t}\right) = -5Ae^{-5t}$$

である．比較せよ．

15.3　演習問題 15.2 を以下の微分方程式について行なえ．

$$\frac{dy}{dt} = 3y \qquad y(0) = 2 \tag{15.22}$$

(a) 一般型にするために式の変形をすれば，

$$\frac{dy}{dt} - 3y = 0$$

となる．ここで $v = -3$，$z = 0$ であるから，これらを (15.1) に代入すれば，

$$y(t) = e^{-\int -3\,dt}\left(A + \int 0e^{\int -3\,dt}dt\right)$$

である．$\int -3\,dt = -3t$ を上式に代入すると，$y(t) = e^{3t}\left(A + \int 0\,dt\right) = Ae^{3t}$ となる．$t = 0$ のとき $y = 2$ であるから，$2 = Ae^{3(0)}$，したがって $A = 2$ となる．これを代入すれば，

$$y(t) = 2e^{3t} \tag{15.23}$$

となる．

(b) (15.23) の導関数を求めると，$dy/dt = 6e^{3t}$ である．また (15.22) から，$dy/dt = 3y$ である．ここに (15.23) から y を代入すれば，$dy/dt = 3(2e^{3t}) = 6e^{3t}$ となる．比較せよ．

15.4　演習問題 15.2 を以下の微分方程式について行なえ．

$$\frac{dy}{dt} + 4ty = 6t \tag{15.24}$$

(a) $= 4t$，$z = 6t$，さらに $\int 4t\,dt = 2t^2$ であるから，

$$y(t) = e^{-2t^2}\left(A + \int 6te^{2t^2}\,dt\right) \tag{15.25}$$

となる．残っている積分項については置換積分法を用いれば，$u = 2t^2$ として $du/dt = 4t$ であるから $dt = du/4t$ となり，したがって，

$$\int 6te^{2t^2} = \int 6te^{u}\frac{du}{4t} = 1.5\int e^{u}du = 1.5e^{2t^2}$$

である．これを (15.25) に代入し直せば，

$$y(t) = e^{-2t^2}(A + 1.5e^{2t^2}) = Ae^{-2t^2} + 1.5 \tag{15.26}$$

となる．

(b) (15.26) の導関数を求めると，$dy/dt = -4tAe^{-2t^2}$ である．また (15.24) から，$dy/dt = 6t - 4ty$ である．これに (15.26) の y を代入すれば，$dy/dt = 6t - 4t(Ae^{-2t^2} + 1.5) = -4tAe^{-2t^2}$ となる．比較せよ．

15.5　(a) 以下の微分方程式を一般解の公式を用いて解け．(b) 答えを検算せよ．

$$2\frac{dy}{dt} - 2t^2y = 9t^2 \qquad y(0)\ - 2.5 \tag{15.27}$$

(a) 両辺を 2 で割ると，$dy/dt - t^2 = 4.5t^2$ である．したがって，$v = -t^2$，$z = 4.4t^2$ であり，また $\int -t^2\,dt = -\dfrac{1}{3}t^3$ である．これらを (15.1) に代入すれば，

$$y(t) = e^{(1/3)t^3}\left(A + 4.5t^2e^{-(1/3)t^3}dt\right) \tag{15.28}$$

となる．$u = -\dfrac{1}{3}t^3$ とすれば $du/dt = -t^2$ であり，よって $dt = -du/t^2$ である．したがって，

$$\int 4.5t^2e^{-(1/3)t^3}dt = \int 4.5t^2e^u\frac{du}{-t^2} = -4.5\int e^u\,du = -4.5e^{-(1/3)t^3}$$

である．これを (15.28) に代入すれば，

$$y(t) = e^{(1/3)t^3}(A \quad 4.5^{-(1/3)t^3}) = Ae^{(1/3)t^3} - 4.5$$

となる．$t = 0$ において $-2.5 = A - 4.5$ であるから，$A = 2$ となる．したがって，

$$y(t) = 2e^{(1/3)t^3} - 4.5 \tag{15.29}$$

である．

(b) (15.29) の導関数を求めると，$dy/dt = 2t^2e^{(1/3)t^3}$ となる．また (15.27) から，$dy/dt = 4.5t^2 + t^2y$ である．これに (15.29) の y を代入すれば，$dy/dt = 4.5t^2 + t^2\left(2e^{(1/3)t^3} - 4.5\right) = 2t^2e^{(1/3)t^3}$ となる．比較せよ．

15.6　演習問題 15.5 を以下の微分方程式について行なえ．

$$\frac{dy}{dt} + 3y = 6t \qquad y(0) = \frac{1}{3} \tag{15.30}$$

(a) $v = 3$，$z = 6t$ であり，また $\int 3\,dt = 3t$ である. したがって，

$$y(t) == e^{-3t}\left(A + \int 6te^{3t}dt\right) \tag{15.31}$$

となる. 残りの積分項については部分積分を用いる. まず $f(t) = 6t$ とすれば $f'(t) = 6$ であり, また $g'(t) = e^{3t}$ とすれば，$g(t) = \dfrac{1}{3}e^{3t}$ である. これらを (13.1) に代入すれば，

$$\int 6te^{3t}dt = 6t\left(\frac{1}{3}e^{3t}\right) - \int\frac{1}{3}e^{3t}6\,dt$$

$$= 2te^{3t} - 2\int e^{3t}dt = 2te^{3t} - \frac{2}{3}e^{3t}$$

である. これを (15.31) に代入すれば,

$$y(t) = e^{-3t}\left(A + 2te^{3t} - \frac{1}{3}e^{3t}\right) = Ae^{-3t} + 2t - \frac{2}{3}$$

となる．$t = 0$ においては $\frac{1}{3} = Ae^{-3(0)} + 2(0) - \frac{2}{3}$ であるから，よって $A = 1$．したがって,

$$y(t) = e^{-3t} + 2t - \frac{2}{3} \tag{15.32}$$

(b) (15.32) の導関数を求めると，$dy/dt = -3e^{-3t} + 2$ である. また (15.30) から，$dy/dt = 6t - 3y$ である．これに (15.32) の y を代入すると，$dy/dt = 6t - 3\left(e^{-3t} + 2t - \frac{2}{3}\right) = -3e^{-3t} + 2$ となる．比較せよ.

15.7　演習問題 15.5 を以下の微分方程式について行なえ.

$$\frac{dy}{dt} = -y \qquad y(3) = 20 \tag{15.33}$$

(a) 上式を変形すると，$dy/dt + y = 0$ である．それゆえ，$v = 1$，$z = 0$ であり，また $\int 1\,dt = t$ である．したがって,

$$y(t) = e^{-t}\left(A + \int 0\,dt\right) = Ae^{-t}$$

である．$t = 3$ において $20 = Ae^{-3}$ である．付録より，$20 = A(0.05)$ であるから, よって $A = 400$ となる．したがって,

$$y(t) = 400e^{-t} \tag{15.34}$$

となる.

(b) (15.34) の導関数を求めると，$dy/dt = -400e^{-t}$ である．また (15.33) から，$dy/dt = -y$ である．ここに (15.34) の y を代入すれば，$dy/dt = -(400e^{-t}) = -400e^{-t}$ となる．比較せよ.

完全微分方程式

15.8　つぎの微分方程式を解け．またその答えを各自検算せよ.

$$(4y + 8t^2)\,dy + (16yt - 3)\,dt = 0$$

例題 6 と同様にして，

1. 完全微分方程式であるかどうかを調べよ．$M = (4y + 8t^2)$ とし，また $N = (16yt - 3)$ とすれば，$\partial M/\partial t = 16t = \partial N/\partial y$ である．比較せよ．
2. N を y についてのみ積分し，また $F(y, t)$ を得るために $Z(t)$ を加えれば，

$$F(y, t) = \int (4y + 8t^2)\,\partial y + Z(t) = 2y^2 + 8t^2 y + Z(t) \qquad (15.35)$$

となる．

3. $F(y, t)$ を t についてのみ微分し，さらにそれを上記の N に等しくすれば，まず，

$$\frac{\partial F}{\partial t} = 16ty + Z'(t)$$

となる．しかし $\partial F/\partial t = N = 16yt - 3$ であるから，

$$16ty + Z'(t) = 16yt - 3 \qquad Z'(t) = -3$$

となる．

4. $Z(t)$ を得るために $Z'(t)$ を t について積分すると，

$$Z(t) = \int Z'(t)\,dt = \int -3\,dt = -3t \qquad (15.36)$$

である．

5. (15.35) に (15.36) を代入し，さらに積分定数を加えれば，

$$F(y, t) = 2y^2 + 8t^2 y - 3t + c$$

となる．

15.9　演習問題 15.8 を次式について行なえ．

$$8tyy' = -(3t^2 + 4y^2)$$

変形することによって，

$$8ty\,dy = -(3t^2 + 4y^2)\,dt \qquad 8ty\,dy + (3t^2 + 4y^2)\,dt = 0$$

1. $\partial M/\partial t = 8y = \partial N/\partial y$．確かめよ．

2. $$F(y,\ t) = \int 8ty\,\partial y + Z(t) = 4ty^2 + Z(t)$$

3. $\partial F/\partial t = 4y^2 + Z'(t)$．しかし $\partial F/\partial t = N = 3t^2 + 4y^2$ であることから，

$$4y^2 + Z'(t) = 3t^2 + 4y^2 \qquad Z'(t) = 3t^2$$

4. $$Z(t) = \int 3t^2\,dt = t^3$$

5. $$F(y,\ t) = t^3 + 4ty^2 + c$$

積分因子

15.10　つぎの微分方程式を解くために，括弧内に与えられた積分因子を用いよ．また各自，その答えを検算せよ（答えの全微分をとった後にその積分因子で割ることを忘れずにせよ）．

$$6t\,dy + 12y\,dt = 0 \qquad (t)$$

1. $\partial M/\partial t = 6 \neq \partial N/\partial y = 12$．しかし積分因子 t を掛ければ，

$$6t^2\,dy + 12yt\,dt = 0$$

となり，ここでは $\partial M/\partial t = 12t = \partial N/\partial y$ となる．この新しい関数のもとで計算を続ければ，

2. $$F(y,\ t) = \int 6t^2\,\partial y + Z(t) = 6t^2y + Z(t)$$

3. $\partial F/\partial t = 12ty + Z'(t)$．しかし $\partial F/\partial t = N = 12ty$ であることから，$Z'(t) = 0$．

4. $Z(t) = \int 0\,dt = k$ であり，これは以下の c に含まれる．

5. $$F(y,\ t) = 6t^2y + c$$

15.11　演習問題 15.10 を次式について行なえ．

$$t^2\,dy = 3yt\,dt = 0 \qquad (t)$$

1. $\partial M/\partial t = 2t \neq \partial N/\partial y = 3t$．しかし t を掛けることによって，

$$t^3\,dy + 3yt^2\,dt = 0$$

となり，ここでは $\partial M/\partial t = 3t^2 = \partial N/\partial y$ となる．比較せよ．

2.
$$F(y,\ t) = \int t^3\ \partial y + Z(t) = t^3 y + Z(t)$$

3. $\partial F/\partial t = 3t^2 y + Z'(t)$．しかし $\partial F/\partial t = N = 3t^2 y$ であることから, $Z'(t) = 0$. したがって $F(y,\ t) = t^3 y + c$ となる．

15.12　演習問題 15.10 を次式について行なえ．

$$4t\ dy + (16y - t^2)\ dt = 0 \qquad (t^3)$$

1. $\partial M/\partial t = 4 \neq \partial N/\partial y = 16$．$t^3$ を掛ければ，$4t^4\ dy + (16t^3 y - t^5)\ dt = 0$ となり，ここでは $\partial M/\partial t = 16t^3 = \partial N/\partial y$ となる．比較せよ．

2.
$$F(y,\ t) = \int 4t^4\ \partial y + Z(t) = 4t^4 y + Z(t)$$

3. $\partial F/\partial t = 16t^3 y = Z'(t)$．しかし $\partial F/\partial t = N = 16t^3 y - t^5$ であることから，

$$16t^3 y + Z'(t) = 16t^3 y - t^5 \qquad Z'(t) = -t^5$$

4.
$$Z(t) = \int -t^5\ dt = -\frac{1}{6}t^6$$

5.
$$F(y,\ t) = 4t^4 y - \frac{1}{6}t^6 + c = 24t^4 y - t^6 + c$$

または,

$$24t^4 y - t^6 = c$$

15.13　演習問題 15.10 を次式について行なえ．

$$5yt\ dy + (5y^2 + 8t)\ dt = 0 \qquad (t)$$

1. $\partial M/\partial t = 5y \neq \partial N/\partial y = 10y$．例題 7 の場合と同様に t を掛けると，$5yt^2\ dy + (5y^2 t + 8t^2)\ dt = 0$ となり，ここでは $\partial M/\partial t = 10yt = \partial N/\partial y$ となる．

2.
$$F(y,\ t) = \int 5yt^2\ \partial y + Z(t) = 2.5y^2 t^2 + Z(t)$$

3. $\partial F/\partial t = 5y^2 t + Z'(t)$．しかし $\partial F/\partial t = N = 5y^2 t + 8t^2$ であることから，

$$5y^2 t + Z'(t) = 5y^2 t + 8t^2 \qquad Z'(t) = 8t^2$$

4.
$$Z(t) = \int 8t^2\ dt = \frac{8}{3}t^3$$

5.
$$F(y,\ t) = 2.5y^2 t^2 + \frac{8}{3}t^3 + c = 7.5y^2 t^2 + 8t^3 + c$$

積分因子の見つけ方

15.14　(a) つぎの微分方程式の積分因子を見つけよ，また，(b) 15.3 節における 5 つの段階に沿って，その方程式を解け．

$$(7y + 4t^2)\,dy + 4ty\,dt = 0 \tag{15.37}$$

(a) $\partial M/\partial t = 8t \neq \partial N/\partial y = 4t$．$M = 7y + 4t^2$ であり，また $N = 4ty$ であるから，15.5 節の法則 1 を適用すれば，

$$\frac{1}{4ty}(8t - 4t) = \frac{4t}{4ty} = \frac{1}{y} = f(y)$$

となる．したがって積分因子は，

$$e^{\int (1/y)\,dy} = e^{\ln y} = y$$

である．

(b) (15.37) に積分因子 y を掛ければ，$(7y^2 + 4yt^2)\,dy + 4ty^2\,dt = 0$ となる．

1. $\partial M/\partial t = 8yt = \partial N/\partial y$．したがって，

2. $$F(y,\ t) = \int (7y^2 + 4yt^2)\,dy + Z(t) = \frac{7}{3}y^3 + 2y^2t^2 + Z(t)$$

3. $$\frac{\partial F}{\partial t} = 4y^2t + Z'(t)$$

4. $\partial F/\partial t = N = 4y^2t$ であるから，$Z'(t) = 0$．したがって $Z(t)$ は定数である．それゆえ，

5. $$F(y,\ t) = \frac{7}{3}y^3 + 2y^2t^2 + c = 7y^3 + 6y^2t^2 + c$$

15.15　演習問題 15.14 を次式について行なえ．

$$4t\,dy + (16y - t^2)\,dt = 0 \tag{15.38}$$

(a) $M = 4t$，$N = 16y - t^2$ であるから，$\partial M/\partial t = 4 \neq \partial N/\partial y = 16$ である．法則 1 を適用すると，

$$\frac{1}{16y - t^2}(4 - 16) = \frac{-12}{16y - t^2} \neq f(y)$$

である．そこで法則 2 を適用すれば，

$$\frac{1}{4t}(16-4)=\frac{3}{t}=g(t)$$

となる．したがって，$e^{\int 3t^{-1}dt}=e^{3\ln t}=e^{\ln t^3}=t^3$.

(b) (15.38) に t^3 を掛けると，$4t^4\,dy+(16yt^3-t^5)\,dt=0$ であり，これは演習問題 15.12 で解答ずみである．

15.16　演習問題 15.14 を次式について行なえ．

$$t^2\,dy+3yt\,dt=0 \tag{15.39}$$

(a) ここでは $M=t^2$，$N=3yt$ である．よって $\partial M/\partial t=2t\neq\partial N/\partial y=3t$ である．法則 1 を適用すれば，

$$\frac{1}{3yt}(2t-3t)=\frac{-t}{3yt}=\frac{-1}{3y}=f(y)$$

となる．したがって，$e^{\int(-1/3y)\,dy}=e^{-(1/3)\ln y}=e^{\ln y^{-1/3}}=y^{-1/3}$．演習問題 15.11 においては t が積分因子として与えられていたが，$y^{-1/3}$ もまたこの方程式の積分因子である．そこでまずはじめに $y^{-1/3}$ を調べてみよう．

(b) (15.39) に $y^{-1/3}$ を掛けると，$t^2y^{-1/3}dy+3ty^{2/3}dt=0$ となる．

1. $\partial M/\partial t=2ty^{-1/3}=\partial N/\partial y$．確かめよ．したがって，

2. $$F(y,\,t)=\int t^2y^{-1/3}\partial y+Z(t)=1.5t^2y^{2/3}+Z(t)$$

3. $$\frac{\partial F}{\partial t}=3ty^{2/3}+Z'(t)$$

4. $\partial F/\partial t=N=3ty^{2/3}$ であることから，$Z'(t)=0$ であり，よって $Z(t)$ は定数である．したがって，

5. $$F_1(y,\,t)=1.5t^2y^{2/3}+c \tag{15.40}$$

　ここで F_1 は以下で求める関数 F_2 と区別するために用いられている．

15.17　t が演習問題 15.16 において積分因子であるかどうかを確かめてみよう．

もとの方程式に法則 2 を適用すると，

$$\frac{1}{t^2}(3t-2t)=\frac{t}{t^2}=\frac{1}{t}$$

となる．したがって，

$$e^{\int (1/t)\,dt} = e^{\ln t} = t$$

である．それゆえ t もまた演習問題 15.11 で示されたように．積分因子として考えられる．またこの場合の解は $F_2(y,\ t) = t^3 y + c$ であった．これは (15.40) とは異なっているが，各自それを調べることができるように，同様に正しい解である．

変数分離

15.18　15.6 節で述べた変数分離の方法を用いてつぎの微分方程式を解け．

$$\frac{dy}{dt} = \frac{-5t}{y}$$

変数を分離すると，

$$y\,dy = -5t\,dt \qquad y\,dy + 5t\,dt = 0$$

である．各項をそれぞれ積分すれば，

$$\frac{y^2}{2} + \frac{5}{2}t^2 = c_1$$

$$y^2 + 5t^2 = 2c_1$$

となる．$c = 2c_1$ とすれば，

$$y^2 + 5t^2 = c$$

である．

15.19　演習問題 15.18 を次式について行なえ．

(a) $\dfrac{dy}{dt} = \dfrac{t^5}{y^4}$

$$y^4\,dy - t^5\,dt = 0$$

積分すると，

$$\frac{y^5}{5} - \frac{t^6}{6} = c_1$$

(b) $t^2\,dy - y^2\,dt = 0$

$$\frac{dy}{y^2} - \frac{dt}{t^2} = 0$$

積分すると，

$$-\frac{1}{y} + \frac{1}{t} = c$$

$$6y^5 - 5t^6 = 30c_1 \qquad\qquad y - t = cty$$

$c = 30c_1$ とすれば，

$$6y^5 - 5t^6 = c$$

15.20　変数分離の方法を用いて，微分方程式 $dy = 3t^2y\,dt$ を解け．

$$\frac{dy}{y} - 3t^2\,dt = 0$$

積分すると，$\ln y - t^3 = \ln c$

両辺を指数 e を用いて表わせば，

$$e^{\ln y - t^3} = e^{\ln c}$$

$$e^{\ln y}e^{-t^3} = e^{\ln c}$$

$$ye^{-t^3} = c$$

$$y = ce^{t^3}$$

15.21　演習問題 15.20 を次式について行なえ．

$$y^2(t^3+1)\,dy + t^2(y^3-5)\,dt = 0$$

$$\frac{y^2}{y^3-5}\,dy + \frac{t^2}{t^3+1}\,dt = 0$$

置換積分を行なえば，

$$\frac{1}{3}\ln(y^3-5) + \frac{1}{3}\ln(t^3+1) = \ln c$$

$$\ln[(y^3-5)(t^3+1)] = \ln c$$

$$(y^3-5)(t^3+1) = c$$

ベルヌーイ方程式

15.22　つぎのベルヌーイ方程式を解け．

$$\frac{dy}{dt} + y = ty^3$$

15.7 節で述べた方法を用いると，ここでは $n = 3$，$w = y^{1-3} = y^{-2}$，$a = 1$，$b = t$，そして $(1-n) = -2$ である．これらを (15.15a) に代入すると，

$$\frac{dw}{dt} - 2w = -2t$$

である．$v = -2$ そして $z = -2t$ として (15.1) を用いると，

$$w(t) = e^{-\int -2\,dt}\left(A + \int -2te^{\int -2\,dt}dt\right) = e^{2t}\left(A + \int -2te^{-2t}dt\right)$$

となる．部分積分を行なえば，

$$w(t) = e^{2t}\left(A + te^{-2t} + \frac{1}{2}e^{-2t}\right) = Ae^{2t} + t + \frac{1}{2}$$

となる．$w = y^{-2}$ であるから，$y = w^{-1/2}$ である．したがって，

$$y = \left(Ae^{2t} + t + \frac{1}{2}\right)^{-1/2}$$

となる．

15.23　演習問題 15.22 を次式について行なえ．

$$\frac{dy}{dt} + \frac{1}{2}y = \frac{1}{2}(t + 1)y^3$$

ここでは $n = 3$，$w = y^{1-3} = y^{-2}$，$a = \dfrac{1}{2}$，$b = \dfrac{1}{2}(t+1)$，そして $(1-n) = -2$ である．これらを (15.15a) に代入すると，

$$\frac{dw}{dt} - w = -(t + 1)$$

となる．$v = -1$ そして $z = -(t + 1)$ として (15.1 を用いると，

$$w(t) = e^{\int 1\,dt}\left(A + \int -(t + 1)\,e^{\int -1\,dt}dt\right) = e^{t}\left(A - \int (t + 1)\,e^{-t}dt\right)$$
$$= e^{t}[A + (t + 1)\,e^{-t} + e^{-t}] = Ae^{t} + t + 1 + 1 = Ae^{t} + t + 2$$

$w = y^{-2}$ であるから，

$$y = w^{-1/2} = (Ae^{t} + t + 2)^{-1/2}$$

微分方程式の経済学への応用

15.24　点弾力性 ε がすべての $P > 0$ に対して -1 である場合の需要関数 $Q = f(P)$ を求めよ．

$$\varepsilon = \frac{dQ}{dP}\frac{P}{Q} = -1 \qquad \frac{dQ}{dP} = -\frac{Q}{P}$$

変数分離を行なうと，

$$\frac{dQ}{Q}+\frac{dP}{P}=0$$

積分すると，$\ln Q+\ln P=\ln c$

$$QP=c \qquad Q=\frac{c}{P}$$

15.25　$\varepsilon=-k$ のように点弾力性が定数である場合の需要関数 $Q=f(P)$ を求めよ．

$$\varepsilon=\frac{dQ}{dP}\frac{P}{Q}=-k \qquad \frac{dQ}{dP}=-\frac{kQ}{P}$$

変数分離を行なうと，

$$\frac{dQ}{Q}+\frac{k}{P}\,dP=0$$

$$\ln Q+k\ln P=c$$

$$QP^{k}=c \qquad Q=cP^{-k}$$

15.26　$\varepsilon=-(5P+2P^2)/Q$ で，また $P=10$ のとき $Q=500$ である場合の需要関数 $Q=f(P)$ を求めよ．

$$\varepsilon=\frac{dQ}{dP}\frac{P}{Q}=\frac{-(5P+2P^2)}{Q}$$

$$\frac{dQ}{dP}=\frac{-(5P+2P^2)}{Q}\frac{Q}{P}=-(5+2P)$$

変数分離を行なうと，

$$dQ+(5+2P)\,dP=0$$

積分すると，

$$Q+5P+P^2=c \qquad Q=-P^2-5P+c$$

$P=10$ のとき $Q=500$ であるから，

$$500=-100-50+c \qquad c=650$$

したがって，$Q=650-5P-P^2$．第 4 章の例題 6 を見よ．

15.27　初期における貨幣額 $P(0)$ を利子率 i で t 年間投資する場合の総額 P を求める公式を導き出せ．ただし，この場合の i は連続的複利である．

i が連続的複利であるとき，

$$\frac{dP}{dt} = iP$$

変数分離を行なうと，

$$\frac{dP}{P} - i\,dt = 0$$

積分すると，

$$\ln P - it = c$$

左辺を指数 e を用いて表わすと，

$$e^{\ln P - it} = c$$

$$Pe^{-it} = c \qquad P = ce^{it}$$

$t = 0$ のとき，$P = P(0)$．したがって $P(0) = ce^0$，すなわち $P(0) = c$ であるから，$P = P(0)e^{it}$ となる．

15.28　$\widehat{C}$，$\widehat{I}$，$\widehat{Y}$ がそれぞれその均衡値 C_e，I_e，Y_e からの消費，投資そして所得の乖離であるような 2 部門所得決定モデルの安定条件を決定せよ．すなわち，$\widehat{C} = C(t) - C_e$，等であり，ここで $\widehat{C}$ は C ハットと読む．また所得は超過需要（$C + I - Y$）に比例して，ある割合で変化するものとする．

$$\widehat{C}(t) = g\widehat{Y}(t) \qquad \widehat{I}(t) = b\widehat{Y}(t) \qquad \frac{d\widehat{Y}(t)}{dt} = a(\widehat{C} + \widehat{I} - \widehat{Y}) \qquad 0 < a,\ b,\ g < 1$$

である．

1 番目と 2 番目の式を 3 番目の式に代入すると，

$$\frac{d\widehat{Y}}{dt} = a(g + b - 1)\widehat{Y}$$

となる．変数分離を行ない，積分すると，

$$\frac{d\widehat{Y}}{dt} = a(g + b - 1)\,dt$$

$$\ln \widehat{Y} = a(g + b - 1)t + c$$
$$e^{\ln \widehat{Y}} = e^{a(g+b-1)t+c}$$

となる．定数項を $e^c = c$ とすれば，

$$\widehat{Y} = ce^{a(g+b-1)t}$$

$t = 0$ では $\widehat{Y} = Y(0) - Y_e = c$ である．これを上式に代入すると，$\widehat{Y} = [Y(0) - Y_e]\, e^{a(g+b-1)t}$ となる．$\widehat{Y} = Y(t) - Y_e$ であるから，$Y(t) = Y_e + \widehat{Y}$ である．したがって，

$$Y(t) = Y_e + [Y(0) - Y_e]\, e^{a(g+b-1)t}$$

$t \to \infty$ になるにつれて，$g + b < 1$ であるときにのみ $Y(t) \to Y_e$ となる．すなわち，限界消費性向 g と限界投資性向 b との和は 1 よりも小さくなければならない．

15.29　例題 12 において $P(t) = [P(0) - \overline{P}]\, e^{-m(h-b)t} + \overline{P}$ であることを見た．(a) 初期における価格が以下の条件である場合に，それらの時間径路を説明せよ．(1) $P(0) = \overline{P}$，(2) $P(0) > \overline{P}$，そして (3) $P(0) < \overline{P}$．(b) 結果を図で表わせ．

(a) (1) 初期における価格が均衡価格に等しいときには（$P(0) = \overline{P}$），右辺の第 1 項は消えるから $P(t) = \overline{P}$ である．時間径路は水平線となり、また調整は瞬時的になされる．図 15.1 を見よ．

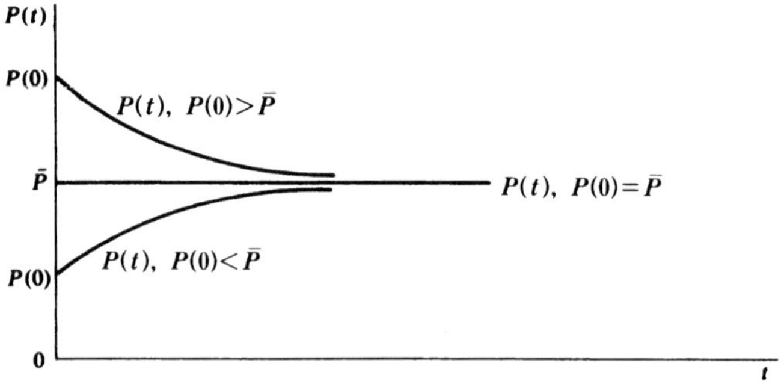

図 15-1

(2) $P(0) > \bar{P}$ であるときには，右辺の第 1 項は正である．したがって $P(t) > \bar{P}$ であり，よって $t \to \infty$ になるにつれて，また右辺の第 1 項 $\to 0$ になるにつれて，$P(t)$ は $\bar{P}$ に上方から近づいていく．

(3) $P(0) < \bar{P}$ であるときには，右辺の第 1 項は負である．$P(t) < \bar{P}$ であるから，$t \to \infty$ になるにつれて，そしてこの第 1 項 $\to 0$ になるにつれて $P(t)$ は $\bar{P}$ に下方から近づいていく．

(b) 図 15-1 を見よ．

15.30　投資率の変化は，ある経済における総需要と生産能力の両面に影響を及ぼすであろう．ドーマーのモデルは，ある経済における生産能力を完全に利用しつつ，その経済がたどる成長の時間径路を求めようとするものである．限界貯蓄性向（s）と限界的な資本/産出比率（k）とがともに一定である場合，望ましい成長を実現するために必要とされる投資関数を求めよ．

総需要の変化は投資の変化に乗数 $\frac{1}{s}$ を掛けたものに等しいから，

$$\frac{dY}{dt} = \frac{1}{s}\frac{dI}{dt} \tag{15.41}$$

である．生産能力の変化は資本ストックの変化に限界的な資本/産出比率の逆数を掛けたものに等しいから，

$$\frac{dQ}{dt} = \frac{1}{k}\frac{dK}{dt} = \frac{1}{k}I \qquad \text{ただし，} \quad \frac{dK}{di} = I \tag{15.42}$$

である．生産能力が完全に利用されているもとでは (15.41) と (15.42) は等しいから，

$$\frac{1}{s}\frac{dI}{dt} = \frac{1}{k}I \qquad \frac{1}{s}dI = \frac{1}{k}I\,dt$$

となる．変数分離を行なうと，

$$\frac{dI}{I} - \frac{s}{k}\,dt = 0$$

となり，これを積分すれば，

$$\ln I - \frac{s}{k}t = 0$$

$$Ie^{-(s/k)t} = c \qquad I = ce^{(s/k)t}$$

となる．$t=0$ では $I(0)=c$ であるから，$I=I(0)e^{(s/k)t}$ となる．

投資は s/k で決定される一定率，すなわち限界貯蓄性向を資本/産出比率で割った値で成長しなければならない．

15.31　ソローのモデルでは，資本と労働がともに完全雇用されている場合の均衡成長径路を考察するものである．これは以下の仮定に基づいている．

1. 生産量は資本と労働を投入要素とする 1 次同次関数，すなわち規模に関して収穫不変である．

$$Y=f(K,\ L) \tag{15.43}$$

2. 生産量に対して一定の比率 s の割合で貯蓄され，よって投資が行なわれる．

$$\frac{dK}{dt}\equiv\dot{K}=sY \tag{15.44}$$

3. 労働供給は一定率 r で成長する．

$$L=L_0e^{rt} \tag{15.45}$$

これらの仮定に基づいて，本モデルの基礎をなす 1 変数 K/L についての微分方程式を導出する．

(15.43) の Y を (15.44) に代入すると，

$$\frac{dK}{dt}=sf(K,\ L) \tag{15.46}$$

(15.45) の L を (15.46) に代入すると

$$\frac{dK}{dt}=sf(K,\ L_0e^{rt}) \tag{15.47}$$

これは労働力の増加率を完全に雇用していくうえで必要な資本形成（dK/dt）の時間径路である．K/L の関数に変形するために，$z=K/L$ とすると $K=zL$ である．(15.45) を用いると，

$$K=zL_0e^{rt} \tag{15.48}$$

(15.48) の導関数をとり，そして z は t の関数であるから，積の法則を用いると，

$$\frac{dK}{dt}=z(rL_0e^{rt})+(L_0e^{rt})\frac{dz}{dt}=\left(zr+\frac{dz}{dt}\right)L_0e^{rt} \tag{15.49}$$

(15.47) と (15.49) を等しくすると，

$$sf(L,\ L_0e^{rt}) = \left(zr + \frac{dz}{dt}\right)L_0e^{rt} \tag{15.50}$$

(15.50) の左辺は 1 次同次生産関数であるから，その値を変えることなく両方の投入要素を L_0e^{rt} で割り，かつ関数それ自体に L_0e^{rt} を掛けることができる．したがって，

$$sf(K,\ L_0e^{rt}) = sL_0e^{rt}f\left(\frac{K}{L_0e^{rt}},\ 1\right) \tag{15.51}$$

(15.51) を (15.50) に代入し，さらに両辺を L_0e^{rt} で割ると，

$$sf\left(\frac{K}{L_0e^{rt}},\ 1\right) = zr + \frac{dz}{dt} \tag{15.52}$$

最後に，K/L_0e^{rt} を z に代え，さらに両辺から zr を引けば，

$$\frac{dz}{dt} = sf(z,\ 1) - zr \tag{15.53}$$

これは 1 変数 z と 2 つのパラメータ r と s からなる微分方程式である．ここで，$z = K/L$，$r =$ 労働力の成長率，そして $s =$ 貯蓄率 である．

15.32　(15.43) の生産関数をさらに特定化して厳密なコッブ・ダグラス型生産関数としよう．すべての資源を完全利用するような資本/労働比率の成長径路を求めよ．すなわち，新しい条件のもとで (15.53) の微分方程式を解け．

厳密なコッブ・ダグラス型生産関数は，$L^{1-\alpha} = L/L^{\alpha}$ であるから，$Y = K^{\alpha}L^{1-\alpha} = L(K/L)^{\alpha}$ という型になる．$z = K/L$ を代入すると，

$$Y = Lz^{\alpha} \tag{15.54}$$

前問で扱った特定化されていない 1 次同次生産関数 (15.43) においては，$Y = f(K,\ L)$ であった．(15.51) と同様に，各投入要素を L で割り，そして関数自体に L を掛けてもその関数の値は変化しない．したがって，

$$Y = f(K,\ L) = Lf\left(\frac{K}{L},\ 1\right) = Lf(z,\ 1) \tag{15.55}$$

ここでは厳密なコッブ・ダグラス型生産関数を仮定しているから，(15.54) の Y を (15.55) と等しくすることによって，

$$
\begin{aligned}
Lz^{\alpha} &= Lf(z,\ 1)\\
z^{\alpha} &= f(z,\ 1)
\end{aligned}
\tag{15.56}
$$

(15.56) を (15.53) に代入すると，

$$
\frac{dz}{dt} = sz^{\alpha} - zr \qquad \frac{dz}{dt} + rz = sz^{\alpha} \tag{15.57}
$$

これはベルヌーイ方程式であり，ここでは $n = \alpha$ であるから $w = z^{1-\alpha}$，$a = r$，そして $b = s$ である．(15.15a) にこれらを代入すると，

$$
\frac{dw}{dt} + (1-\alpha)rw = (1-\alpha)s
$$

$v = (1-\alpha)r$ そして $z = (1-\alpha)s$ として (15.1) を用いると，

$$
\begin{aligned}
w(t) &= e^{-\int (1-\alpha)r\ dt}\left(A + \int (1-\alpha)se^{\int (1-\alpha)r\ dt}dt\right)\\
&= e^{-(1-\alpha)rt}\left(A + \int (1-\alpha)se^{(1-\alpha)rt}dt\right)\\
&= e^{-(1-\alpha)rt}\left[A + \frac{(1-\alpha)s}{(1-\alpha)r}e^{(1-\alpha)rt}\right] = Ae^{-(1-\alpha)rt} + \frac{s}{r}
\end{aligned}
$$

$t = 0$ においては $u(0) = A + s/r$ であるから $A = w(0) - s/r$ となる．したがって，

$$
w(t) = \left[w(0) - \frac{s}{r}\right]e^{-(1-\alpha)rt} + \frac{s}{r}
$$

$w(t) = z^{1-\alpha}$ であるから，

$$
z^{1-\alpha} = \left[z[0]^{1-\alpha} - \frac{s}{r}\right]e^{-(1-\alpha)rt} + \frac{s}{r}
$$

$0 < \alpha < 1$ において $(1-\alpha) > 0$ であり，また $r > 0$ である．よって $t \to \infty$ になるにつれて $z^{1-\alpha} \to s/r$ であるから，$z \to (s/r)^{1/(1-\alpha)}$ となる．資本/労働比率 z はその均衡値である $(s/r)^{1/(1-\alpha)}$ に近づいていくのである．ソローのモデルにおいて，資本/労働比率の均衡水準は貯蓄率（s）に対して比例的に変化し，また労働供給の成長率（r）に対して逆比例的に変化する．

15.33　$w = y^{1-n}$ とすることによって，ベルヌーイ方程式 (15.58) が線形微分方程式 (15.59) に変形されることを証明せよ．

$$\frac{dy}{dt} = ay = by^n \tag{15.58}$$

$$\frac{dw}{dt} + (1-n)aw = (1-n)b \tag{15.59}$$

(15.58) を y^n で割ると，

$$y^{-n}\frac{dy}{dt} + ay^{1-n} = b \tag{15.60}$$

$w = y^{1-n}$ とし，さらに (15.60) への代入が容易になるように導関数をとると，

$$\begin{aligned}\frac{dw}{dt} &= \frac{dw}{dy}\frac{dy}{dt} \\ &= (1-n)y^{-n}\frac{dy}{dt} \qquad y^{-n}\frac{dy}{dt} = \frac{1}{1-n}\frac{dw}{dt}\end{aligned} \tag{15.61}$$

(15.61) と $w = y^{1-n}$ を (15.60) に代入し，さらに $(1-n)$ を掛けると，

$$\frac{dw}{dt} + (1-n)aw = (1-n)b \qquad \text{証明終わり．} \tag{15.62}$$

15.34　貨幣需要は取引動機にもとづくものだけとしよう．したがって，

$$M_d = kP(t)Q \tag{15.63}$$

ここで k は定数であり，P は物価水準，そして Q は実質生産量である．$M_s = M$ とし，またこれは金融当局によって外生的に決定されるものとしよう．もしインフレーションあるいは価格の変化率が社会における財の超過需要に比例するとし，またワルラス法則から，財の超過需要は貨幣の超過供給と同じことであるとすれば，

$$\frac{dP(t)}{dt} = b(M_s - M_d) \tag{15.64}$$

である．実質生産量（Q）が一定であるとき，この安定条件を求めよ．

(15.63) を (15.64) に代入すると，

$$\frac{dP(t)}{dt} = bM_s - bkP(t)Q \tag{15.65}$$

いま，

$$\widehat{P} = P(t) - P_e \tag{15.66}$$

としよう．つまり $\widehat{P}$ は均衡物価水準 P_e からの価格の乖離を表わしている．このとき，(15.66) の導関数を求めると，

$$\frac{d\widehat{P}}{dt} = \frac{dP(t)}{dt} - \frac{dP_e}{dt}$$

しかし均衡においては，$dP_e/dt = 0$ である．したがって，

$$\frac{d\widehat{P}}{dt} = \frac{dP(t)}{dt} \tag{15.67}$$

これを (15.65) に代入すると，

$$\frac{d\widehat{P}}{dt} = bM_s - bkP(t)Q \tag{15.68}$$

均衡においては，$M_s = M_d = kP_eQ$ である．したがって $M_s - kP_eQ = 0$ であるから，$b(M_s - kP_eQ) = 0$ である．(15.68) からこの式を引くと，

$$\frac{d\widehat{P}}{dt} = bM_s - bkP(t)Q - bM_s + bkP_eQ = -bkQ[P(t) - P_e] = -bkQ\widehat{P} \tag{15.69}$$

これは微分方程式である．変数分離を行なうと，

$$\frac{d\widehat{P}}{P} = -bkQ\,dt$$

積分すると、$\ln \widehat{P} = -kbQt + c$ であるから，$\widehat{P} = Ae^{-bkQt}$ となり，ここで $e^c = A$ である．

$b,\ k,\ Q > 0$ であるから，$t \to \infty$ になるにつれて $\widehat{P} \to 0$ となり，ゆえにこの体系は安定的である．$\widehat{P}$ からの時間径路 $P(t)$ を求めるためには，演習問題 15.28 の結論を見よ．そこでは $Y(t)$ が $\widehat{Y}$ から導出されている．

15.35　インフレ予想が現在のインフレ率に対して以下のような正の比例関係にあるものとしよう.

$$\left[\frac{dP(t)}{dt}\right]_E = h\frac{dP(t)}{dt} \tag{15.70}$$

また，インフレ予想は人びとの貨幣をもとうとする欲望を低下させるとしよう.

$$M_d = kP(t)Q - g\left[\frac{dP(t)}{dt}\right]_E \tag{15.71}$$

インフレ率は (15.71) の場合と同じように貨幣の超過供給に比例するものとして，この安定条件を求めよ.

(15.70) を (15.71) に代入すると，

$$M_d = kP(t)Q - gh\frac{dP(t)}{dt} \tag{15.72}$$

(15.72) を (15.64) に代入すると，

$$\frac{dP(t)}{dt} = bM_s - b\left[kP(t)Q - gh\frac{dP(t)}{dt}\right]$$

(15.66) から (15.69) で用いた方法と同様の方法によって，

$$\begin{aligned}\frac{d\widehat{P}}{dt} &= bM_s - bkP(t)Q + bgh\frac{dP(t)}{dt} - bM_s + bkP_eQ \\ &= -bkQ\widehat{P} + bgh\frac{dP(t)}{dt}\end{aligned} \tag{15.73}$$

(15.67) を (15.73) の $dP(t)/dt$ に代入すると，

$$\frac{d\widehat{P}}{dt} = -bkQ\widehat{P} + bgh\frac{d\widehat{P}}{dt} = \frac{-bkQ\widehat{P}}{1-bgh}$$

変数分離を行なうと，

$$\frac{d\widehat{P}}{\widehat{P}} = \frac{-bkQ}{1-bgh}dt$$

積分すると，$\ln \widehat{P} = -bkQt/(1-bgh)$ であるから，

$$\widehat{P} = Ae^{-bkQt/(1-bgh)}$$

$b, k, Q > 0$ であるから，もし $bgh < 1$ であるならば，$t \to \infty$ になるにつれて $\widehat{P} \to 0$ になる．したがって、たとえもし h が 1 よりも大きくても，

すなわち人びとがインフレは激しいと予想したとしても，b と g が十分に小さいかぎり経済は当然安定的である．

第 16 章　差分方程式

16.1　定義と概念

差分方程式とは従属変数と時間的な遅れ（タイム・ラグ）を伴う独立変数（それは複数個の場合もある）との間の離散的に変化する関係を表わす方程式である．それはたとえば $I_t = f(Y_{t-1})$ と表わされ，ここで I および Y は期末において測られている．差分方程式の**階**とは，期間の遅れ（タイム・ラグ）の最高数として定義される．たとえば，**1 階**差分方程式では 1 期のタイム・ラグをもっており，**2 階**差分方程式では 2 期のラグをもっている．t が t から $t+1$ へと変化する場合の y の変化は **y の 1 階の差分**とよばれる．それはつぎのように表わせる．

$$\frac{\Delta y}{\Delta t} = \Delta y_t = y_{t+1} - y_t \tag{16.1}$$

ここで Δ は微分方程式において連続的変化を表わすものとして用いられていた d/dt にとって代わる演算記号である．差分方程式の**解**とはどのような t の値に対しても決まる y の値であり，それは決して差分型を含まないものである．

例題 1　以下の各式はそこに示された階をもつ差分方程式である．

$$I_t = a(Y_{t-1} - Y_{t-2}) \qquad \text{2 階}$$

$$Q_s = a + bP_{t-1} \qquad \text{1 階}$$

$$y_{t+3} - 9y_{t+2} + 2y_{t+1} + 6y_t = 8 \qquad \text{3 階}$$

$$\Delta y_t = 5y_t \qquad \text{1 階}$$

上式に (16.1) を代入すると，

$$y_{t+1} - y_t = 5y_t \qquad y_{t+1} = 6y_t \qquad \text{1 階}$$

となる．

例題 2　つぎの差分方程式において y の初期値が y_0 として与えられると，その解はつぎのようにして求められる．

$$y_{t+1} = by_t \tag{16.2}$$

(16.2) において，$t = 0, 1, 2, 3,$ 等と順次代入していけば，

$$y_1 = by_0 \qquad y_3 = by_2 = b(b^2y_0) = b^3y_0$$
$$y_2 = by_1 = b(by_0) = b^2y_0 \qquad y_4 = by_3 = b(b^3y_0) = b^4y_0$$

となる．したがって，t 期においては，

$$y_t = b^ty_0$$

となる．この方法は**反復法**とよばれる．y_0 は定数であるから，b は t が変化するにつれて y が決定されるうえで重要な割を果たすことに注意せよ．

16.2　1 階線形差分方程式の一般的な解法

線形である 1 階差分方程式は，

$$y_t = by_{t-1} + a \tag{16.3}$$

であり，ここで b と a は定数である．このとき**確定解**を得るための一般的解法は，

$$y_t = \left(y_0 - \frac{a}{1-b}\right)b^t + \frac{a}{1-b} \qquad b \neq 1 \text{ の場合} \tag{16.4}$$

$$y_t = y_0 + at \qquad b = 1 \text{ の場合} \tag{16.4a}$$

である．初期条件が与えられなければ，任意定数 A は (16.4) において $[y_0 - a/(1-b)]$ であり，他方 (17.4a) においては y_0 である．このときそれは**一般解**とよばれる．

例題 3　$yt = -7y_{t-1} + 16$ そして $y_0 = 5$ という差分方程式が与えられたとしよう．この方程式において，$b = -7$ そして $a = 16$ である．$b \neq 1$ であるから，(16.4) の解法を用いると，つぎのように解ける．

$$y_t = \left(5 - \frac{16}{1+7}\right)(-7)^t + \frac{16}{1+7} = 3(-7)^t + 2 \tag{16.5}$$

答えを確かめるために，$t = 0$ と $t = 1$ を (16.5) に代入する．

$$y_0 = 3(-7)^0 + 2 = 5 \qquad (-7)^0 = 1 \text{ であるから，}$$
$$y_1 = 3(-7)^1 + 2 = -19$$

もとの方程式における y_t については $y_1 = -19$ を，また y_{t-1} については $y_0 = 5$ を代入すると，

$$-19 = -7(5) + 16 = -35 + 16$$

である．

16.3　安定条件

(16.4) はつぎのような一般型に書き表わすことができる．

$$y_t = Ab^t + c \tag{16.6}$$

ここで，$A = [y_0 - a/(1 - b)]$ そして $c = a/(1 - b)$ である．Ab^t は**補助関数**とよばれ，他方 c は**特殊解**とよばれる．特殊解は **y の異時間的均衡水準**を表わし，他方補助関数は**均衡水準からの乖離**を表わす．したがって $t \to \infty$ のとき補助関数 $Ab^t \to 0$ のとき，そしてそのときにおいてのみ，(16.6) は動学的に安定である．この動学的安定性はまさしく底 b の値に依存する．しばらくの間 $A = 1$ そして $c = 0$ を仮定すると，例題 4 において図解されているように，指数項 b^t は b がどのような値をとるのかによって，7 通りの異なった時間経路が描かれる．もし $|b| > 1$ ならば時間経路は発散的であるから，均衡値からますます離れていく．反対にもし $|b| < 1$ ならば時間経路は減衰し，その結果，均衡値に向かっていく．もし $b < 0$ ならば，時間経路は符号を交互に変えながら振動し，また $b > 0$ ならば，時間経路は非振動的である．もし $A \neq 1$ ならば，この値は b^t の大きさを拡大したり縮小したりするが，その基本的な動きのパターンを変えることはない．またもし $A = -1$ ならば，b^t の時間経路は横軸を境にして鏡に映したようになる．もし $c \neq 0$ ならば，縦軸切片が変化することになり，それに応じてそのグラフは上方あるいは下方にシフトすることになる．

例題 4　方程式 $y_t = b^t$ において，$-\infty < b < \infty$ であるとする．このとき 7

種類の異なった時間径路が生ずる．そのそれぞれについては以下で説明され，また図 16-1 に描かれている．

1. $b > 1$ の場合，b^t は t が増加するにつれて増加的傾向をもって増加していき，したがって横軸からますます乖離する．これは図 16-1(a) に描かれているが，これは時間の非連続的な変化を表わす階段関数であって，連続関数ではない．$b = 3$ としよう．このとき t が 0 から 4 になるにつれて，$b^t = 1, 3, 9, 27, 81$ となる．
2. $b = 1$ の場合，すべての t に対して $b^t = 1$ である．これは図 16-1(b) において水平線として表わされている．
3. $0 < b < 1$ の場合，b は正の小数であることから，t が増加するにつれて b^t は減少し，横軸にますます近づいていく．しかしそれはつねに正の値のままである．これは図 16-1(c) に描かれている．$b = \dfrac{1}{3}$ としよう．このとき t が 0 から 4 になるにつれて，$b^t = 1, \dfrac{1}{3}, \dfrac{1}{9}, \dfrac{1}{27}, \dfrac{1}{81}$ となる．
4. $b = 0$ の場合，すべての t に対して $b^t = 0$ である．図 16-1(d) を見よ．
5. $-1 < b < 0$ 場合，b は負の小数であるから，t が増加するにつれて b^t は符号を交互に変えながら横軸にますます近づいていく．図 16-1(e) を見よ．$b = -\dfrac{1}{3}$ としよう．このとき t が 0 から 4 になるにつれて，$b^t = 1, -\dfrac{1}{3}, \dfrac{1}{9}, -\dfrac{1}{27}, \dfrac{1}{81}$ となる．
6. $b = -1$ の場合，b^t は $+1$ と -1 の間を振動する．図 16-1(f) を見よ．
7. $b < -1$ の場合，図 16-1(g) に描かれているように，b^t は振動し，かつ横軸からますます乖離していく．$b = -3$ としよう．このとき t が 0 から 4 になるにつれて，$b^t = 1, -3, 9, -27, 81$ となる．

要約すると，

$|b| > 1$　ならば　時間径路は発散する．

$|b| < 1$　ならば　時間径路は収束する．

$b > 0$　ならば　時間径路は振動しない．

$b < 0$　ならば　時間径路は振動する．

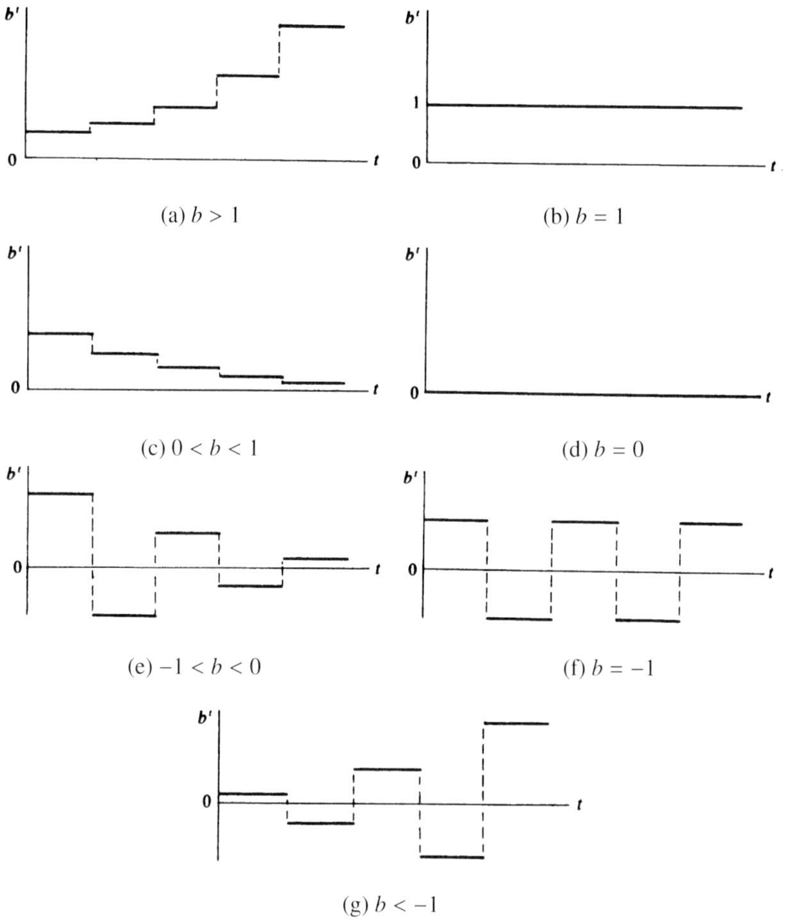

(a) $b > 1$　(b) $b = 1$　(c) $0 < b < 1$　(d) $b = 0$　(e) $-1 < b < 0$　(f) $b = -1$　(g) $b < -1$

図 16-1　b^t の時間径路

例題 5　方程式 $y_t = 6\left(-\frac{1}{4}\right)^t + 6$ において，$b = -\frac{1}{4}$ であるから，時間径路は振動する．また $|b| < 1$ であるから，時間径路は収束する．

$y_t = 5(6)^t + 9$ の場合 $b = 6 > 0$ であるから，時間径路は振動しない．また $|b| > 1$ であるから，時間径路は発散する．

16.4 時間の遅れ（タイム・ラグ）を伴う所得決定モデル

2.3 節で考察した単純な所得決定モデルではタイム・ラグはなかった．ここでは消費が前の所得の関数であると仮定しよう．すなわち，

$$C_t = C_0 + cY_{t-1} \qquad Y_t = C_t + I_t$$

また，ここでは単純化のために $I_t = I_0$ である．したがって $Y_t = C_0 + cY_{t-1} + I_0$ である．(16.3) と符合するように各項を整理し直すと，

$$Y_t = cY_{t-1} + C_0 + I_0 \tag{16.7}$$

である．ここで $b = c$ であり，また $a = C_0 + I_0$ である．限界消費性向 c は 1 ではないから，これらの値を (16.4) に代入し，さらに $t = 0$ において $Y_t - Y_0$ と仮定すると，

$$Y_t = \left(Y_0 - \frac{C_0 + I_0}{1 - c}\right)(c)^t + \frac{C_0 + I_0}{1 - c} \tag{16.8}$$

となる．したがって，この時間径路の安定性は c に依存している．$0 < \text{MPC} < 1$ であるから，$|c| < 1$ であり，したがって時間径路は収束する．また $c > 0$ であるから，振動しない．均衡は安定的であり，よって $t \to \infty$ のとき $Y_t \to (C_0 + I_0)/(1 - c)$ となるが，これは所得の異時間的均衡水準である．

例題 6　$Y_t = C_t + I_t$，$C_t = 200 + 0.9Y_{t-1}$，$I_t = 100$，そして $Y_0 = 4500$ としよう．

Y_t について解くと，

$$Y_t = 200 + 0.9Y_{t-1} + 100 = 0.9Y_{t-1} + 300 \tag{16.9}$$

となる．(16.4) を用いると，

$$Y_t = \left(4500 - \frac{300}{1 - 0.9}\right)(0.9)^t + \frac{300}{1 - 0.9} = 1500(0.9)^t + 3000 \tag{16.10}$$

となる．

$|0.9| < 1$ であるから，この時間径路は収束する．また $0.9 > 0$ であるから，振動しない．したがって，Y_t は動学的に安定的である．$t \to \infty$ のとき右辺の第 1 項はゼロに近づくので，Y_t は所得の異時間的均衡水準，$300/(1 - 0.9) = 3000$，に近づく．

この答えを確かめるために，(16.10) において $t=0$ および $t=1$ としよう．したがって，

$$Y_0 = 1500(0.9)^0 + 3000 = 4500$$
$$Y_1 = 1500(0.9)^1 + 3000 = 4350$$

となる．(16.9) において Y_t に $Y_1 = 4350$ を代入し，さらに Y_{t-1} には $Y_0 = 4500$ を代入すると，

$$4350 - 0.9(4500) = 300$$
$$4350 - 4050 = 300 \qquad \text{比較せよ．}$$

16.5　くもの巣モデル

たとえば農産物は市場に出荷される 1 年前に植えられる．この場合出荷（供給）は前年の価格に依存することになる．このように多くの生産物にとって本年度（今期）の供給量は前年度（前期）の価格に依存している．このことは安定性についての興味深い問題を提起している．いま，

$$Q_{dt} = c + bP_t \qquad \text{そして} \qquad Q_{st} = g + hP_{t-1}$$

であるとすれば，均衡においては，

$$c + bP_t = g + hP_{t-1} \tag{16.11}$$
$$bP_t = hP_{t-1} + (g-c) \tag{16.12}$$

が成立する．(16.3) と符合するように (16.12) を b で割ると，

$$P_t = \frac{h}{b}P_{t-1} + \frac{g-c}{b}$$

となる．通常の需要・供給条件のもとでは $b<0$ であり，また $h>0$ であるから，$h/b \neq 1$ である．(16.4) を用いると，

$$P_t = \left[P_0 - \frac{(g-c)/b}{1-(h/b)}\right]\left(\frac{h}{b}\right)^t + \frac{(g-c)/b}{1-(h/b)}$$
$$= \left(P_0 - \frac{g-c}{b-h}\right)\left(\frac{h}{b}\right)^t + \frac{g-c}{b-h} \tag{16.13}$$

となる．このモデルが均衡にあるときには，$P_t = P_{t-1}$ である．(16.11) における P_t および P_{t-1} に P_e を代入すると，

$$P_e = \frac{g-c}{b-h} \tag{16.13a}$$

となる．これを (16.13) に代入すれば，

$$P_t = (P_0 - P_e)(h/b)^t + P_e$$

となる．

通常の負の勾配をもつ需要関数および正の勾配をもつ供給関数においては，$b < 0$ そして $h > 0$ である．したがって，$h/b < 0$ であるから，この時間径路は振動することになる．

もし $|h| > |b|$ ならば，$|h/b| > 1$ であるから，時間径路 P_t は発散する．

もし $|h| = |b|$ ならば，$|h/b| = 1$ であるから，時間径路は一様に振動する．

もし $|h| < |b|$ ならば，$|h/b| < 1$ であるから，時間径路は収束し，P_t は P_e に近づいていく．

つまり，安定であるためには，供給曲線の勾配が需要曲線の勾配よりも急でなければならない．

例題 7　$Q_{dt} = 86 - 0.8P_t$ そして $Q_{st} = -10 + 0.2P_{t-1}$ としよう．ここで，P_t は任意の時点における市場価格である．このとき均衡価格 P_e は以下のようにして求められる．まず需要と供給を等しいとおけば，

$$86 - 0.8P_t = -10 + 0.2P_{t^1} \qquad -0.8P_t = 0.2P_{t-1} - 96$$

となる．(16.3) と符合するように両辺を -0.8 で割ると，$P_t = -0.25P_{t-1} + 120$ となる．さらに (16.4) を用いると，

$$P_t = \left(P_0 - \frac{120}{1+0.25}\right)(-0.25)^t + \frac{120}{1+0.25} = (P_0 - 96)(-0.25)^t + 96$$

となるが，これは (16.13) に適切な値を代入することによって正しいことが確かめられる．(16.13a) から，$P_e = (-10-86)/(-0.8-0.2) = (-96)/(-1) = 96$ である．

底は $b = -0.25$ であり，これは負でかつ -1 よりも小さいから，時間径路は振動しながら収束する．均衡は安定的であるから，$t \to \infty$ のとき P_t は $P_e = 96$ に収束する．

16.6　ハロッド・モデル

ハロッド・モデルは経済成長の動学的側面を説明しようとするものである．ハロッド・モデルでは貯蓄関数をつぎのように仮定する．

$$S_t = sY_t$$

であり，ここで s は MPS（限界貯蓄性向）すなわち APS（平均貯蓄性向）で一定である．また**加速度原理**，すなわち，投資は経時的に国民所得の変化率に比例すると仮定する．

$$I_t = a(Y_t - Y_{t-1})$$

ここで a は限界資本－産出比率，すなわち平均的な資本－産出比率で，一定である．ところで均衡条件は $I_t = S_t$ である．すなわち，

$$a(Y_t - Y_{t-1}) = sY_t \qquad (a - s)Y_t = aY_{t-1}$$

(16.3) と符合するように $(a - s)$ で両辺を割ると，$Y_t = [a/(a - s)]Y_{t-1}$ となる．$a/(a - s) \neq 1$ であるから，(16.4) を用いると，

$$Y_t = (Y_0 - 0)\left(\frac{a}{a - s}\right)^t + 0 = \left(\frac{a}{a - s}\right)^t Y_0 \tag{16.14}$$

したがって，この時間径路の安定性は $a/(a - s)$ に依存する．$a =$ 資本－産出比率 であり，これは通常 1 よりも大きい．また $s =$ MPS はゼロと 1 の間である．よって底 $a/(a - s)$ はゼロよりも大きく，さらに通常は 1 よりも大きい．したがって，Y_t は発散的ではあるが振動はしない．つまり所得は際限なく拡張し続けていく．

例題 8　**保証成長率**（すなわち，経済が毎年の貯蓄と投資の均衡を保ちつつ成長する径路）は，ハロッド・モデルにおいて以下のように求められる．(16.14) から，Y_t は無限に増加する．また今期の所得は前期の所得の $a/(a-s)$ 倍である．

$$Y_t = \left(\frac{a}{a - s}\right)Y_0 \tag{16.15}$$

ところで，成長率（G）は以下のように定義される．

$$G = \frac{Y_1 - Y_0}{Y_0}$$

上式に (16.15) を代入すると，

$$G = \frac{[a/(a-s)]Y_0 - Y_0}{Y_0} = \frac{[a/(a-s)-1]Y_0}{Y_0}$$
$$= \frac{q}{a-s} - 1 = \frac{a}{a-s} - \frac{a-s}{a-s} = \frac{s}{a-s}$$

となる．したがって保証成長率は，

$$G_w = \frac{s}{a-s} \tag{16.16}$$

例題 9　上のハロッド・モデルにおいて，限界貯蓄性向を 0.12 とし，また資本－産出比率を 2.12 と仮定しよう．(16.14) から Y_t を求めると，

$$Y_t = \left[\frac{2.12}{2.12-0.12}\right]^t Y_0 = (1.06)^t Y_0$$

である．また保証成長率は (16.16) から，

$$G_w = \frac{0.12}{2.12-0.12} = \frac{0.12}{2} = 0.06$$

である．

演習問題

1 階線形差分方程式のための一般的な公式の適用

16.1　(a) 以下の差分方程式を解け，(b) $t = 0$ および $t = 1$ を用いて答えを検算せよ，(c) 時間径路の性質について述べよ．

$$y_t = 6y_{t-1}$$

(a) ここでは $b = 6$ そして $a = 0$ である．$b \neq 1$ であるすべての場合について (16.4) を用いることができるから，これを用いると，

$$y_t = (y_0 - 0)(6)^t + 0 = y_0(6)^t = A(6)^t \tag{16.17}$$

となる．ここで未定定数を意味するものとしてより一般的に用いられる A が y_0 とおき替わっている．

(b) $t = 0$ および $t = 1$ における (16.17) を求めると，

$$y_0 = A(6)^0 = A \qquad y_1 = A(6) = 6A$$

である．もとの問題におけ y_{t-1} と y_t にそれぞれ $y_0 = A$ と $y_1 = 64$ を代入すると，$6A = 6(A)$ である．比較せよ．

(c) (16.17) における底 $b = 6$ は正であり，かつ 1 よりも大きい．すなわち $b > 0$ であり，そして $|b| > 1$ であるから，時間径路は非振動的に発散する．

16.2　演習問題 16.1 を次式について行なえ．

$$y_t = -\frac{1}{4}y_{t-1} + 60 \qquad y_0 = 8$$

(a)

$$y_t = \left(8 - \frac{60}{1 + 1/4}\right)\left(-\frac{1}{4}\right)^t + \frac{60}{1 + 1/4} = -40\left(-\frac{1}{4}\right)^t + 48$$

(b) $t = 0$ において，$y_0 = -40\left(-\frac{1}{4}\right)^0 + 48 = 8$ である．また $t = 1$ において，$y_1 = -40 \times \left(-\frac{1}{4}\right) + 48 = 58$ である．もとの方程式に代入すると，$58 = -\frac{1}{4}(8) + 60 = 58$ である．比較せよ．

(c) $b = -\frac{1}{4}$ であるから，$b < 0$ てかつ $|b| < 1$ である．時間径路は振動しつつ収束する．

16.3　演習問題 16.1 を，$y_t - y_{t-1} = 17$ について行なえ．

(a) 整理すると，$y_t = y_{t-1} + 17$ である．ここでは $b = 1$ である．したがって，(17.4a) を用いると，$y_t = y_0 + 17t = A + 17t$ となる．

(b) $t = 0$ において，$y_0 = A$ である．また $t = 1$ において，$y_1 = A + 17$ である．もとの方程式に代入すると，$(A + 17) - (A) = 17$ となる．比較せよ．

(c) ここでは $b = 1$ である．したがって $b > 0$ であるから y_t は振動しないであろう．しかし $|b| = 1$ であるから，これは特殊なケースとなる．$a \neq 0$ であり，またもし $y_0 = A = 0$ でなければ，補助関数 A は $t \to \infty$ のとき 0 には近づいていかないので，時間径路は発散する．したがって，y_t は

$A+at$ に近づき，特殊解 at にのみ近づくのではない．$b=1$ でかつ $a=0$ の場合については，演習問題 16.11 を参照せよ．

16.4　(a) 以下の差分方程式を解け，(b) $t=0$，$t=1$ を用いてその答えを検算せよ．そして，(c) その時間径路の性質について述べよ．

$$5y_t + 2y_{t-1} - 140 = 0 \qquad y_0 = 30$$

(a) 各項を 5 で割り，整理して，(16.4) を用いると，

$$y_t = -0.4y_{t-1} + 28 = \left(30 - \frac{28}{1+0.4}\right)(-0.4)^t + \frac{28}{1+0.4} = 10(-0.4)^t + 20$$

となる．

(b) $t=0$ において，$y_0 = 30$ である，また $t=1$ において，$y_t = 16$ である．これらをもとの方程式に代入すると，$5(16)+2(30)-140=0$ となる．比較せよ．

(c) $b=-0.4$ であるから，$b<0$ でかつ $|b|<1$ である．したがって，y_t は振動して収束する．

16.5　演習問題 16.4 を次式について行なえ．

$$y_{t+5} + 2y_{t+4} + 57 = 0 \qquad y_0 = 11$$

(a) 期間を 5 期遅らせ，項を整理し，そして (16.4) を用いると，

$$y_t = -2y_{t-1} - 57 = \left(11 + \frac{57}{1+2}\right)(-2)^t + \frac{57}{1+2} = 30(-2)^t - 19$$

となる．

(b) $t=0$ において，$y_0 = 11$ である．また $t=1$ において $y_1 = -79$ である．もとの方程式の y_{t+5} と y_{t+4} にそれぞれ y_1 と y_0 を代入すると，$-79+2(11)+57=0$ となる．比較せよ．

(c) $b=-2$ であるから，$b<0$ でかつ $|b|>1$ である．したがって y_t は振動しかつ発散する．

16.6　演習問題 16.4 を次式について行なえ．

$$\Delta g_t = 14$$

(a) Δg_t を (16.1) に代入すると，

$$g_{t+1} - g_t = 14 \tag{16.18}$$

となる．ここで期間を 1 期遅らせてから項を整理すると，

$$g_t = g_{t-1} + 14$$

となる．(16.4a) を用いると，$g_t = g_0 + 14t = A + 14t$ となる．

(b) $t = 0$ において，$g_0 = A$ である．また $t = 1$ において，$g_1 = A + 14$ である．(16.18) における g_{t+1} と g_t にそれぞれ g_1 と g_0 を代入すると，$(A + 14) = (A) + 14$ となる．比較せよ．

(c) $b = 1$ であるから，g_t は振動しない．もし $A \neq 0$ ならば，g_t は発散する．

16.7　演習問題 16.4 を次式について行なえ．

$$\Delta y_t = y_t + 13 \qquad y_0 = 45$$

(a) 上式の Δy_t に (16.1) を代入し，期間を 1 期遅らせてから項を整理すると，

$$y_t = 2y_{t-1} + 13 \tag{16.19}$$

となる．ここで (16.4) を用いると，

$$y_t = \left(45 - \frac{13}{1-2}\right)(2)^t + \frac{13}{1-2} = 58(2)^t - 13$$

となる．

(b) $t = 0$ において，$y_0 = 45$ である．また $t = 1$ において，$y_1 = 103$ である．これらを (16.19) に代入すると，$103 = 2(45) + 13$ であるから $103 = 103$ となる．比較せよ．

(c) $b = 2$ であるから，$b > 0$ でかつ $|b| > 1$ である．したがって y_t は振動せずかつ発散する．

時間の遅れ（タイム・ラグ）をもつ所得決定モデル

16.8　以下のデータが与えられたとき，各問いに答えよ．(a) 国民所得 Y_t の時間径路を求めよ．(b) $t = 0$，$t = 1$ を用いて答えを検算せよ，(c) 時間径路の安定性について述べよ．

$$C_t = 90 + 0.8Y_{t-1} \qquad I_t = 50 \qquad Y_0 = 1200$$

(a) 均衡においては $Y_t = C_t + I_t$ である．したがって，

$$Y_t = 90 + 0.8Y_{t-1} + 50 = 0.8Y_{t-1} + 140 \qquad (16.20)$$

となる．ここで (16.4) を用いると，

$$Y_t = \left(1200 - \frac{140}{1-0.8}\right)(0.8)^t + \frac{140}{1-0.8} = 500(0.8)^t + 700$$

となる．

(b) $t = 0$ において，$Y_0 = 1200$ であり，また $t = 1$ において $Y_t = 1100$ である．これらを (16.20) に代入すると，

$$1100 = 0.8(1200) + 140 \qquad 1100 = 1100 \qquad \text{比較せよ．}$$

(c) $b = 0.8$ であるから，$b > 0$ でかつ $|b| < 1$ である．時間径路 Y_t は振動せずかつ収束する．したがって Y_t は均衡所得水準 700 へと収束する．

16.9　演習問題 16.8 を次式について行なえ．

$$C_t = 200 + 0.75Y_{t-1}$$
$$I_t = 50 + 0.15Y_{t-1}$$
$$Y_0 = 3000$$

(a) $$Y_t = 200 + 0.75Y_{t-1} + 50 + 0.15Y_{t-1} = 0.9Y_{t-1} + 250$$

(16.4) を用いると，

$$Y_t = \left(3000 - \frac{250}{1-0.9}\right)(0.9)^t + \frac{250}{1-0.9} = 500(0.9)^t + 2500$$

となる．

(b) $Y_0 = 3000$ であり，また $Y_1 = 2950$ である．上式にこれらを代入すると，$2950 = 0.9(3000) + 250$，よって $2950 = 2950$ である．比較せよ．

(c) $b = 0.9$ であるから，時間径路 Y_t は振動せずかつ 2500 に収束する．

16.10　演習問題 16.8 を次式について行なえ．

$$C_t = 300 + 0.87Y_{t-1}$$
$$I_t = 150 + 0.13Y_{t-1}$$
$$Y_0 = 6000$$

(a) $$Y_t = 300 + 0.87Y_{t-1} + 150 + 0.13Y_{t-1} + 450 \tag{16.21}$$

(16.4a) を用いると，$Y_t = 6000 + 450t$ となる．

(b) $Y_0 = 6000$ でありまた $Y_1 = 6450$ である．(16.21) にこれらを代入すると，$6450 = 6000 + 450$ である．比較せよ．

(c) $b = 1$ でありかつ $A \neq 0$ であるから，時間径路 Y_t は振動せずかつ発散する．演習問題 16.3 を参照せよ．

16.11　演習問題 16.8 を次式について行なえ．

$$C_t = 0.92Y_{t-1}$$
$$I_t = 0.08Y_{t-1}$$
$$Y_0 = 4000$$

(a) $$Y_t = 0.92Y_{t-1} + 0.08Y_{t-1} = Y_{t-1}$$

(16.4a) を用いると，$Y_t = 4000 + 0 = 4000$ となる．

(b) $$Y_0 = 4000 = Y_1$$

(c) $b = 1$ でかつ $a = 0$ であるから，Y_t は定常径路である．

16.12　演習問題 16.8 を次式について行なえ．

$$C_t = 300 + 0.5Y_t + 0.4Y_{t-1}$$
$$I_t = 200 + 0.2Y_{t-1}$$
$$Y_0 = 6500$$

(a) $$Y_t = 300 + 0.5Y_t + 0.4Y_{t-1} + 200 + 0.2Y_{t-1} \qquad 0.5Y_t = 0.6Y_{t-1} + 500$$

両辺を 0.5 で割り，(16.4) を用いると，

$$Y_t = 1.2Y_{t-1} + 1000 = \left(6500 - \frac{1000}{1 - 1.2}\right)(1.2)^t + \frac{1000}{1 - 1.2} = 11,500(1.2)^t - 5000$$

となる．

(b) $Y_0 = 6500$ でありまた $Y_1 = 8800$ である．最初に導出した式にこれらを代入すると，

$$8800 = 300 + 0.5(8800) + 0.4(6500) + 200 + 0.2(6500) = 8800$$

である．比較せよ．

(c) $b = 1.2$ であるから，Y_t は振動せずかつ発散する．

16.13　演習問題 16.8 を次式について行なえ.

$$C_t = 200 + 0.5Y_t$$
$$I_t = 3(Y_t - Y_{t-1})$$
$$Y_0 = 10,000$$

(a)　$Y_t = 200 + 0.5Y_t + 3(Y_1 - Y_{t-1})$　$-2.5Y_t = -3Y_{t-1} + 200$

両辺を -2.5 で割り, (17.4) を用いると,

$$Y_t = 1.2Y_{t-1} - 80 = \left(10,000 + \frac{80}{1-1.2}\right)(1.2)^t - \frac{80}{1-1.2} = 9600(1.2)^t + 400$$

となる.

(b) $Y_0 = 10,000$ であり, また $Y_1 = 11,920$ である. これらを最初に導出した式に代入すると,

$$11,920 = 200 + 0.5(11,920) + 3(11,920 - 10,000) = 11,920$$

となる. 比較せよ.

(c) $b = 1.2$ であるから, 時間径路 Y_t は振動せずかつ発散する。

くもの巣モデル

16.14　以下のデータに対して, (a) 任意の時点における市場価格 P_t を求めよ, (b) 均衡価格 P_e を求めよ, (c) 時間径路の安定性を求めよ.

$$Q_{dt} = 180 - 0.75P_t \qquad Q_{st} = -30 + 0.3P_{t-1} \qquad P_0 = 220$$

(a) 需要と供給を等しくすると,

$$180 - 0.75P_t = -30 + 0.3P_{t-1}$$
$$-0.75P_t = 0.3P_{t-1} - 210 \qquad (16.22)$$

となる. 両辺を -0.75 で割り, (16.4) を用いると,

$$P_t = -0.4P_{t-1} + 280 = \left(220 - \frac{280}{1+0.4}\right)(-0.4)^t + \frac{280}{1+0.4}$$
$$= 20(-0.4)^t + 200 \qquad (16.23)$$

となる.

(b) 市場が均衡しているならば，$P_t = P_{t-1}$ である．したがって，(16.22) の P_t と P_{t-1} に P_e を代入すると，

$$180 - 0.75P_e = -30 + 0.3P_e \qquad P_e = 200$$

となる．これは (16.23) の右辺第 2 項である．

(c) $b = -0.4$ であるから，時間径路 P_t は振動しかつ収束する．

16.15　$t = 0$ および $t = 1$ を用いて，演習問題 16-14(a) の答えを確かめよ．

(16.23) から，$P_0 = 20(-0.4)^0 + 200 = 220$ であり，また $P_1 = 20(-0.4) + 200 = 192$ である．(16.22) の P_t と P_{t-1} に P_1 と P_0 をそれぞれ代入すると，

$$\begin{aligned} 180 - 0.75(192) &= -30 + 0.3(220) \\ 36 &= 36 \end{aligned}$$

となる．

16.16　演習問題 16.14 を次式において行なえ．

$$\begin{aligned} Q_{dt} &= 220 - 0.4P_t \\ Q_{st} &= -30 + 0.6P_{t-1} \\ P_0 &= 254 \end{aligned}$$

(a)

$$\begin{aligned} 220 - 0.4P_t &= -30 + 0.6P_{t-1} \\ -0.4P_t &= 0.6P_{t-1} - 250 \end{aligned}$$

両辺を -0.4 で割り，(16.4) を用いると，

$$P_t = -1.5P_{t-1} + 625 = \left(254 - \frac{625}{1 + 1.5}\right)(-1.5)^t + \frac{625}{1 + 1.5} = 4(-1.5)^t + 250$$

となる．

(b)

$$P_e = 250$$

(c) $b = -1.5$ であるから，P_t は振動しかつ発散する．

ハロッドの成長モデル

16.17　以下のデータに対して，(a) 任意の時点における所得水準 Y_t を求めよ，(b) 保証成長率を求めよ．

$$I_t = 2.66(Y_t - Y_{t-1})$$
$$S_t = 0.16Y_t$$
$$Y_0 = 9000$$

(a) 均衡において，

$$2.66(Y_t - Y_{t-1}) = 0.16Y_t \qquad 2.5Y_t = 2.66Y_{t-1}$$

となる．両辺を 2.5 で割り，(16.4) を用いると，

$$Y_t = 1.064Y_{t-1} = (9000 - 0)(1.064)^t + 0 = 9000(1.064)^t$$

となる．

(b) (16.16) から，$G_w = 0.16/(2.66 - 0.16) = 0.064$ である．

その他の応用

16.18　初期の貨幣量 P_0 を利子率 i で t 年間複利預金をする場合の現在価値 P_t の公式を導出せよ．

利子率が複利で用いられるとき，

$$P_{t+1} = P_t + iP_t = (1 + i)P_t$$

となる．(16.3) に符合するように期間を 1 期遅らせると，

$$P_t = (1 + i)P_{t-1}$$

となる．$i \neq 0$ であるから，(16.4) を用いると，

$$P_t = (P_e + 0)(1 + i)^t + 0 = P_e(1 + i)^t$$

となる．

16.19 $Q_{dt} = c + z2P_t$，$Q_{st} = g + hP_t$ と仮定し，さらに，

$$P_{t+1} = P_t - a(Q_{st} - Q_{dt}) \tag{16.24}$$

を仮定しよう．すなわち (16.24) は，価格がもはや市場調整メカニズムによって決定されるのではなく，在庫水準（$Q_{st} - Q_{dt}$）によって決定されることを意味するものである．また，在庫増（$Q_{st} > Q_{dt}$）は価格を引き下げるであろうし，他方，在庫減（$Q_{st} < Q_{dt}$）は価格を引き上げるであろうから，$a > 0$ も仮定しよう．(a) 任意の時点における価格 P_t を求めよ，さらに，(b) 時間経路の安定条件について述べよ．

(a) (16.24) に Q_{st} と Q_{dt} を代入すると，

$$\begin{aligned} P_{t+1} &= P_t - a(g + hP_t - c - zP_t) \\ &= [1 - a(h - z)]P_t - a(g - c) = [1 + a(z - h)]P_t - a(g - c) \end{aligned}$$

となる．(16.3) に符合するように期間を 1 期遅らせ，さらに (16.4) を用いると，

$$\begin{aligned} P_t &= \left[P_0 + \frac{a(g - c)}{1 - [1 + a(z - h)]}\right][1 + a(z - h)]^t - \frac{a(g - c)}{1 - [1 + a(z - h)]} \\ &= \left(P_0 - \frac{g - c}{z - h}\right)[1 + a(z - h)]^t + \frac{g - c}{z - h} \end{aligned} \tag{16.25}$$

となる．(16.13a) を導いたときと同様にして均衡価格 P_e を求め，それを (16.25) に代入すると，

$$P_t = (P_0 - P_e)[1 + a(z - h)]^t + P_e \tag{16.26}$$

となる．

(b) 時間経路の安定性は $b = 1 + a(z - h)$ に依存する．$a > 0$ であり，また $z < 0$，$h > 0$ という通常の条件のもとでは，$a(z - h) < 0$ である．したがって，

もし $0 < |a(z - h)| < 1$ であるならば，$0 < b < 1$ である．よって P_t は振動せずかつ収束する．

もし $a(z - h) = -1$ であるならば，$b = 0$ である．よって P_t は初期の均衡水準にとどまる（$P_t = P_0$）．

もし $-2 < a(2-b) < -1$ ならば，$-1 < b < 0$ である．よって P_t は振動しかつ収束する．

もし $a(2-b) = -2$ であるならば，$b = -1$ である．よって P_t は P_0 と $(-P_0 + 2P_e)$ の間を一様に振動する．

もし $a(z-h) < -2$ ならば，$b < -1$ である．よって P_t は振動しかつ発散する．

16.20　以下のデータに対して，(a) 任意の時点における価格 P_t を求めよ，(b) $t = 0$ および $t = 1$ を用いて答えを確かめよ，(c) 安定条件について述べよ．

$$Q_{dt} = 120 - 0.5P_t \quad Q_{st} = -30 + 0.3P_t \quad P_{t+1} = P_t - 0.2(Q_{st} - Q_{dt}) \quad P_0 = 200$$

(a) 第 3 式に第 1 式と第 2 式を代入すると，

$$P_{t+1} = P_t - 0.2(-30 + 0.3P_t - 120 + 0.5P_t) = 0.84P_t + 30$$

となる．期間を 1 期遅らせてから (16.4) を用いると，

$$P_t = 0.84P_{t-1} + 30 = \left(200 - \frac{36}{1 - 0.84}\right)(0.84)^t + \frac{30}{1 - 0.84} = 12.5(0.84)^t + 187.5$$

となる．

(b) $P_0 = 200$ で $P_1 = 198$ である．これらを $P_{t+1} = P_t - 0.2(-30 + 0.3P_t - 120 + 0.5P_t)$ に代入すると，$198 = 200 - 0.2[-30 + 0.3(200) - 120 + 0.5(200)] = 198$ となる．比較せよ．

(c) $b = 0.84$ であるから，P_t は振動せずかつ 187.5 に収束する．

第 17 章　2 階微分方程式と 2 階差分方程式

17.1　2 階微分方程式

2 階微分方程式はその解を 2 つの部分，すなわち補助関数 y_c と特殊積分 y_p とに分けることが必要である．したがって，一般解はそれら 2 つの合計，すなわち $y(t) = y_c + y_p$ となる．いま 2 階線形微分方程式が以下のように与えられたとしよう．

$$y''(t) + b_1 y'(t) + b_2 y(t) = a \tag{17.1}$$

ここで b_1，b_2 そして a は定数である．このとき特殊積分は，

$$y_p = \frac{a}{b_2} \qquad b_2 \neq 0 \tag{17.2}$$

$$y_p = \frac{a}{b_1}t \qquad b_2 = 0,\quad b_1 \neq 0 \tag{17.2a}$$

$$y_p = \frac{a}{2}t^2 \qquad b_1 = b_2 = 0 \tag{17.2b}$$

となる．他方，補助関数は，

$$y_c = y_1 + y_2 \tag{17.3}$$

$$y_1 = A_1 e^{r_1 t} \tag{17.3a}$$

$$y_2 = A_2 e^{r_2 t} \tag{17.3b}$$

$$r_1,\ r_2 = \frac{-b \pm \sqrt{b_1^2 - 4b_2}}{2} \tag{17.4}$$

となる．ここで，A_1，A_2 は任意定数であり，また $b_1^2 \neq 4b_2$ である．また r_1 と r_2 は固有根とよばれ，これは (17.4) すなわち固有方程式もしくは補助方程式 ── $r^2 + b_1 r + b_2 = 0$ ── の解である．

例題 1　つぎの各 2 階微分方程式の特殊積分は以下のようにして求められる．

(1) $y''(t) - 5y'(t) + 4y(t) = 2$　(2) $y''(t) + 3y'(t) = 12$　(3) $y''(t) = 16$

(1) については (17.2) を用いると，

$$y_p = \frac{2}{4} = \frac{1}{2} \tag{17.5}$$

(2) については (17.2a) を用いると，

$$y_p = \frac{12}{3}t = 4t \tag{17.5a}$$

(3) については (17.2b) を用いると，

$$y_p = \frac{16}{2}t^2 = 8t^2 \tag{17.5b}$$

例題 2　例題 1 における 2 階微分方程式 (1) と (2) の補助関数は以下のようにして求められる．なお (3) については例題 9 で扱われる．

(1) において，(17.4) を用いると，

$$r_1,\ r_2 = \frac{+5 \pm \sqrt{(-5)^2 - 4(4)}}{2} = \frac{5 \pm 3}{2} = 1,\ 4$$

である．これらをまず (17.3a) と (17.3b) に代入し，それをさらに (17.3) に代入すると，

$$y_c = A_1 e^t + A_2 e^{4t} \tag{17.6}$$

となる．

(2) については，

$$r_1,\ r_2 = \frac{-3 \pm \sqrt{(3)^2 - 4(0)}}{2} = \frac{-3 \pm 3}{2} = 0,\ -3$$

したがって，

$$y_c = A_1 e^0 + A_2 e^{-3t} = A_1 + A_2 e^{-3t} \tag{7.6a}$$

である．

例題 3　微分方程式の一般解は補助関数と特殊積分からなる（15.2 節）．すなわち $y(t) = y_c + y_p$ である．例題 1 での各方程式にこれを用いれば，

(1) については，(17.6) と (17.5) から，

$$y(t) = A_1e^t + A_2e^{4t} + \frac{1}{2} \tag{17.7}$$

(2〕については，(17.6a) と (17.5a) から，

$$y(t) = A_1 + A_2e^{-3t} + 4t \tag{17.7a}$$

である．

例題 4　例題 3 の (1) に対する確定解は以下のようにして求められる．いま $y(0) = 5\frac{1}{2}$ と $y'(0) = 11$ を仮定しよう．

(17.7) から，

$$y(t) = A_1e^t + A_2e^{4t} + \frac{1}{2} \tag{17.8}$$

であるから，

$$y'(t) = A_1e^t + 4A_2e^{4t} \tag{17.8a}$$

となる．$t = 0$ における (17.8) と (17.8a) を求め，さらに初期条件から $y(0) = 5\frac{1}{2}$ と $y'(0) = 11$ をおけば，

$$y(0) = A_1e^0 + A_2e^{4(0)} + \frac{1}{2} = 5\frac{1}{2} \quad \text{よって} \quad A_1 + A_2 = 5$$

$$y'(0) = A_1e^0 + 4A_2e^{4(0)} = 11 \quad \text{よって} \quad A_1 + 4A_2 = 11$$

となる．両辺を連立して解けば，$A_1 = 3$，$A_2 = 2$ となる．(17.7) にこれらを代入すると，

$$y(t) = 3e^t + 2e^{4t} + \frac{1}{2} \tag{17.9}$$

この解を検算するためには，(17.9) が，

$$y(t) = 3e^t + 2e^{4t} + \frac{1}{2}$$

であるから，

$$y'(t) = 3e^t + 8e^{4t} \qquad y''(t) = 3e^t + 32e^{4t}$$

が得られる．よって，もとの方程式［例題 1 における (1)］にそれぞれ代入すると，

$$(3e^t + 32e^{4t}) - 5(3e^t + 8e^{4t}) + 4\left(3e^t + 2e^{4t} + \frac{1}{2}\right) = 2$$

となる．

17.2　2 階差分方程式

2 階差分方程式の一般解は補助関数と特殊解からなる．すなわち，$y(t) = y_c + y_p$ である．いまつぎのような 2 階線形差分方程式を考えよう．

$$y_t + b_1 y_{t-1} + b_2 y_{t-2} = a \tag{17.10}$$

ここで b_1，b_2，そして a は定数である．このとき特殊解は，

$$y_p = \frac{a}{1 + b_1 + b_2} \qquad b_1 + b_2 \neq -1 \tag{17.11}$$

$$y_p = \frac{a}{2 + b_1}t \qquad b_1 + b_2 = -1 \quad b_1 \neq -2 \tag{17.11a}$$

$$y_p = \frac{a}{2}t^2 \qquad b_1 + b_2 = -1 \quad b_1 = -2 \tag{17.11b}$$

となる．他方，補助関数は，

$$y_c = A_1 r_1^t + A_2 r_2^t \tag{17.12}$$

である．ここで A_1 と A_2 は任意定数であり，また固有根 r_1 と r_2 は $b_1^2 \neq 4b_2$ を仮定したうえで (17.4) を用いることによって求められる．

例題 5　以下の各 2 階線形差分方程式の特殊解はつぎのようにして求められる．

(1)　$y_t - 10y_{t-1} + 16y_{t-2} = 14$　　(2)　$y_t - 6y_{t-1} + 5y_{t-2} = 12$

(3)　$y_t - 2y_{t-1} + y_{t-2} = 8$

(1) については (17.11) を用いると，

$$y_p = \frac{14}{1 - 10 + 16} = 2 \tag{17.13}$$

(2) については (17.11a) を用いると，

$$y_p = \frac{12}{2 - 6}t = -3t \tag{17.13a}$$

(3) については (17.11b) を用いると，

$$y_p = \frac{8}{2}t^2 = 4t^2 \tag{17.13b}$$

例題 6　例題 5 の (1) と (2) についての補助関数は以下のように求められる．また (3) については例題 9 を見よ．

(1) については (17.4) を用いて固有根を求め，さらにそれらを (17.12) に代入する．

$$r_1,\ r_2 = \frac{10 \pm \sqrt{100 - 4(16)}}{2} = \frac{10 \pm 6}{2} = 2,\ 8$$

したがって，

$$y_c = A_1(2)^t + A_2(8)^t \tag{17.14}$$

(2) についても同様である．

$$r_1,\ r_2 = \frac{6 \pm \sqrt{36 - 4(5)}}{2} = \frac{6 \pm 4}{2} = 1,\ 5$$

したがって，

$$y_c = A_1(1)^t + A_2(5)^t = A_1 + A_2(5)^t \tag{17.14a}$$

例題 7　例題 5 の (1) と (2) の一般解は以下のように求められる．

(1) については $y(t) = y_c + y_p$ であるから，(17.14) と (17.13) を用いて，

$$y(t) = A_1(2)^t + A_2(8)^t + 2 \tag{17.15}$$

となる．また (2) については同様に (17.14a) と (17.13a) を用いて，

$$y(t) = A_1 + A_2(5)^t - 3t \tag{17.15a}$$

となる．

例題 8　$y(0) = 10$ と $y(1) = 36$ とすれば，例題 7 の (1) に対する確定解がつぎのようにして求められる．

(17.15) に $t = 0$ と $t = 1$ をそれぞれ代入すると，

$$y(0) = A_1(2)^0 + A_2(8)^0 + 2 = A_1 + A_2 + 2$$
$$y(1) = A_1(2) + A_2(8) + 2 = 2A_1 + 8A_2 + 2$$

となる．ここで初期条件から $y(0) = 10$，$y(1) = 36$ とおけば，

$$A_1 + A_2 + 2 = 10$$
$$2A_1 + 8A_2 + 2 = 36$$

これを連立して解くと，$A_1 = 5$，$A_2 = 3$ となる．最後にこれらを (17.15) に代入すると，

$$y(t) = 5(2)^t + 3(8)^t + 2 \tag{17.16}$$

となる．

この答えは (17.16) を $t = 0$，$t = 1$ そして $t = 2$ において評価することによって検算できる．すなわち，

$$y(0) = 5 + 3 + 2 = 10 \qquad y(1) = 10 + 24 + 2 = 36$$
$$y(2) = 20 + 192 + 2 = 214$$

であるから，例題 5 の (1) ── $y_t - 10y_{t-1} + 16y_{t-2} = 14$ ── において，y_t，y_{t-1}，y_{t-2} にそれぞれ $y(2)$，$y(1)$，$y(0)$ を代入すれば，$214 - 10(36) + 16(10) = 14$ となる．

17.3　固有根

固有方程式は 3 つの異なるタイプの根をもちうる．

1. **相異なる実根**　$b_1^2 > 4b_2$ であるとき，(17.14) における平方根は実数となり，よって r_1 と r_2 は (17.6) および (17.6a) で示されているような相異なる実数となる．
2. **実数の重根**　$b_1^2 = 4b_2$ であるとき，(174) における平方根は消えてしまうので，r_1 と r_2 は同じ実数をとる．実数の重根の場合には，(17.3) および (17.12) で表わされている y_c の形はつぎのように変える必要がある．

$$y_c = A_1 e^{rt} + A_2 t e^{rt} \tag{17.17}$$

$$y_c = A_1 r^t + A_2 t r^t \tag{17.18}$$

3. **複素根**　$b_1^2 < 4b_2$ であるとき，(17.4) は負の数の平方根を含むことになり，これは**虚数**とよばれる．この場合には，r_1 と r_2 は複素数となる．**複素数**は実数部分と虚数部分を含む数である．たとえば $(12 + i)$ は複素数であり，ここで $i = \sqrt{-1}$ である．

   ((17.4) を用いて得られた答えを検算するための簡単なテスト法としては，$r_1 + r_2$ が $-b_1$ に等しくなければならないし，$r_1 \times r_2$ が b_2 に等しくならなければならないことを見ればよい．)

例題 9　例題 1 の方程式 (3) —— $y''(t) = 16$ —— の補助関数は，以下のようにして求められる．(17.4) から，

$$r_1,\ r_2 = \frac{0 \pm \sqrt{0 - 4(0)}}{2} = 0$$

である．$r_1 = r_2 = 0$，すなわち，これは実数の重根の場合であるから，(17.17) を用いると，$y_c = A_1e^0 + A_2te^0 = A_1 + A_2t$ となる．

例題 5 の方程式 (3) —— $y_t - 2y_{t-1} + y_{t-2} = 8$ —— においては，補助関数を求めるために (17.4) を用いると，

$$r_1,\ r_2 = \frac{2 \pm \sqrt{4 - 4(1)}}{2} = \frac{2 \pm 0}{2} = 1$$

となり，$r_1 = r_2 = 1$ であるから，(17.18) を用いると，$y_c = A_1(1)^t + A_2t(1)^t = A_1 + A_2t$ となる．

17.4　共役複素数

(17.4) において $b_1^2 < 4b_2$ であるとき，$\sqrt{-1}$ をくくり出すと，

$$r_1,\ r_2 = \frac{-b_1 \pm \sqrt{-1}\sqrt{4b_2 - b_1^2}}{2} = \frac{-b_1 \pm i\sqrt{4b_2 - b_1^2}}{2}$$

となる．これをより簡単な形で表わすと，

$$r_1,\ r_2 = g \pm hi \tag{17.19}$$

となる．ここで，

$$g = -\frac{1}{2}b_1 \quad \text{そして} \quad h = \frac{1}{2}\sqrt{4b_2 - b_1^2}$$

である．

$g \pm hi$ はそれがつねにともに現われることから**共役複素数**とよばれる．(17.19) を (17.3) と (17.12) に代入すれば，複素根の場合の補助関数 y_c はつぎのように表わされる．

$$y_c = A_1e^{(g+hi)t} + A_2e^{(g-hi)t} = e^{gt}(A_1e^{hit} + A_2e^{-hit}) \tag{17.20}$$

$$y_c = A_1(g + hi)^t + A_2(g - hi)^t \tag{17.21}$$

例題 10　$y''(t) + 2y'(t) + 5y(t) = 18$ の補助関数は以下のようにして求められる．

$b_1^2 < 4b_2$ であるから (17.19) を用いると，

$$g = -\frac{1}{2}(2) = -1 \qquad h = \frac{1}{2}\sqrt{4(5) - (2)^2} = \frac{1}{2}(4) = 2$$

したがって，r_1，$r_2 = -1 \pm 2i$ である．これらを (17.20) に代入すれば，$y_c = e^{-t}(A_1 e^{2it} + A_2 e^{-2it})$ となる．

17.5　三角関数

三角関数は複素数に関連づけられてたびたび用いられる．図 17-1 において角度 θ を考えると，それは半径 k の円の中央に位置しかつ逆時計回わりに測られるが，このとき θ に関する三角関数はつぎのように表わされる．

$$\text{sine (sin)}\,\theta = \frac{h}{k} \qquad \text{cosine (cos)}\,\theta = \frac{g}{k}$$

$$\text{tangent (tan)}\,\theta = \frac{h}{g} \qquad \text{cotangent (cot)}\,\theta = \frac{g}{h}$$

$$\text{secant (sec)}\,\theta = \frac{k}{g} \qquad \text{cosecant (csc)}\,\theta = \frac{k}{h}$$

また，4 つの象限のそれぞれにおける三角関数の符号は，

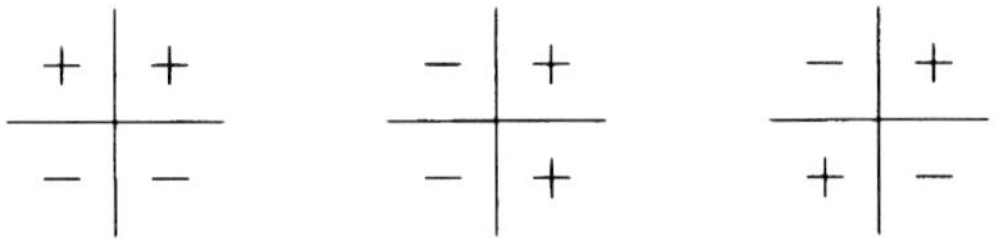

sin，csc　　cos，sec　　tan，cot

である．

角度 θ はよく**ラジアン**で測られる．円全体で 2π ラジアンであるから，$1° = \pi/180$ ラジアンである．よって $360° = 2\pi$ ラジアン，$180° = \pi$ ラジアン，$90° = \pi/2$ ラジアン，そして $45° = \pi/4$ ラジアンである．

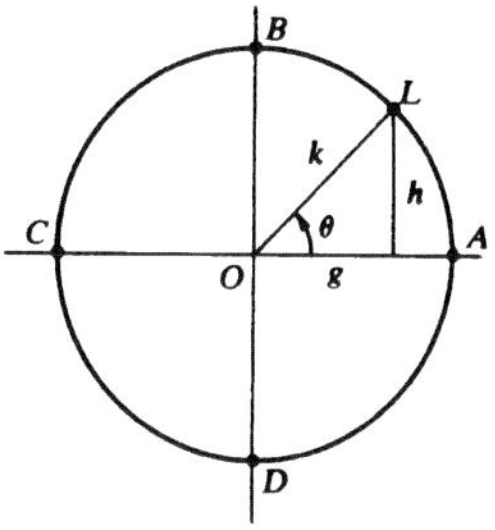

図 17-1

例題 11　図 17-1 における半径 OL が A から出発して逆時計回りに $360°$ 移動すると，$\sin\theta = h/k$ は A における 0 から，B において 1，C において 0，D において -1 の各値をとり，ふたたび A において 0 となる．他方 $\cos\theta = g/k$ は A における 1 から，B において 0，C において -1，D において 0 の各値をとり，ふたたび A において 1 となる．これは表 1 にまとめられており，また図 17-2 において示されている．どちらの関数も 2π という周期で周期性をもっていることに留意せよ（すなわち，どちらの関数も $360°$ ごとに，あるいは 2π ラジアンごとにその値が繰り返す）．またどちらの関数の振幅も 1 であるが，唯一の違いは相が異なっている，あるいはそのピーク時における位置が異なっているということである．

表 1

角　度	0	90	180	270	360
ラジアン	0	$\frac{\pi}{2}$	π	$\frac{3}{2}\pi$	2π
$\sin\theta$	0	1	0	-1	0
$\cos\theta$	1	0	-1	0	1

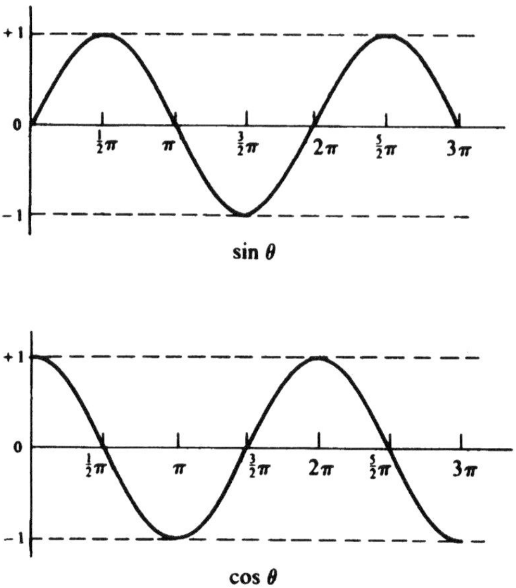

図 17-2

17.6　三角関数の導関数

u を x について微分可能な関数とすると，三角関数の導関数は以下の通りである．

(1) $\dfrac{d}{dx}(\sin u) = \cos u \dfrac{du}{dx}$

(2) $\dfrac{d}{dx}(\cos u) = -\sin u \dfrac{du}{dx}$

(3) $\dfrac{d}{dx}(\tan u) = \sec^2 u \dfrac{du}{dx}$

(4) $\dfrac{d}{dx}(\cot u) = -\csc^2 u \dfrac{du}{dx}$

(5) $\dfrac{d}{dx}(\sec u) = \sec u \tan u \dfrac{du}{dx}$

(6) $\dfrac{d}{dx}(\csc u) = -\csc u \cot u \dfrac{du}{dx}$

例題 12　つぎの各三角関数の導関数は以下のように求められる．

(1) $y = \sin(3x^2 + 6)$　(2) $y = 4\cos 2x$　(3) $y = (1 + \tan x)^2$

(1) $\dfrac{dy}{dx} = 6x\cos(3x^2 + 6)$　(2) $\dfrac{dy}{dx} = -8\sin 2x$

(3) $\dfrac{dy}{dx} = 2(1 + \tan x)(\sec^2 x) = 2\sec^2 x(1 + \tan x)$

17.7　虚数および複素数の変換

虚数および複素数を三角関数に変換する場合に，次の 3 つの法則が役に立つ．

1. g および b は図 17-1 においてデカルト座標であるが，これはつぎのような簡単な公式によって極座標とよばれる θ と k によって表わすことができる．

$$g = k\cos\theta \qquad h = k\sin\theta \qquad k > 0$$

したがって共役複素数（$g \pm hi$）はつぎのように変換される．

$$g \pm hi = k\cos\theta \pm ik\sin\theta = k(\cos\theta \pm i\sin\theta) \tag{17.22}$$

2. いわゆるオイラーの公式によって，

$$e^{\pm i\theta} = \cos\theta \pm i\sin\theta \tag{17.23}$$

したがって (17.23) を (17.22) に代入することにより，（$g \pm hi$）をつぎのように表わすこともできる．

$$g \pm hi = ke^{\pm i\theta} \tag{17.23a}$$

3. (17.23a) から，共役複素数を n 乗すると，

$$(g \pm hi)^n = (ke^{\pm i\theta})^n = k^n e^{\pm in\theta} \tag{17.24}$$

となる．あるいはまた，(17.23) を用い，さらに θ を $n\theta$ におき換えるとド・モアブルの定理を得る．

$$(g \pm hi)^n = k^n(\cos n\theta \pm i\sin n\theta) \tag{17.25}$$

例題 13　指数形式の虚数の値の求め方は以下の通りである．

$\theta = 2\pi$ として (17.23) を用いると，

$$e^{2i\pi} = \cos 2\pi + i\sin 2\pi$$

である．表 1 から $\cos 2\pi = 1$ そして $\sin 2\pi = 0$ である．したがって，$e^{2i\pi} = 1 + i(0) = 1$ となる．

例題 14　(17.20) および (17.21) における指数形式の虚数は，つぎのようにして三角関数に変換される．

(17.20) から，$y_c = e^{gt}(A_1 e^{hit} + A_2 e^{-hit})$ である．$\theta = ht$ として (17.23) を用いると，

$$\begin{aligned} y_c &= 2e^{gt}[A_1(\cos ht + i \sin ht) + A_2(\cos ht - i \sin ht)] \\ &= e^{gt}[(A_1 + A_2)\cos ht + (A_1 - A_2) i \sin ht] \\ &= e^{gt}(B_1 \cos ht + B_2 \sin ht) \end{aligned} \tag{17.26}$$

となる．ここで $B_1 = A_1 + A_2$，$B_2 = (A_1 - A_2)i$ である．

(17.21) から，$y_c = A_1(g + hi)^t + A_2(g - hi)^t$ である．n を t に代えて (17.25) を用いると，

$$\begin{aligned} y_c &= A_1 k^t(\cos t\theta + i \sin t\theta) + A_2 k^t(\cos t\theta - i \sin t\theta) \\ &= k^t[(A_1 + A_2)\cos t\theta + (A_1 - A_2) i \sin t\theta] \\ &= k^t(B_1 \cos t\theta + B_2 \sin t\theta) \end{aligned} \tag{17.27}$$

となる．ここで $B_1 = A_1 + A_2$，$B_2 = (A_1 - A_2)i$ である．

例題 15　(17.26) および (17.27) の時間径路は以下のように求められる．

まず (17.26) の各項を調べてみると，

1. $(B_1 \cos ht)$ は図 17-2 にみられるような t についての余弦関数であるが，その周期は 2π ではなく $2\pi/h$ であり，さらに振幅は 1 ではなく定数倍 B_1 である．
2. $(B_2 \sin ht)$ も同様に，周期 $2\pi/h$，振幅 B_2 の t についての正弦関数である．
3. はじめの 2 項は一定に振幅するから，安定性の問題は e^{gt} に依存する．すなわち，

   $g > 0$ のとき，e^{gt} は t が増加するにつれて逓増的に大きくなる．このことは振幅を大きくさせ，よって y_c は発散振動し，収束することはない．

   $g = 0$ のとき，$e^{gt} = 1$ であるから，y_c は正弦および余弦関数によって決定された一様振動を示す．この場合にも収束することはない．

   $g < 0$ のとき，e^{gt} は t が増加するにつれてゼロに近づいていく．このことは振動を減少させ，徐々にその振動を小さくするから，y_c は収束する．

図 17-3 を見よ．

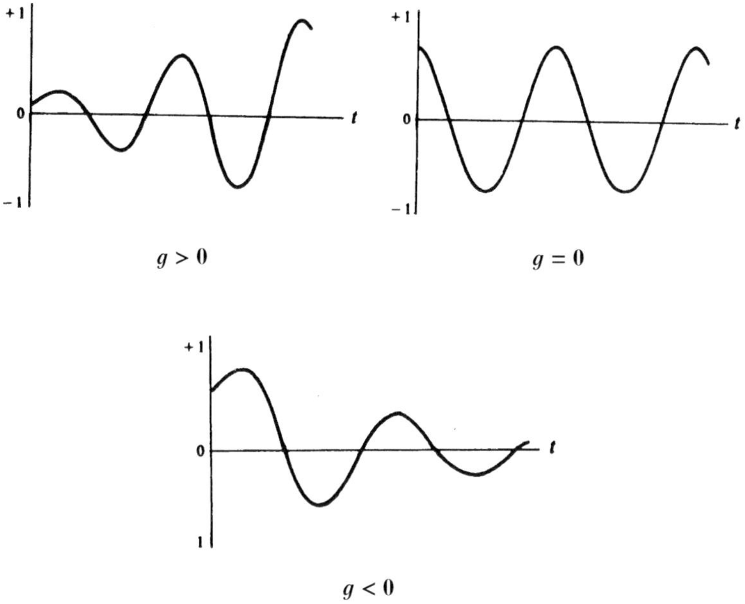

図 17-3　y_c の時間経路

(17.27) は t が離散的な間隔でのみ変化する差分方程式に関するものであるから，y_c は連続関数というよりはむしろ階段関数である（図 16-1 を見よ）．しかしそれは (17.26) と同様に振動するであろうし，また安定性は k^t に依存するであろう．$|k| < 1$ であるときには，y_c は収束するであろう．これらの点については，演習問題 17.5～17.8，17.12～17.14，そして 17.21～17.23 を見よ．

17.8　安定条件

相異なる実根および実数の重根をもつ 2 階線形微分方程式においては，各根が負であることが収束するためには必要である．もしいずれか一方が正であるのなら，正の根をもつ指数項は t が無限大に近づくにつれて無限大に近づいてしまう．それゆえ収束することはない．この点については演習問題 17.5～17.8 を見よ．複素根の場合には，例題 15 で説明したように，(17.26) における e^{gt} の g が負になることが収束のためには必要である．

また，相異なる実根および実数の重根をもつ 2 階線形差分方程式の場合には，2 根のうちのいずれかその絶対値が大きいほうの根をそれが時間径路を支配するという意味から**支配根**とよぶ．よって収束のためにはその支配根の絶対値が 1 よりも小さいことが必要である．この点については演習問題 17.12～17.14 を見よ．また複素根の場合には，例題 15 で説明したように，(17.27) における k の絶対値が 1 よりも小さいことが収束のためには必要である．

演習問題

2 階線形微分方程式

●相異なる実根

17.1　つぎの方程式に対して，(a) 特殊積分 y_p，(b) 補助関数 y_c，そして (c) 一般解 $y(t)$ をそれぞれ求めよ．

$$y''(t) + 9y'(t) + 14y(t) = 7$$

(a) (17.2) を用いて，$y_p = \dfrac{7}{14} = \dfrac{1}{2}$

(b) (17.4) を用いて，

$$r_1,\ r_2 = \frac{-9 \pm \sqrt{81 - 4(14)}}{2} = \frac{-9 \pm 5}{2} = -2,\ -7$$

　これらを (17.4) に代入すると，

$$y_c = A_1 e^{-2t} + A_2 e^{-7t}$$

(c)
$$y(t) = y_c + y_p = A_1 e^{-2t} + A_2 e^{-7t} + \frac{1}{2} \tag{17.28}$$

17.2　演習問題 17.1 を次式について行なえ．

$$y''(t) - 4y'(t) - 5y(t) = 35$$

(a) (17.2) から，$y_p = -\dfrac{35}{5} = -7$

(b) (17.4) から，

$$r_1,\ r_2 = \frac{4 \pm \sqrt{16 - 4(-5)}}{2} = \frac{4 \pm 6}{2} = 5,\ -1$$

したがって，$y_c = A_1 e^{5t} + A_2 e^{-t}$

(c) $$y(t) = A_1 e^{5t} + A_2 e^{-t} - 7 \qquad (17.29)$$

17.3　演習問題 17.1 を次式について行なえ．

$$y''(t) - \frac{1}{2} y'(t) = 13$$

(a) (17.2a) から，$y_p = \dfrac{13}{-1/2} t = -26t$

(b) $$r_1,\ r_2 = \frac{1/2 \pm \sqrt{1/4 - 4(0)}}{2} = \frac{1/2 \pm 1/2}{2} = 0,\ \frac{1}{2}$$

したがって，$y_c = A_1 + A_2 e^{(1/2)t}$

(c) $$y(t) = A_1 + A_2 e^{(1/2)t} - 26t \qquad (17.30)$$

●実数の重根

17.4　つぎの方程式に対して，(a) 特殊積分 y_p，(b) 補助関数 y_c，そして (c) 一般解 $y(t)$) を求めよ．

$$y''(t) + y'(t) + \frac{1}{4} y(t) = 9$$

(a) $$y_p = \frac{9}{1/4} = 36$$

(b) $$r_1,\ r_2 = \frac{-1 \pm \sqrt{1 - 4(1/4)}}{2} = \frac{-1 \pm 0}{2} = -\frac{1}{2}$$

$r_1 = r_2 = -\dfrac{1}{2}$ であるから (17.17) を用いると，

$$y_c = A_1 e^{-(1/2)t} + A_2 e^{-(1/2)t}$$

(c) $$y(t) = A_1 e^{-(1/2)t} + A_2 e^{-(1/2)t} + 36 \qquad (17.31)$$

確定解と安定条件

17.5　つぎの方程式に対して，(a) 確定解，(b) 検算，そして (c) 時間径路の動学的安定性の各問いに答えよ．

$$y''(t) + 9y'(t) + 14y(t) = 7$$
$$y(0) = -2\frac{1}{2}, \quad y'(0) = 31$$

(a) (17.28) から，

$$y(t) = A_1e^{-2t} + A_2e^{-7t} + \frac{1}{2} \tag{17.32}$$

したがって，$y'(t) = -2A_1e^{-2t} - 7A_2e^{-7t}$　(17.32a)

$t = 0$ のときの (17.32) および (17.32a) を求めると，

$$y(0) = A_1 + A_2 + \frac{1}{2}$$
$$y'(0) = -2A_1 - 7A_2$$

初期条件から $y(0) = -2\frac{1}{2}$，$y'(0) = 31$ とすると，

$$A_1 + A_2 + \frac{1}{2} = -2\frac{1}{2}$$
$$-2A_1 - 7A_2 = 31$$

連立して解くと，$A_1 = 2$ および $A_2 = -5$ となる．これらを (17.32) に代入すると，

$$y(t) = 2e^{-2t} - 5e^{-7t} + \frac{1}{2} \tag{17.33}$$

(b) (17.33) から，$y(t) = 2e^{-2t} - 5e^{-7t} + \frac{1}{2}$．したがって，

$$y'(t) = -4e^{-2t} + 35e^{-7t}$$
$$y''(t) = 8e^{-2t} - 245e^{-7t}$$

これらをもとの問題 ── $y''(t) + 9y'(t) + 14y(t) = 7$ ── に代入すると，

$$8e^{-2t} - 245e^{-7t} + 9(-4e^{-2t} + 35e^{-7t}) + 14\left(2e^{-2t} - 5e^{-7t} + \frac{1}{2}\right) = 7$$

(c) 固有根はどちらも負であるから，(17.33) は $t \to \infty$ になるにつれて $\frac{1}{2}$ に近づくであろう．したがって $y(t)$ は収束する．固有根がともに負である場合にはいつでも，時間径路は収束する．

17.6　演習問題 17.5 を次式について行なえ．

$$y''(t) - 4y'(t) - 5y(t) = 35$$
$$y(0) = 5, \quad y'(0) = 6$$

(a) (17.29) から，

$$y(t) = A_1 e^{5t} + A_2 e^{-t} - 7 \tag{17.34}$$

よって，

$$y'(t) = 5A_1 e^{5t} - A_2 e^{-t} \tag{17.34a}$$

$t = 0$ における (17.34) および (17.34a) を求め，さらに初期条件 $y(0) = 5$ および $y'(0) = 6$ をおくと，

$$y(0) = A_1 + A_2 - 7 = 5 \quad したがって \quad A_1 + A_2 = 12$$
$$y'(0) = 5A_1 - A_2 = 6$$

連立して解くと，$A_1 = 3$ および $A_2 = 9$ となる．これらを (17.34) に代入すると，

$$y(t) = 3e^{5t} + 9e^{-t} - 7 \tag{17.35}$$

(b) (17.35) から，$y(t) = 3e^{5t} + 9e^{-t} - 7$．したがって，$y'(t) = 15e^{5t} - 9e^{-t}$ および $y''(t) = 75e^{5t} + 9e^{-t}$．これらの値をもとの問題── $y''(t) - 4y'(t) - 5y(t) = 35$ ──に代入すると，

$$75e^{5t} + 9e^{-t} - 4(15e^{5t} - 9e^{-t}) - 5(3e^{5t} + 9e^{-t} - 7) = 35$$

(c) 固有根は 1 つが正でもう 1 つが負であるから，時間径路は発散的である．$t \to \infty$ のとき正の根 $\to \infty$ になり，また負の根 $\to 0$ になるから、その絶対値の相対的な大きさとは無関係に正の根は負の根を支配する．

17.7　演習問題 17.5 を次式について行なえ．

$$y''(t) - \frac{1}{2}y'(t) = 13$$
$$y(0) = 17, \quad y'(0) = -19\frac{1}{2}$$

(a) (17.30) から，

$$y(t) = A_1 + A_2e^{(1/2)t} - 26t \tag{17.36}$$

したがって

$$y'(t) = \frac{1}{2}A_2e^{(1/2)t} - 26 \tag{17.36a}$$

$t = 0$ における (17.36) および (17.36a) を求め，さらにそれらを初期条件に等しくおけば，

$$y(0) = A_1 + A_2 = 17$$

$$y'(0) = \frac{1}{2}A_2 - 26 = -19\frac{1}{2} \qquad A_2 = 13$$

$A_2 = 13$ であるから，$A_1 = 4$．これらを (17.36) に代入して項を整理すると，

$$y(t) = 13e^{(1/2)t} - 26t + 4 \tag{17.37}$$

(b) (17.37) から，$y(t) = 13e^{(1/2)t} - 26t + 4$．よって，

$$y'(t) = 6.5e^{(1/2)t} - 26$$

$$y''(t) = 3.25e^{(1/2)t}$$

これらの値をもとの方程式に代入すると，

$$3.25e^{(1/2)t} - \frac{1}{2}(6.5e^{(1/2)t} - 26) = 13$$

(c) 固有根はともに正であるから，時間径路は発散する．

17.8　演習問題 17.5 を次式について行なえ．

$$y''(t) + y'(t) + \frac{1}{4}y(t) = 9$$

$$y(0) = 30, \quad y'(0) = 15$$

(a) (17.31) から，

$$y(t) = A_1e^{-(1/2)t} + A_2e^{-(1/2)t} + 36 \tag{17.38}$$

右辺第 2 項については積の微分法則を用いると，

$$y'(t) = -\frac{1}{2}A_1e^{-(1/2)t} - \frac{1}{2}A_2te^{-(1/2)t} + A_2e^{-(1/2)t} \tag{17.38a}$$

$t=0$ における (17.38) および (17.38a) を求め，それらを初期条件に等しくおくと，

$$y(0)=A_1+36=30 \qquad A_1=-6$$
$$y'(0)=-\frac{1}{2}A_1+A_2=15$$

$A_1=-6$ であるから，$A_2=12$．これらを (17.38) に代入すると，

$$y(t)=12te^{-(1/2)t}-6e^{-(1/2)t}+36 \tag{17.39}$$

(b) (17.39) から，$y(t)=12te^{-(1/2)t}-6e^{-(1/2)t}+36$．積の微分法則によって，

$$y'(t)=-6te^{-(1/2)t}+12e^{-(1/2)t}+3e^{-(1/2)t}$$
$$y''(t)=3te^{-(1/2)t}-6e^{-(1/2)t}-6e^{-(1/2)t}-1.5e^{-(1/2)t}$$
$$=3te^{-(1/2)t}-13.5e^{-(1/2)t}$$

これらをもとの方程式に代入すると，

$$(3te^{-(1/2)t}-13.5e^{-(1/2)t})+(-6te^{-(1/2)t}+15e^{-(1/2)t})$$
$$+\frac{1}{4}(12te^{-(1/2)t}-6e^{-(1/2)t}+36)=9 \qquad \text{比較せよ．}$$

(c) 固有根は重根でかつ負であり，また te^{rt} は e^{rt} と基本的に同じ時間径路に従うから，この時間径路は収束する

2 階線形差分方程式

● 相異なる実根

17.9　つぎの方程式に対して，(a) 特殊解，(b) 補助関数，そして (c) 一般解をそれぞれ求めよ．

$$y_t+7y_{t-1}+6y_{t-2}=42$$

(a) (17.11) から，$y_p=42/(1+7+6)=3$

(b) (17.4) から，

$$r_1,\ r_2=\frac{-7\pm\sqrt{49-4(6)}}{2}=\frac{-7\pm5}{2}=-1,\ -6$$

(17.12) から，$y_c=A_1(-1)^t+A_2(-6)^t$

(c) $$y(t) = y_c + y_p = A_1(-1)^t + A_2(-6)^t + 3 \qquad (17.40)$$

17.10　演習問題 17.9 を次式について行なえ.

$$y_{t+2} - 11y_{t+1} + 10y_t = 27$$

(a) (17.10) に符合するようにするため 2 期のタイム・ラグをもうけると, $y_t - 11y_{t-1} + 10y_{t-2} = 27$. ここで (17.11a) から,

$$y_p = \frac{27}{2-11}t = -3t$$

(b) $$r_1,\ r_2 = \frac{11 \pm \sqrt{121-4(10)}}{2} = \frac{11 \pm 9}{2} = 1,\ 10$$

$$y_c = A_1 + A_2(10)^t$$

(c) $$y(t) = A_1 + A_2(10)^t - 3t \qquad (17.41)$$

● 実数の重根

17.11　演習問題 17.9 を次式について行なえ.

$$y_t - 10y_{t-1} + 25y_{t-2} = 8$$

(a) $$y_p = \frac{8}{1-10+25} = \frac{1}{2}$$

(b) $$r_1,\ r_2 = \frac{10 \pm \sqrt{100-4(25)}}{2} = \frac{10 \pm 0}{2} = 5$$

$r_1 = r_2 = 5$ であるから, (17.18) を用いると

$$y_c = A_1(5)^t + A_2t(5)^t$$

(c) $$y(t) = A_1(5)^t + A_2t(5)^t + \frac{1}{2} \qquad (17.42)$$

確定解と安定条件

17.12　つぎの方程式に対して, (a) 確定解, (b) 検算, そして (c) 動学的安定性についての各問いに答えよ.

$$y_t + 7y_{t-1} + 6y_{t-2} = 42$$
$$y(0) = 16, \quad y(1) = -35$$

(a) (17.40) から，

$$y(t) = A(-1)^t + A_2(-6)^t + 3 \tag{17.43}$$

$t = 0$ および $t = 1$ のときの (17.43) をそれぞれ求め，さらに初期条件を用いると，

$$y(0) = A_1 + A_2 + 3 = 16$$
$$y(1) = -A_1 - 6A_2 + 3 = -35$$

連立して解くと，$A_1 = 8$ および $A_2 = 5$．これらを (17.43) に代入すると，

$$y(t) = 8(-1)^t + 5(-6)^t + 3 \tag{17.44}$$

(b) 答えを検算するために，$t = 0$，$t = 1$ および $t = 2$ のときの (17.44) を求めると，

$$y(0) = 8 + 5 + 3 = 16$$
$$y(1) = -8 - 30 + 3 = -35$$
$$y(2) = 8 + 180 + 3 = 191$$

$y(2) = y_t$，$y(1) = y_{t-1}$，$y(0) = y_{t-2}$ として，これらをもとの方程式に代入すると，

$$191 + 7(-35) + 6(16) = 42 \qquad \text{比較せよ．}$$

(c) 固有根は -1 と -6 である．固有根のうちその絶対値の大きさが一番大きいものは，それがその時間経路を支配するという理由から**支配根**とよばれる．収束のためには支配根の絶対値が 1 よりも小さいことが必要である．$|-6| > |-1|$ でありかつ $|-6| > 1$ であるから，この時間経路は発散する．

17.13　つぎの方程式に対して，(a) 確定解を求めよ，(b) 動学的安定性について述べよ．

$$y_{t+2} - 11y_{t+1} + 10y_t = 27$$
$$y(0) = 2, \quad y(1) = 53$$

(a) (17.41) から，

$$y(t) = A_1 + A_2(10)^t - 3t \tag{17.45}$$

$t=0$ および $t=1$ における (17.45) を求め，さらに初期条件を用いると，

$$y(0) = A_1 + A_2 = 2$$
$$y(1) = -A_1 + 10A_2 - 3 = 53$$

連立して解くと，$A_1 = -4$ および $A_2 = 6$．これらを (17.45) に代入すると，

$$y(t) = 6(10)^t - 3t - 4$$

(b) 支配根 10 は 1 よりも大きいから，時間径路は発散する．

17.14　演習問題 17.13 を次式について行なえ．

$$y_t - 10y_{t-1} + 25y_{t-2} = 8$$
$$y(0) = 1 \qquad y(1) = 5$$

(a) (17.42) から，

$$y(t) = A_1(5)^t + A_2t(5)^t + \frac{1}{2} \tag{17.46}$$

$t=0$ および $t=1$ における (17.46) を求め，さらに初期条件を用いると，

$$y(0) = A_1 + \frac{1}{2} = 1 \qquad A_1 = \frac{1}{2}$$
$$y(1) = 5A_1 + 5A_2 + \frac{1}{2} = 5$$

$A_1 = \frac{1}{2}$ であるから，$A_2 = \frac{2}{5}$．これらを (1.46) に代入すると，

$$y(t) = \frac{1}{2}(5)^t + \frac{2}{5}t(5)^t + \frac{1}{2}$$

(b) r^t の効果は第 2 項 A_2tr^t の効果を支配するから，重根の場合における収束条件も $|r| < 1$ ということに依存する．ここでは $r = 5 > 1$ であるから，この時間径路は発散的である．

三角関数の導関数

17.15　つぎの三角関数について 1 階の導関数をそれぞれ求めよ．また，これらの関数が**円関数**あるいは**シヌソイド関数**とよばれることに留意せよ．

(a) $y = \sin 7x$

$dy/dx = 7\cos 7x$

(b) $y = \cos\ (5x + 2)$

$dy/dx = -5\sin\ (5x + 2)$

(c) $y = \tan 11x$

$dy/dx = 11\sec^2 11x$

(d) $y = \csc\ (8x + 3)$

$dy/dx = -8[\csc(8x+3)\cot(8x+3)]$

(e) $y = \sin\ (3 - x^2)$

$dy/dx = -2x\cos\ (3 - x^2)$

(f) $y = \sin\ (5 - x)^2$

$dy/dx = -2(5 - x)\cos\ (5 - x)^2$

（チェーン・ルール）

17.16　演習問題 17.15 を次式について行なえ．

$$y = x^2 \tan x$$

積の微分法則によって，

$$dy/dx = x^2(\sec^2 x) + \tan x(2x) = x^2 \sec^2 x + 2x\ \tan x$$

17.17　演習問題 17.15 を次式について行なえ．

$$y = (1 + \cos x)^2$$

チェーン・ルールによって，

$$dy/dx = 2(1 + \cos x)(-\sin x) = -2\sin x(1 + \cos x)$$

17.18　演習問題 17.15 を次式について行なえ．

$$y = \sin^2 5x \quad \text{ここで} \quad \sin^2 5x = (\sin 5x)^2$$

チェーン・ルールによって，

$$dy/dx = 2\sin 5x\ \cos 5x(5) = 10\sin 5x\ \cos 5x$$

2 階微分方程式における複素根

17.19　つぎの 2 階線形微分方程式に対して，(a) 特殊積分，(b) 補助関数，そして (c) 一般解をそれぞれ求めよ．

$$y''(t) + 2y'(t) + 10y(t) = 80$$

(a) (17.2) から，$y_p = \dfrac{80}{10} = 8$

(b) $b_1^2 < 4b_2$．すなわち $(2)^2 < 4(10)$ であるから，(17.19) を用いると，

$$g = -\frac{1}{2}(2) = -1$$

$$h = \frac{1}{2}\sqrt{4(10) - (2)^2} = 3$$

したがって，$r_1, r_2 = -1 \pm 3i$．g および h を (17.26) に代入すると，

$$y_c = e^{-t}(B_1 \cos 3t + B_2 \sin 3t)$$

(c)
$$y(t) = y_c + y_p = e^{-t}(B_1 \cos 3t + B_2 \sin 3t) + 8 \tag{17.48}$$

17.20　演習問題 17.19 を次式について行なえ．

$$y''(t) - 6y'(t) + 25y(t) = 150$$

(a)
$$y_p = \frac{150}{25} = 6$$

(b) (17.19) から，$g = -\dfrac{1}{2}(-6) = 3$ および $h = \dfrac{1}{2}\sqrt{4(25) - (-6)^2} = 4$．これらを (17.26) に代入すると，

$$y_c = e^{3t}(B_1 \cos 4t + B_2 \sin 4t)$$

(c)
$$y(t) = e^{3t}(B_1 \cos 4t + B_2 \sin 4t) + 6 \tag{17.49}$$

17.21　(a) つぎの微分方程式および初期条件に対して確定解を求めよ．(b) 動学的安定性について述べよ．

$$y''(t) + 2y'(t) + 10y(t) = 80$$
$$y(0) = 10, \quad y'(t) = 13$$

(a) (17.48) から，
$$y(t) = e^{-t}(B_1 \cos 3t + B_2 \sin 3t) + 8 \tag{17.50}$$

積の微分法則を用いて，

$$\begin{aligned} y'(t) &= e^{-t}(-3B_1 \sin 3t + 3B_2 \cos 3t) + (B_1 \cos 3t + B_2 \sin 3t)(-e^{-t}) \\ &= e^{-t}(3B_2 \cos 3t - 3B_1 \sin 3t) - e^{-t}(B_1 \cos 3t + B_2 \sin 3t) \end{aligned} \tag{17.50a}$$

$t = 0$ における (17.50) および (17.50a) を求め，さらにそれらを初期条件に等しくおけば，まず，

$$y(0) = e^{0}(B_1 \cos 0 + B_2 \sin 0) + 8 = 10$$

ここで表 1（437 ページを見よ）から，$\cos 0 = 1$ および $\sin 0 = 0$．したがって，

$$y(0) = B_1 + 0 + 8 = 10 \qquad B_1 = 2$$

つぎに同様にして，$y'(0) = e^{0}(3B_2 \cos 0 - 3B_1 \sin 0) - e^{0}(B_1 \cos 0 + B_2 \sin 0) = 13$．

$$y'(0) = 3B_2 - 0 - B_1 = 13$$

$B_1 = 2$ であるから，$B_2 = 5$．最後に，これらを (17.50) に代入すると，

$$y(t) = e^{-t}(2 \cos 3t + 5 \sin 3t) + 8$$

(b) $g = -1$ であるから，図 17-3（例題 15 を見よ）で見たように，この時間径路は収束する．

17.22　演習問題 17.21 を次式について行なえ．

$$y''(t) - 6y'(t) + 25y(t) = 150$$
$$y(0) = 13, \quad y'(t) = 25$$

(a) (17.49) から，

$$y(t) = e^{3t}(B_1 \cos 4t + B_2 \sin 4t) + 6 \qquad (17.51)$$

したがって，

$$y(t) = e^{3t}(-4B_l \sin 4t + 4B_2 \cos 4t) + 3e^{3t}(B_1 \cos 4t + B_2 \sin 4t) \qquad (17.51a)$$

$t = 0$ における (17.51) および (17.51a) を求め，さらにそれらを初期条件に等しくおけば，

$$y(0) = e^{0}(B_1 \cos 0 + B_2 \sin 0) + 6 = 13$$
$$y(0) = B_1 + 0 + 6 = 13 \qquad B_1 = 7$$

他方，

$$y'(0) = e^{0}(-4B_1 \sin 0 + 4B_2 \cos 0) + 3e^{0}(B_1 \cos 0 + B_2 \sin 0)$$

$$y'(0) = 4B_2 + 3B_1 - 25 \qquad B_2 = 1$$

$B_1 = 7$，$B_2 = 1$ を (17.51) に代入すると，

$$y(t) = e^{3t}(7\cos 4t + \sin 4t) + 6$$

(b) $g = 3$ であるから，時間径路は発散する．

2 階差分方程式における複素根

17.23　つぎの 2 階線形差分方程式に対して，(a) 特殊解，(b) 補助関数，(c) 一般解をそれぞれ求め，さらに (c) 動学的安定性について述べよ．

$$y_t + 4y_{t-2} = 15$$
$$y(0) = 12, \quad y(1) = 11$$

(a) (17.11) から，

$$y_p = 15/(1 + 0 + 4) = 3$$

(b) (17.19) から，$g = -\frac{1}{2}(0) = 0$ および $h = \frac{1}{2}\sqrt{4(4) - 0} = 0$．2 階差分方程式の場合には，$k$ および θ の値を求める必要がある．まず図 17-1 においてピタゴラスの定理を適用すると，

$$k^2 = g^2 + h^2 \qquad k = \sqrt{g^2 + h^2}$$

より一般性をもたせるために，(17.19) のパラメータをこれに代入すると，

$$k = \sqrt{\frac{b_1^2 + 4b_2 - b_1^2}{4}} = \sqrt{b_2} \tag{17.52}$$

したがって，$k = \sqrt{4} = 2$．17.5 節の定義から，

$$\sin\theta = \frac{h}{k} \qquad \cos\theta = \frac{g}{k} \tag{17.53}$$

本問題における g，h，k の各値をこれに代入すると，

$$\sin\theta = \frac{2}{2} = 1 \qquad \cos\theta = \frac{0}{2} = 0$$

表 1（437 ページ）から，$\sin\theta = 1$ でかつ $\cos\theta = 0$ となる角度は $\pi/2$ である．したがって，$\theta = \pi/2$．これを (17.27) に代入すると，

$$y_c = 2^t\left[B_1\cos\left(\frac{\pi}{2}t\right) + B_2\sin\left(\frac{\pi}{2}t\right)\right]$$

(c)
$$y(t) = 2^t\left[B_1\cos\left(\frac{\pi}{2}t\right) + B_2\sin\left(\frac{\pi}{2}t\right)\right] + 3 \tag{17.54}$$

(d) 初期条件から $t = 0$ および $t = 1$ における (17.54) を求めるために表 1 を用いると，

$$y(0) = (B_1 + 0) + 3 = 12 \qquad B_1 = 9$$
$$y(1) = 2(0 + B_2) + 3 = 11 \qquad B_2 = 4$$

したがって，$y(t) = 2^t\left\{(9\cos[(\pi/2)t] + 4\sin[(\pi/2)t]\right\} + 3$．

(e) $k = 2$ であるから，例題 15 で説明したように，この時間経路は発散する．

経済学への応用

17.24　さまざまな市場において，需要と供給は現在の価格がその価格の動向（すなわち，価格が上昇しているのかあるいは下落しているのかということや，またその価格の上昇および下落が逓増的あるいは逓減的に起こっているのかということ）によって影響される．したがって経済学者は現在の価格 $P(t)$ やその 1 階の導関数 $dP(t)/dt$ や 2 階の導関数 $d^2P(t)/dt^2$ を知る必要がある．さて次式を仮定しよう．

$$Q_s = c_1 + w_1P + u_1P' + v_1P'' \qquad Q_d = c_2 + w_2P + u_2P' + v_2P'' \tag{17.55}$$

このもとで価格が各時点において市場の需給を均衡させる場合の市場の安定性について述べよ．

均衡においては，$Q_s = Q_d$．したがって，

$$c_1 + w_1P + u_1P' + v_1P'' = c_2 + w_2P + u_2P' + v_2P''$$
$$(v_1 - v_2)P'' + (u_1 - u_2)P' + (w_1 - w_2)P = -(c_1 - c_2)$$

となる．いま，$v = v_1 - v_2$，$u = u_1 - u_2$，$w = w_1 - w_2$，$c = c_1 - c_2$ とおき換えよう．さらに (17.1) に符合させるために上式の両辺を v で割ると，

$$P'' + \frac{u}{v}P'' + \frac{w}{v}P = -\frac{c}{v} \tag{17.56}$$

となる．異時間的均衡価格 $\overline{P}$ を表わす特殊積分を求めるために (17.2) を用いると，

$$\overline{P} = P_p = \frac{-(c/v)}{w/v} = -\frac{c}{w}$$

となる．いま $c = c_1 - c_2$，$w = w_1 - w_2$ であり，さらに通常の供給条件と需要条件のもとでは $c_1 < 0$，$w_1 > 0$，$c_2 > 0$，$w_2 < 0$ であるから，$-c/w > 0$ となることが $\overline{P}$ にとって必要である．補助関数を求めるのに必要な固有根を求めるために (17.4) を用いると，

$$r_1, \ r_2 = \frac{-(u/v) \pm \sqrt{(u/v)^2 - 4(w/v)}}{2} \tag{17.57}$$

となる．これは w，u，v を特定化することで，つぎのような 3 種類の異なった解が考えられる．すなわち，

1. $(u/v)^2 > 4(w/v)$ であるとき，r_1 および r_2 は (17.57) において**相異なる実根**として求められる．したがって，$P(t) = A_1 e^{r_1 t} + A_2 e^{r_2 t} - c/w$ となる．
2. $(u/v)^2 = 4(w/v)$ であるとき，r_1 および r_2 は**実数の重根**となる．したがって，(17.57) は $-(u/v)/2$ あるいは $-(u/2v)$ となる．そこで (17.17) を用いると，$P(t) = A_1 e^{-(u/2v)t} + A_2 e^{-(u/2v)t} - c/w$ となる．
3. $(u/v)^2 < 4(w/v)3$ であるとき，r_1 および r_2 は**複素根**であるから，(17.26) を用いて，$P(t) = e^{gt}(B_1 \cos ht + B_2 \sin ht) - c/w$ となる．ここで g および h は (17.19) から，$g = -u/2v$，$h = \frac{1}{2}\sqrt{4(w/v) - (u/v)^2}$ である．

w，u，v の特定化は予想に依存する．もし人びとがインフレ心理に悩まされており，今後も価格が上昇し続けると予想するのなら，(17.55) における u_2 は正の値をとるであろう．また最終的には価格は下落すると予想し，その予想から買い控えを行なうのならば，u_2 は負の値をとるであろう．

17.25　サムエルソンの乗数–加速度因子相互作用モデルと同様なモデルとして以下を仮定しよう．

$$Y_t = C_t + I_t + G_t \tag{17.58}$$

$$C_t = C_0 + cY_{t-1} \tag{17.59}$$

$$I_t = I_0 + w(C_t - C_{t-1}) \tag{17.60}$$

ここで $0 < c < 1$，$w > 0$，$G_t = G_0$ である．(a) 国民所得の時間径路 $Y(t)$ を求めよ．(b) その動学的安定性について述べよ．

(a)　(17.59) を (17.60) に代入すると，

$$I_t = I_0 + cw(Y_{t-1} - Y_{t-2}) \tag{17.61}$$

となる．$G_t = G_0$，(17.61) および (17.59) を (17.58) に代入し，さらに (17.10) に符合するように項を整理すると，

$$Y_t = C_0 + cY_{t-1} + I_0 + cw(Y_{t-1} - Y_{t-2}) + G_0$$
$$Y_t - c(1+w)Y_{t-1} + cwY_{t-2} = C_0 + I_0 + G_0 \tag{17.62}$$

となる．特殊解を求めるために (17.11) を用いると，

$$Y_p = \frac{C_0 + I_0 + G_0}{1 - c(1+w) + cw} = \frac{C_0 + I_0 + G_0}{1 - c}$$

となる．これは異時間的均衡所得 $\overline{Y}$ である．つぎに，補助関数を求めるための固有根を (17.4) を用いて求めると，

$$r_1,\ r_2 = \frac{c(1+w) \pm \sqrt{[-c(1+w)]^2 - 4cw}}{2} \tag{17.63}$$

となる．これは c と w がどのような値になるかに依存して 3 種類の異なった解が考えられる．すなわち，

1. $c^2(1+w)^2 > 4cw$ であるとき、あるいは同じことではあるが $c(1+w)^2 > 4w$ であるとき，r_1 および r_2 は (17.63) において**相異なる実根**として求められるので，時間径路 $Y(t)$ は，

$$Y(t) = A_1 r_1^t + A_2 r_2^t + \frac{C_0 + I_0 + G_0}{1 - c}$$

となる．

2. $c(1+w)^2 = 4w$ であるとき，r_1 および r_2 は**実数の重根**となる．したがって，(17.63) と (17.18) から，

$$Y(t) = A_1\left[\frac{1}{2}c(1+w)\right]^t + A_2 t\left[\frac{1}{2}c(1+w)\right]^t + \frac{C_0 + I_0 + G_0}{1 - c}$$

となる．

3. $c(1+w)^2 < 4w$ であるとき，r_1 および r_2 は複素根となる．よって (17.27) から，

$$Y(t) = k^t(B_1 \cos\theta + B_2 \sin t\theta) + \frac{C_0 + I_0 + G_0}{1 - c}$$

となる．ここで (17.52) から $k = \sqrt{cw}$ である．また θ は (17.53) から，

$$\sin\theta = \frac{h}{k} \qquad \cos\theta = \frac{g}{k}$$

を満たす値でなければならない．このとき g および h は (1719) から，
$g = \frac{1}{2}c(1+w)$, $h = \frac{1}{2}\sqrt{4cw - c^2(1+w)^2}$ である．

(b) すべての考えられうる初期条件のもとでこのモデルが安定的であるためには，その必要十分条件が (a) $c < 1$ かつ (b) $cw < 1$ ということである．c=前年の所得に対する MPC であるから，c は 1 よりも小さいであろう．また $cw < 1$ ということは，MPC と資本−産出比率との積もまた 1 よりも小さくなければならない．固有根が複素数であるときには，この時間径路は振動するであろう．

付録　指数関数

x	e^x	e^{-x}	x	e^x	e^{-x}
0.00	1.0000	1.000000	0.50	1.6487	0.606531
0.01	1.0101	0.990050	0.51	1.6653	.600496
0.02	1.0202	.980199	0.52	1.6820	.594521
0.03	1.0305	.970446	0.53	1.6989	.588605
0.04	1.0408	.960789	0.54	1.7160	.582748
0.05	1.0513	0.951229	0.55	1.7333	0.576950
0.06	1.0618	.941765	0.56	1.7507	.571209
0.07	1.0725	.932394	0.57	1.7683	.565525
0.08	1.0833	.923116	0.58	1.7860	.559898
0.09	1.0942	.913931	0.59	1.8040	.554327
0.10	1.1052	0.904837	0.60	1.8221	0.548812
0.11	1.1163	.895834	0.61	1.8404	.543351
0.12	1.1275	.886920	0.62	1.8589	.537944
0.13	1.1388	.878095	0.63	1.8776	.532592
0.14	1.1503	.869358	0.64	1.8965	.527292
0.15	1.1618	0.860708	0.65	1.9155	0.522046
0.16	1.1735	.852114	0.66	1.9348	.516851
0.17	1.1853	.843665	0.67	1.9542	.511709
0.18	1.1972	.835270	0.68	1.9739	.506617
0.19	1.2092	.826959	0.69	1.9937	.501576
0.20	1.2214	0.818731	0.70	2.0138	0.496585
0.21	1.2337	.810584	0.71	2.0340	.491644
0.22	1.2461	.802519	0.72	2.0544	.486752
0.23	1.2586	.794534	0.73	2.0751	.481909
0.24	1.2712	.786628	0.74	2.0959	.477114
0.25	1.2840	0.778801	0.75	2.1170	0.472367
0.26	1.2969	.771052	0.76	2.1383	.467666
0.27	1.3100	.763379	0.77	2.1598	.463013
0.28	1.3231	.755784	0.78	2.1815	.458406
0.29	1.3364	.748264	0.79	2.2034	.453845
0.30	1.3499	0.740818	0.80	2.2255	0.449329
0.31	1.3634	.733447	0.81	2.2479	.444858
0.32	1.3771	.726149	0.82	2.2705	.440432
0.33	1.3910	.718924	0.83	2.2933	.436049
0.34	1.4049	.711770	0.84	2.3164	.431711
0.35	1.4191	0.704688	0.85	2.3396	0.427415
0.36	1.4333	.697676	0.86	2.3632	.423162
0.37	1.4477	.690734	0.87	2.3869	.418952
0.38	1.4623	.683861	0.88	2.4109	.414783
0.39	1.4770	.677057	0.89	2.4351	.410656
0.40	1.4918	0.670320	0.90	2.4596	0.406570
0.41	1.5068	.663650	0.91	2.4843	.402524
0.42	1.5220	.657047	0.92	2.5093	.398519
0.43	1.5373	.650509	0.93	2.5345	.394554
0.44	1.5527	.644036	0.94	2.5600	.390628
0.45	1.5683	0.637628	0.95	2.5857	0.386741
0.46	1.5841	.631284	0.96	2.6117	.382893
0.47	1.6000	.625002	0.97	2.6379	.379083
0.48	1.6161	.618783	0.98	2.6645	.375311
0.49	1.6323	.612626	0.99	2.6912	.371577
0.50	1.6487	0.606531	1.00	2.7183	0.367870
x	e^x	e^{-x}	x	e^x	e^{-x}

x	e^x	e^{-x}	x	e^x	e^{-x}
1.0	2.7183	0.3679	5.5	244.69	0.0041
1.1	3.0042	0.3329	5.6	270.43	0.0037
1.2	3.3201	0.3012	5.7	298.87	0.0033
1.3	3.6693	0.2725	5.8	330.30	0.0030
1.4	4.0552	0.2466	5.9	365.04	0.0027
1.5	4.4817	0.2231	6.0	403.43	0.0025
1.6	4.9530	0.2019	6.1	445.86	0.0022
1.7	5.4739	0.1827	6.2	492.75	0.0020
1.8	6.0496	0.1653	6.3	544.57	0.0018
1.9	6.6859	0.1496	6.4	601.85	0.0017
2.0	7.3891	0.1353	6.5	665.14	0.0015
2.1	8.1662	0.1225	6.6	735.10	0.0014
2.2	9.0250	0.1108	6.7	812.41	0.0012
2.3	9.9742	0.1003	6.8	897.85	0.0011
2.4	11.023	0.0907	6.9	992.27	0.0010
2.5	12.182	0.0821	7.0	1,096.6	0.00091
2.6	13.464	0.0743	7.1	1,212.0	0.00083
2.7	14.880	0.0672	7.2	1,339.4	0.00075
2.8	16.445	0.0608	7.3	1,480.3	0.00068
2.9	18.174	0.0550	7.4	1,636.0	0.00061
3.0	20.086	0.0498	7.5	1,808.0	0.00055
3.1	22.198	0.0450	7.6	1,998.2	0.00050
3.2	24.533	0.0408	7.7	2,208.3	0.00045
3.3	27.113	0.0369	7.8	2,440.6	0.00041
3.4	29.964	0.0334	7.9	2,697.3	0.00037
3.5	33.115	0.0302	8.0	2,981.0	0.00034
3.6	36.598	0.0273	8.1	3,294.5	0.00030
3.7	40.447	0.0248	8.2	3,641.0	0.00027
3.8	44.701	0.0224	8.3	4,023.9	0.00025
3.9	49.402	0.0202	8.4	4,447.1	0.00022
4.0	54.598	0.0183	8.5	4,914.8	0.00020
4.1	60.340	0.0166	8.6	5,431.7	0.00018
4.2	66.686	0.0150	8.7	6,002.9	0.00017
4.3	73.700	0.0136	8.8	6,634.2	0.00015
4.4	81.451	0.0123	8.9	7,332.0	0.00014
4.5	90.017	0.0111	9.0	8,103.1	0.00012
4.6	99.484	0.0101	9.1	8,955.3	0.00011
4.7	109.95	0.0091	9.2	9,897.1	0.00010
4.8	121.51	0.0082	9.3	10,938	0.00009
4.9	134.29	0.0074	9.4	12,088	0.00008
5.0	148.41	0.0067	9.5	13,360	0.00007
5.1	164.02	0.0061	9.6	14,765	0.00007
5.2	181.27	0.0055	9.7	16,318	0.00006
5.3	200.34	0.0050	9.8	18,034	0.00006
5.4	221.41	0.0045	9.9	19,930	0.00005
x	e^x	e^{-x}	x	e^x	e^{-x}

索 引

た　行

な　行

は　行

ま　行

や　行

ら　行

わ

訳者紹介

大住　栄治（おおすみ　えいじ）

1933 年　奈良県に生れる．
1960 年　青山学院大学大学院修了．
　　　　拓殖大学政経学部教授を経て，
　　　　現在，青山学院犬学経済学部教授．

川島　康男（かわしま　やすお）

1941 年　栃木県足利市に生れる．
1964 年　慶應義塾大学経済学部卒業．
1969 年　同大学大学院単位取得．
　　　　明治学院大学教授を経て，
　　　　現在，中央大学経済学部教授．

Sairyusha

<新装版>
例題《れいだい》で学《まな》ぶ入門経済数学《にゅうもんけいざいすうがく》（下）

2020 年 4 月 1 日　初版第 1 刷発行

著　者　E. T. ドウリング
訳　者　大住 栄治 / 川島 康男

編集・制作　CAP 事業部
発行者　河野 和憲
発行所　株式会社　彩流社
〒101-0051　東京都千代田区神田神保町 3-10　大行ビル 6 階
TEL：03-3234-5931　FAX：03-3234-5932
E-Mail：sairyusha@sairyusha.co.jp
印　刷　モリモト印刷（株）
製　本　（株）難波製本
装　丁　中山デザイン事務所

ISBN 978-4-7791-6003-5 C0033
http://www.sairyusha.co.jp